JN339532

동북아역사 자료총서 45

# 근세 한일관계 사료집 Ⅱ

## 사쿠마 진파치 보고서 · 죽도문담
## 佐久間甚八 報告書 · 竹島文談

윤유숙 편

# 서문

이 책은 조선 후기 조일관계에서 발생한 상황을 기록한 두 편의 사료를 번역하여 수록했다.

첫 번째 사료 『사쿠마 진파치 보고서(佐久間甚八報告書)』(가칭)는 1772년 에도 막부의 관리 사쿠마 진파치가 쓰시마의 내정과 조선과의 무역상황을 조사하여 막부에 올린 보고서이다. 『사쿠마 진파치 보고서』는 에도 막부의 지시에 의해 유학자 하야시 후쿠사이(林復斎) 등이 1853년 무렵 편찬한 대외관계사료집 『통항일람(通航一覽)』(朝鮮國部108)에 수록되어 있다. 사쿠마의 보고서는 한 편의 문헌과 같은 구성을 갖추고 있지만 별도의 제목이 붙어 있지는 않다. 그것은 이 사료가 개인의 저술이 아니라 막부에 제출하기 위한 공적 보고서로 작성되었기 때문으로 추정된다. 따라서 이 책에서는 해당 문서를 편의상 『사쿠마 진파치 보고서』라는 가칭으로 지칭했다.

『사쿠마 진파치 보고서』에는 쓰시마 내부의 정치, 산업의 발달 정도, 경작 상황, 조선무역 상황, 무역품 조달 실태, 조선무역이 쓰시마 재정에 미치는 영향, 쓰시마의 부산왜관 운영 실태 등이 상세히 기술되어 있다. 주목되는 점은 해당 시기에 막부가 어떤 이유로 사쿠마에게 쓰시마를 조사하게 했는가 하는 점이다. 쓰시마는 18세기 중반부터 '조선무역의 이윤이 없어서 재정이 곤란하다'고 주장하다가 1767년 무렵부터 '조선무역이 단절되었다'며 막부에 연속적으로 재정원조를 요청하기에 이르렀다. 쓰시마가 '무역이 단절되었다'는 주장을 거듭하자, 막부로서는 그 진위 여부를 포함하여 쓰시마의 조선무역 현황, 재정 상태를 직접 확인해야 할 필요성에서 관리 사쿠마를 파견한 것으로 추정된다.

이 책은 사쿠마가 조사한 내용을 번역·소개하고 그간 학계에서 축적된 조일관계의 연구 성과를 역주로 보강하여, 막부가 파악한 사실의 이면에서 진행된 교역의 실상, 쓰시마의 편법 등을 소개하고자 노력했다. 일례로 18세기 중반 무렵에 조일무역이 쇠퇴기로 접어든 건 사실이었지만, 쓰시마가 주장하듯이 무역이 단절된 적은 없었다. 이 사료는 18세기 후반 무렵 쓰시마를 매개로 진행되던 조일 간 교역의 전체적인 상황을 구체적으로 파악하는 데 도움이 될 것으로 기대된다.

두 번째 사료 『죽도문담(竹島文談)』은 에도시대의 쓰시마 번사(藩士) 스야마 쇼에몬(陶山庄右衛門)이 1695년(추정), 동료 번사 가시마 효스케(賀島兵助)와 주고받은 서한이다. 스야마 쇼에몬(1657~1732)은 쓰시마의 유학자이자 농정가(農政家)이다. 기노시타 준안(木下順庵)의 문하생이 되어 주자학을 사사받았고, 1685년, 번청의 지시를 받아 쓰시마 영주 소씨(宗氏)의 계보를 정리한 『종씨가보(宗氏家譜)』의 편찬 작업에 종사했다. 저서로 『농정문답(農政問答)』, 『노농유어(老農類語)』 등을 남겼다.

『죽도문담』에는 17세기 말에 발생한 '울릉도쟁계'에 관한 스야마의 견해가 수록되어 있다. 1693년 돗토리(鳥取)번 상인 가문이 고용한 선원들에 의해 조선인이 울릉도에서 일본으로 연행되어 가자, 막부의 명령으로 쓰시마가 조선과 교섭에 임하게 되었다. 그런데 이 외교교섭에서 쓰시마는 교섭 과정을 막부에 제대로 보고하지 않은 채, 조선이 반대하는 내용의 외교문서를 무리하게 받아내려 했다.

조선과의 교섭이 교착상태에 빠지자 1695년 쓰시마 번내에서는 향후 교섭의 방향을 놓고 대책을 검토하기에 이르렀는데, 스야마는 울릉도의 상황을 막부가 올바르게 인지하도록 보고한 후

다시 교섭해야 한다고 주장했다. 실제로 쓰시마는 방침을 바꾸어 막부에 다시 보고했고, 막부는 1696년 '일본인의 울릉도 도해'를 금지했다.

두 편의 일본 사료는 일본에서 조선통교 업무를 전담하던 쓰시마가 자번(自藩)의 입장 내지는 이익을 위해 조일통교와 관련된 사안을 막부에 사실대로 보고하지 않은 데에서 발생한 상황을 기록했다는 공통점을 지닌다. 두 사료는 각각 막부의 관리와 쓰시마 번사에 의한 기록이다. 쓰시마의 내부자들은 번청이 추진하는 '변칙적 외교행위'에 어떤 입장을 취했고, 쓰시마의 상위 권력인 막부는 '막부를 향한 쓰시마의 비밀, 거짓말'을 과연 꿰뚫을 수 있었는지, 독자들은 두 편의 사료를 통해 이 점을 흥미롭게 지켜볼 수 있을 것이다.

지난 2015년, 재단은 『근세 한일관계 사료집-야나가와 시게오키 구지 기록(柳川調興公事記錄)-』을 발간한 바 있다. 그것에 연속하여 두 번째 사료집을 발간하게 된 것을 다행스럽게 여기며, 이 책이 조선 후기 조일관계에 대한 이해와 연구에 도움이 되기를 기대한다.

2018년 12월

동북아역사재단 윤유숙 연구위원

# 일러두기

## 탈초문

1. 한자는 상용한자의 사용을 원칙으로 하였으며, 이체자(異體字)도 상용한자로 바꾸었다.
   예) 国 → 國, 体 → 體, 訳 → 譯, 処 → 處
2. 원문에 나오는 〆(しめ), ゟ(より)는 그대로 표기하였고, 헨타이가나(變體假名) ニ, ハ, 江, 而, 茂, 者 외에는 히라가나로 고쳤다.
3. 헨타이가나(變體假名)는 본문보다 작은 글자로 표시하였다.
   예) 候而, 然者, 何分ニ茂
4. 결자(闕字), 개행 등은 원본의 체제를 유지했다.
5. 원문이 확실하게 잘못된 경우는 해당 글자에 덧말넣기 「ママ」로 표기하였다.
   예) 右筆(ママ) → 원래는 佑筆
6. 원문의 손상으로 인해 판독이 안되는 곳은 「□」로 처리하였다.
7. 판독하지 못한 곳은 「■」로 처리하였다.
8. 「ホ(など)」는 「なと」로 표기하였다.
9. 탈초 원고의 본문에 구두점( , ) 과 병렬점(·)을 넣었다.
10. 반복을 나타내는 부호(ヽ, ゝ, 々)도 원본을 따랐다. 가타가나는 ヽ, 히라가나는 ゝ, 한자는 々을 사용하였다.

## 역주문

1. 역주문의 순서는 저본의 문단 단위로 탈초문(활자체)을 앞에 두고 이어서 번역문을 배치하였다. 마지막에 초서체 원문을 연이어 배치하였다.
2. 번역문의 문단은 기본적으로 저본에 따랐으나 문장의 가독성을 높이기 위해 전체 내용 이해에 곤란을 주지 않는 범위 내에서 임의로 나누었다.
3. 이 책에 수록된 사료는 에도시대에 기록된 일본의 사료이므로 인명, 지명, 관직명 등 고유명사와 연호(年號) 등은 일본발음으로 기재하되 정확한 의미 전달을 위해 한자표기를 괄호( )로 附記하였다.
4. 일본발음의 표기는 국립국어원의 외래어 표기법을 기준으로 하였다.
5. 번역은 직역을 원칙으로 하되, 문투를 어색하게 하지 않기 위해 가급적 현대적인 표현으로 바꾸었다. 번역문에서 내용의 이해와 문맥의 순조로운 연결을 위해 원문표기가 필요한 곳은 괄호( )로 부기하였다.
   대괄호[ ] 안의 문장은 원문에는 없는 표현이지만 문장의 의미를 명확하게 하기 위해 역자가 임의로 추가한 것이다.
6. 역주 작업에서 다른 문헌을 인용하거나 참고문헌이 필요한 경우 참고문헌의 약칭(略稱)을 기재하고, 각 사료의 말미에 제시한 〈참고문헌〉에서 그 문헌의 자세한 서지사항을 밝혔다.
7. 타인의 발언을 전하는 전언(傳言)이나 또는 다른 문건의 내용을 인용하는 부분은 그 전체를 쌍따옴표(“ ”)로 묶었다.

# 차례



佐久間甚八報告書・竹島文談

佐久間甚八 報告書

# 사쿠마 진파치 보고서(가칭)

# 해제

이 책에서 소개하는 『사쿠마 진파치(佐久間甚八) 보고서(가칭)』는 에도 막부의 관리인 사쿠마 진파치가 1772년 막부의 명을 받고 쓰시마에 건너가 쓰시마번의 내정과 조선과의 통교에 관한 정황을 두루 조사한 뒤, 그 결과를 정리하여 막부에 제출한 보고서이다. 이 보고서는 『통항일람(通航一覽)』 권132(朝鮮國部 108)에 수록되어 있다.

『통항일람』은 에도 막부의 지시로 유학자 하야시 후쿠사이(林復斎) 등이 1853년 무렵 편찬한 대외관계 사료집으로, 1566년에서 1825년까지 일본이 주변국과 맺은 통교관계가 나라별, 연대순으로 배열되어 있다. 『통항일람』에는 조선통신사의 방일을 비롯하여 그 외 일본을 둘러싼 주변국과의 교류가 풍부하게 수록되어 있어, 에도시대 동아시아 국제관계 연구는 물론 조일관계 연구에도 불가결한 기초사료이다.

『사쿠마 진파치 보고서』는 쓰시마와 조선 간의 통교에 관한 내용이 다수 포함되어서인지 『통항일람』에서 조선과의 통교가 집대성된 '조선국부(朝鮮國部)' 부분에 수록되어 있다. 사쿠마의 보고서는 분량이나 내용으로 볼 때 한 편의 문헌과 같은 구성을 갖추고 있지만 별도의 제목이 붙어 있지는 않다. 그것은 이 문서가 개인의 저술이 아니라 막부에 제출하기 위한 보고서로 작성되었기 때문으로 추정된다. 따라서 이 책에서 해당 문서를 『사쿠마 진파치 보고서』라 지칭하는 것은 어디까지나 편의상의 가칭이라는 점을 밝혀두고자 한다.

에도 막부가 다이묘(大名)나 막부의 직신인 하타모토(旗本)의 가보(家譜: 일종의 족보)를 정리하여 1812년에 완성된 『관정중수제가보(寬政重修諸家譜)』에 의하면, 사쿠마 진파치는 통칭이고 본명이 시게유키(茂之)이다. 기이(紀伊)번의 번사로 있다 막부의 고후신야쿠(御普請役)로 근무한 사쿠마 헤베에(佐久間平兵衛)의 아들로 태어났다. 진파치도 부친의 뒤를 이어 고후신야쿠가 되었다가 1779년 고간조(御勘定), 1790년 고간조긴미야쿠(御勘定吟味役)가 되었다.

고후신야쿠라는 막부의 직책은 1724년에 신설되었는데, 막부의 재정 전체를 통괄하는 간조부교(勘定奉行)의 지휘를 받아 에도(江戶), 관동팔주(關東八州: 에도 주변의 8개 國), 그 외 막부령과 막부가 관할하는 하천의 관개(灌漑)·용수(用水), 도로와 다리 등의 토목공사를 주로 관장하는 직책이었다. 사쿠마 진파치가 주로 담당했던 임무는 현재의 나고야(名古屋) 주변지역과 동해도(東海道) 지역 일대를 돌며 하천 공사를 하는 것이었다. 그러던 중 1772년 막부의 명령을 받아 쓰시마로 향했다.

그러면 에도 막부는 왜 이 시기에 사쿠마로 하여금 쓰시마의 내부사정을 조사하게 했을까. 조선 후기(에도시대)의 조일관계는 막부의 허가를 배경으로 쓰시마가 조선통교를 전담하는 형태로 진행되었다. 막부는 조선과의 통교에서 전면에 직접 나서지 않고 쓰시마를 매개로 하여 외교와 무역 업무를 진행시켰다. 중국과 네덜란드의 선박을 막부의 직할령인 나가사키(長崎)로만 입항하도록 하여 그 무역을 막부가 직접 관리하던 형태와는 확연히 달랐다. 따라서 조선통교의 경우 막부는 쓰시마의 보고에 의존하여 통교와 관련된 정책을 결정하는 것이 일반적이었다. 그러던 막부가 사쿠마를 쓰시마 현지에 파견한 데에는 쓰시마의 보고가 아닌 막부 스스로 쓰시마의 조선통교 실정을 조사할 필요가 있었음을 의미한다.

1772년 당시는 쓰시마의 조선 무역이 침체기로 접어든 시기였다. 1690년대에 극성기를 맞았던 조일무역은 그 이후 쇠퇴일로를 걷기 시작했다. 조일무역의 전성기를 지탱했던 것은 왜관의 개시무역(開市貿易)을 통해 이루어지는 조선인삼과 일본 은의 교환체제였다.

조선이 일본에 수출하는 인삼은 깊은 산에서 채취되는 산삼이었기 때문에 희소가치가 컸다. 당시 일본도 한의학에 의존하는 사회였고 조선인삼의 뛰어난 약효가 잘 알려져 있던 터라 에도 시장에서 약재로 유통되던 조선인삼의 가격은 서울 시전에서의 가격보다 4배나 비쌌다고 한다. 쓰시마는 조선인삼의 수입은 물론 일본 국내에서의 판매를 번청이 독점 관리하여 커다란 이익을 얻을 수 있었다.

쓰시마가 개시무역에서 조선에 수출하는 물품은 금, 은, 구리, 유황, 납 등의 광산물과 후추, 흑각, 단목과 같은 동남 아시아산 물품이었는데 이 중 일본산 은(銀)이 많았다. 쓰시마는 조선 인삼을 수입할 때 일본 은을 결제수단으로 사용했는데, 이것은 일본 국내에서 통용화폐로 사용되는 은화(銀貨)였다. 조선은 중국으로부터 물화를 조달할 때에도 이 일본 은화를 중요한 결제 수단으로 활용했다.

그러나 조선인삼과 일본 은의 교환체제는 17세기 말 이후 동요하기 시작했다. 그 첫 번째 요인은 일본의 화폐개주였다. 막부가 재정 수입의 확대를 꾀하기 위해 은화의 순도를 크게 떨어뜨려 인삼 대금을 결제하는 은화의 순도가 1695년을 기점으로 64%까지 떨어졌다. 이는 일본 은화에 대한 국제적인 신용도의 추락을 초래하여, 조선 상인들이 순도가 떨어진 일본 은의 수령과 인삼 수출을 거부하는 사태가 발생한 것이다.

인삼 수입을 중시하던 쓰시마는 이 같은 상황을 타개하기 위해 순도가 높은 은화를 특별히 주조해 줄 것을 막부에 요청했고, 막부는 쓰시마의 요청을 받아들여 일본 국내에서 통용되는 은화와는 별도로 조선인삼 수입용 은화를 주조하는 특별 시책을 행했다. 이렇게 해서 만들어진 순도 80%의 은화를 '특주은(特鑄銀)' 또는 '인삼대왕고은(人蔘代往古銀)'이라고 한다. 특주은의 주조는 특단의 조치이기는 했으나 결과적으로 인삼무역의 동요를 막지는 못했다.

이와 맞물려 조선의 인삼조달도 부진에 빠졌다. 일본으로 수출되던 산삼의 부존량은 극히 제한되어 있었기 때문에 계속적인 채취는 인삼의 고갈을 재촉했고, 게다가 일본에서는 18세기 초반 이후 쇼군 요시무네(吉宗)의 주도로 인삼의 국산화 정책이 추진되어 조선인삼의 수출은 적지 않은 타격을 받게 되었다. 그 결과 조선인삼과 일본 은의 교환체제는 1세기여 만에 붕괴되고 18세기 후반에서 19세기로 넘어가면 조선의 소가죽과 일본의 동(銅)이 주요 무역품의 지위를 차지하게 된다.

18세기에 들어서서 조일 무역이 쇠퇴일로를 걷기 시작하자 쓰시마는 무역쇠퇴와 재정 곤란을 이유로 막부로부터 재정원조를 받기 시작했다. 쓰시마가 막부로부터 재정원조를 받은 예를 정리한 것이 다음의 표이다.

## 【쓰시마 번에 대한 막부의 재정원조】[1]

| 시기 | | 쌀 · 금액 | | 이유 |
|---|---|---|---|---|
| 일본 연호 | 서력 | 배령(拜領) | 배차(拜借) | |
| 元祿13년 2월 | 1700년 | | 金 30,000兩 | 조선 무역자금 |
| 正德1년 2월 | 1711년 | | 〃 50,000兩 | 통신사 내빙(信使來聘) |
| 享保2년 12월 | 1717년 | | 〃 5,000兩 | 조선 무역자금 |
| 3년 7월 | 1718년 | | 〃 50,000兩 | 통신사 내빙 |
| 19년 12월 | 1734년 | | 〃 10,000兩 | 조선인삼 무역진흥 |
| 延享3년 7월 | 1746년 | 金 10,000兩 | | 교역이윤 없어 경제사정 곤란(5년간) |
| 3년 9월 | 1746년 | | 金 30,000兩 | 통신사 내빙 |
| 寶曆4년 4월 | 1754년 | | 〃 15,000兩 | 좌 판매(座賣) 인삼 중단 |
| 5년 7월 | 1755년 | 金 10,000兩 | | 교역이윤 없어 경제사정 곤란(3년간) |
| 8년 6월 | 1758년 | | 金 10,000兩 | 조선 무역자금 |
| 11년 10월 | 1761년 | | 〃 30,000兩 | 영속어수당(永續御手當) |
| 11년 | 1761년 | | 〃 50,000兩 | 통신사 내빙 비용(入料) |
| 13년 4월 | 1763년 | 金 97,000兩 | | 통신사 내빙 비용 |
| 13년 12월 | 1763년 | 金 3,000兩 | | 통신사 내빙 비용 |
| 明和4년 8월 | 1767년 | | 金 15,000兩 | 교역 3개년 중단, 경제사정 곤란 |
| 7년 7월 | 1770년 | 銀 300貫 | | 近年 무역 단절(~安永4) |
| 安永5년 3월 | 1776년 | 金 12,000兩 | | 영속어수당(~文久2) |
| 8년 11월 | 1779년 | 金 3,000兩 | | 근년 흉작, 역관도래(譯官渡來) |
| 天明2년 11월 | 1782년 | | 金 5,000兩 | 역관도래 |
| 6년 12월 | 1786년 | 金 3,000兩 | | 역관도래 |
| 寬政5년 2월 | 1793년 | | 米 10,000石 | 내빙어용(來聘御用), 수입미(輸入米) 정체 |
| 8년 6월 | 1796년 | 金 2,000兩 | | 역관도래 |
| 文化2년 7월 | 1805년 | 金 10,000兩 | | 통신사 내빙 |
| 6년 11월 | 1809년 | | 金 30,000兩 | 통신사 내빙 |
| 9년 7월 | 1812년 | 金 2,500兩 | | 내빙(來聘)에 의한 物入, 교역감퇴(~文化14) |

1 이 표는 荒野泰典, 『近世日本と東アジア』, 東京大學出版會, 1988, 234~235쪽에 실린 표를 수정·보완한 것이다. 쓰시마에 대한 막부의 원조 중 조선통교 업무와 연관성이 있는 경우만을 정리한 것으로, 그 이외의 원조 사례, 예를 들어 '조카(城下)의 화재로 인한 복구자금 원조' 등은 포함되지 않았다.

| | | | | |
|---|---|---|---|---|
| 12년 7월 | 1815년 | | 米 10,000石 | 조선 기근에 의한 수입미 정체 |
| 13년 9월 | 1816년 | | 米 10,000石 | 조선 기근에 의한 수입미 정체 |
| 14년 4월 | 1817년 | 金 2,000兩 | | 역관도래 |
| 文政11년 10월 | 1828년 | 金 2,000兩 | | 역관도래 |
| 12년 10월 | 1829년 | | 金 2,000兩 | 작년흉작(去年凶作), 교역선 파선(破船) |
| 天保5년 12월 | 1834년 | | 〃 10,000兩 | 조선 매년 흉작(朝鮮 連年 不作) |
| 11년 12월 | 1840년 | | 〃 10,000兩 | 조선내빙(朝鮮來聘) |
| 12년 | 1841년 | | 〃 20,000兩 | 조선내빙 |
| 14년 5월 | 1843년 | 金 15,000兩 | | 조선내빙 |
| 弘化4년 8월 | 1847년 | 金 15,000兩 | | 조선내빙 |
| 嘉永1년 8월 | 1848년 | | 〃 10,000兩 | 해안수위(海岸守衛) |
| 安政2년 3월 | 1855년 | 金 2,000兩 | | 역관도래 |
| 4년 8월 | 1857년 | 金 20,000兩 | | 통신사 내빙 |
| 文久2년 4월 | 1862년 | | 〃 15,000兩 | 교역선 파선, 이국선 도래(異國船渡來) |
| 3년 5월 | 1863년 | 米 30,000石 | | 양이결행(攘夷決行) |
| 安永5년이후 계 (88년간) | | 米 30,000石<br>金 1,133,000兩 | 米 30,000石<br>金 102,000 | |

에도 막부는 중앙정권의 입장에서 개별 다이묘에게 보조금을 하사하는 사례가 있었기 때문에 쓰시마에 대한 원조가 막번체제하에서 예외적인 현상은 결코 아니었다. 그러나 쓰시마에 대한 막부의 원조는 다른 번에서는 예를 찾을 수 없을 정도로 잦았고, 그러한 원조에는 조일통교체제를 종래의 형태로 유지하려는 막부의 정치적 판단이 작용한 것으로 해석되어 왔다. 또한 막부가 '다이묘라면 사정은 다 마찬가지'라는 식으로 쓰시마번의 궁핍을 동정하여, 보조를 인정하는 방향으로 기울어진 측면도 지적되고 있다.

쓰시마는 종종 '대조선 무역이 단절되었다'라든가 '무역자금의 부족'을 이유로 막부의 원조를 받았다. 특히 1700년, '조선 무역자금'을 이유로 쓰시마가 막부의 원조를 받기 시작한 이래 사쿠마가 쓰시마에 간 1772년까지 막부의 원조를 받은 주된 이유는 '조선 무역 부진'과 '통신사 접대비용'이었다. 1767년과 1770년에는 교역단절을 이유로 막부로부터 금(金) 15,000냥(배차)과 은(銀) 300관(배령)을 원조받았다. 1770년의 원조는 1775년까지 매년 은 300관을 받는다는 내용이었다. 바로 그 이듬해인 1776년부터는 '사무역(私貿易) 단절'을 이유로 들어 사무역의 대체로서 '영속어수당금(永續御手当金)' 12,000냥을 매년 하사받기 시작해서 1862년까지 계속되었다.

그런데 '사무역 단절'이란 막부의 원조를 받기 위해 쓰시마가 고안해낸 일종의 고육책으로, 실상은 전혀 달랐다. 쓰시마가 '사무역'이라 지칭하던 무역은 부산의 왜관에서 행해지는 '개시무역'을 의미하는데, 이는 쓰시마가 조선의 상인을 상대로 하는 매매였다. 개시무역은 1770년대에도 상당한 규모로 행해졌을 뿐만 아니라 메이지 초년 메이지 정부가 왜관을 강점하기까지 계속되었다. 수익이나 무역량의 측면에서 사무역의 규모가 17세기에 비해 현저히 줄어들기는 했지만 단절됨 없이 계속되었음에도 쓰시마는 원조금을 받아내기 위한 명분으로 '사무역 단절=재정 곤란'을 주장하여 막부를 속인 것이다.

쓰시마의 막부 기만은 동(銅) 무역에서도 행해졌다. 일본 동은 쓰시마에게 매우 중요한 수출품 중 하나였다. 주지하는 바와 같이 은이 개시무역에서만 수출되었던 데 비해 동은 공무역(公貿易), 개시무역 양쪽에서 수출되었고, 특히 조선 정부를 상대로 하는 공무역의 수출 정품(定品)이었기 때문에 은과는 달리 '명분'적인 성격을 띠고 있었다. 따라서 쓰시마는 동 무역의 '명분'적인 성격을 전면에 내세워 막부를 상대로 일정량을 확보하고, 그 나머지를 개시무역으로 돌리는 방법을 취했다.

막부는 은과 마찬가지로 동에 대해서도 수출억제정책을 취했기 때문에 쇼토쿠(正德: 1710년대) 연간의 규제강화 결과, 조선에 수출하는 동은 대체로 '10만 근'이라는 일정한 수준이 지켜지게 되었다. 그리하여 막부에서는 '조일무역에서 일본 측의 동 수출한도액(銅輸出定額)은 기본적으로 10만 근'이라는 개념이 정착되어 갔고 이 수출정액은 막말까지 감액되지 않았다.

따라서 쓰시마번의 조선수출용 동 조달은 막부가 허가한 수출정액의 범위 내에서 동 통제기관인 동좌(銅座)의 지배를 받으며 조달해야 했다. 단 그중에서 공무역용 황동(荒銅)의 품질을 일정하게 유지하기 위해 벳시 동 광산(別子銅山)의 경영으로 알려진 유력한 동상인(銅商人) 이즈미야 요시자에몬(泉屋吉左衛門)으로부터 사들이는 것이 인정되었다.

그러나 18세기 초기부터 만성적으로 계속되고 있던 동의 산출 부진, 그로 인한 가격상승, 쓰시마의 재정난 등의 문제가 더해져서, 점차 막부가 허가한 액수조차도 구입하지 못하는 해가 속출하게 되었다. 쓰시마는 10만 근의 삼분의 일을 공무역에, 삼분의 이를 개시무역으로 돌려

수출품의 중심을 차지하게 되었다.

18세기 후기에 쓰시마는 어용상인 스야 마고시로(酢屋孫四郎), 우메노 간스케(梅野勘助) 등과 결탁하여, 동좌를 통하지 않고 동 광산(鑛山)으로부터 직접 동을 사들이는 부정한 방법을 동원했다. 1765년 오사카 마치부교(町奉行)가 동 조달에 관여한 쓰시마 관계자들을 조사하기 위해 호출하자, 쓰시마는 번내에서 동 조달을 위해 가장 활약한 우메노 간스케가 병사(病死)했다고 거짓말한 뒤 그의 이름을 일시적으로 요네다 헤이에몬(米田平右衛門)으로 바꾸어 조사 범위에서 벗어나게 했다.

1768년, 쓰시마는 무역담당 '조센가타(朝鮮方)'에 '간품봉진물가역방(看品封進物加役方)'이라는 직책을 신설하여 수입인삼의 일본 국내 판매를 스야 마고시로로 하여금 전담하게 했다. 쓰시마는 동이나 다른 수출품을 입수하는 과정에서 스야에게서 융자를 받았고, 조선에서 수입한 인삼을 융자금 상환조로 스야에게 넘겼다. 하지만 조선인삼은 이미 예전 17세기만큼 큰 이익을 얻을 수 없었기 때문에 조선인삼의 판매대금이 융자금에 미치지 못해 상환이 지체되기 일쑤였고, 결국 스야는 막부의 기관인 부교쇼(奉行所)에 소송을 제기했다. 이미 수출품 조달을 위해 발생한 빚을 상환하지 못할 정도로 쓰시마의 조선 무역이 쇠퇴했던 것이다. 본문 중에서 사쿠마는 이 같은 정황에 관해서도 서술하고 있다.

쓰시마의 조선 무역과 번내 재정 상황·쓰시마 재정에 대한 막부 개입 등의 상관관계로 볼 때, 사쿠마가 쓰시마로 향한 1772년은 1770년부터 시작된 '매년 막부의 은 300관 지급'이 3년째로 접어든 시기였다. 또한 사쿠마가 쓰시마에 도착하기 전 스야 마고시로는 쓰시마를 상대로 막부의 부교쇼에 소송을 제기한 상태였다. 게다가 쓰시마가 '사무역이 단절되었다'는 주장을 거듭하자, 막부로서는 '무역 단절'의 진위 여부를 포함하여 쓰시마의 조선 무역 현황, 재정 상태를 막부 관리의 눈으로 직접 확인할 필요성을 느낀 것이 아니었을까. 사쿠마를 쓰시마로 파견한 이유는 여기에 있었을 것으로 추정된다.

중요한 것은 사쿠마의 보고 이후에 쓰시마가 1776년부터 사무역의 대체로서 '영속어수당금' 12,000냥을 매년 하사받는 데 성공했으니, 막부는 사쿠마의 조사로도 쓰시마의 '막부 기만'을 알아채지 못했다는 결론이 된다. 이는 쓰시마의 입장에서는 막부가 '사무역 단절'을 공식적으로 인정하고 원조해 준 전례가 되어, 이후 막부에 계속 원조를 호소하는 '호재(好材)'로 활용되었다.

일례로 1846년 12월 18일부로, 쓰시마번이 로주 아베 마사히로(阿部正弘)에게 제출한 서한에는 '안에이(安永) 연간 고후신야쿠(御普請役) 사쿠마 진파치님이 쓰시마에 내려와서 무역 단절의 연유를 조사하고 그 후 청원에 의해 영속수당금을 받게 되었다'고 하여, 과거 막부가 쓰시마를 원조한 증거 사례로 인용되었다(『日本財政經濟史料』 卷7).

어쨌거나 사무역이 단절되었다고 스스로 주장한 이상, 쓰시마는 대외적으로 사무역이 단절된 형식을 계속 취할 수밖에 없었기 때문에 수출용 동을 전부 관영무역용으로 위장해야 했다. 막부가 수출 견적서를 제출하라고 요구하면, 쓰시마는 개시무역을 통해 수출한 동 분량을 목면에 끼워서 다른 물자와 교환하는 공무역의 변형이라고 둘러대곤 했을 정도였다.

사쿠마 진파치 보고서는 일반적으로 활자본의 『통항일람』 권132(朝鮮國部 108)에 수록된 것이 인용되곤 하는데, 동경대 사료편찬소에 소장된 『통항일람』의 초서체본과 비교해 본 결과, 활자체에 오류가 적지 않음이 드러났다. 따라서 이 책에서는 초서체본의 글자를 우선 채용하여 탈초하였고, 번역문 뒤에 활자체와 초서체 원문을 모두 수록하여 독자가 양자를 비교하여 볼 수 있도록 했다.

『사쿠마 진파치 보고서』에는 쓰시마 내부의 정치, 상업의 발달 정도, 경작 상황, 조선 무역 상황, 무역품 조달 실태, 조선 무역이 쓰시마 재정에 미치는 영향, 쓰시마의 부산왜관 운영 실태 등이 상세히 기술되어 있다. 이 책은 사쿠마가 조사한 내용에 그간 학계에서 축적된 조일통교의 연구 성과를 역주로 보강하여, 막부가 파악한 사실의 이면에서 진행된 통교의 실상과 쓰시마의 편법 등을 소개하고자 노력했다. 18세기 후반 무렵 쓰시마를 매개로 진행되던 조일통교의 전체적인 상황을 구체적으로 파악하는 데 도움이 되었으면 한다.

# 본문

明和八辛卯年十二月, 朝鮮國貿易筋傳達のため, 長崎地役人二人對馬國に遣ハさるゝにより, 御普請役一人差添仰付られ, 安永元壬辰年三月, その事により, 對馬守義暢及ひ御勘定奉行·長崎奉行に達書を出す.

메이와(明和)[2] 8년 신묘년(辛卯年, 1771) 12월, 조선 무역에 관한 사항을 전달하기 위해 나가사키(長崎) 지역의 근무자 두 사람을 쓰시마에 파견함에 따라 고후신야쿠(御普請役)[3] 한 사람이 동행하도록 지시받아, 안에이(安永)[4] 원년 임진년(壬辰年, 1772) 3월에 그 사항과 관련해 쓰시마노카미(對馬守)[5] 요시나가(義暢)[6] 및 고칸조부교(御勘定奉行)[7]·나가사키부교(長崎奉行)[8]에게 통지서를 발행하였다.

---

2 일본의 연호. 1764년~1771년.

3 에도 막부의 관직명. 1724년에 신설되었는데, 간조부교(勘定奉行)에 속하면서 에도, 관동팔주(關東八州), 그 외 막부령과 막부가 관할한 하천의 관개(灌漑), 용수(用水), 도로와 다리 등의 토목공사를 관장했다.(日本國語大辭典)

4 일본의 연호. 1772년~1780년.

5 가미(守)는 고대 일본의 행정 구역인 '구니(國)를 지배하는 사람'을 뜻한다. 쓰시마는 고대 이래 '쓰시마노쿠니(對馬國)'로 불리었다. 쓰시마노카미는 번주 소(宗)씨를 의미한다.

明和八辛卯年十二月廿日, 御普請元〆佐久間甚八, 九州筋・隱岐國御料所廻村, 幷對馬國朝鮮交易傳達御用被仰付.

小十人佐久間家譜

安永元壬辰年三月

御勘定奉行

長崎奉行 江

近年朝鮮貿易相絶, 困窮之段被申立候ニ付, 去々寅年 <按するに, 明和七年> 格別之爲御手當御廻銀被成下, 勝手取續, 交易相開候樣ニ仰出され候. 夫に付, 長崎表ニ而唐・紅毛交易仕方をも承候ハヽ,朝鮮交易相開候取計方助にも可相成ニ付,唐・紅毛交易方爲傳達, 長崎地下役人之内兩人, 御普請役一人差添, 對州江差遣候間, 家來共得与評議も有之候樣可被致候. 且去ル申年御觸も有之候, <按するに, これ明和元年三月, 松平右近將監相渡す御書付をいふなり> 其方領海ニ而煎海鼠・干鮑仕入方之儀, 土地之潤ニも可相成事ニ付, 獵業仕立方等, 右之者共江爲見, 是又申談候樣家來共江可被申付候.

右之通, 宗對馬守江相達候間, 可被得其意候.

三月

令條集

---

6 소 요시나가(宗義暢) : 1742~1778년. 8대 번주 소 요시유키(宗義如)의 아들로 태어나, 1762년 21세에 가독을 상속, 10대 번주가 되었다. 그러나 번의 실권은 요시아리(義蕃)가 장악하고 있었다. 재정이 궁핍하여 1776년 이후 막부로부터 매년 12,000냥을 받았고, 그 때문에 검약을 강화하고 산킨코타이(参勤交代)를 3년에 한 번으로 단축하는 등의 조치를 취했으나 번 재정은 재건되지 않았다.

7 에도 막부의 관직명. 로주(老中)의 지배를 받으면서 막부 직할지의 다이칸(代官)·군다이(郡代)를 감독하고, 수세(收稅)와 금전출납과 같은 막부의 재정, 영내(領內) 농민의 행정소송을 관장했다. 에도 막부의 간조부교는 지샤부교(寺社奉行)·마치부교(町奉行)와 함께 삼봉행의 하나였다. 효조쇼(評定所) 구성원으로, 간조쇼(勘定所)의 장으로서 막부재정 전체를 총괄했다.(國史大辭典)

8 나가사키부교(長崎奉行) : 에도 막부의 관직 중 하나. 나가사키부교의 집무소가 나가사키부교쇼(長崎奉行所)이다. 나가사키

메이와 8년(1771) 신묘년 12월 20일, 고후신야쿠 모토지메(御普請役元締)[9] 사쿠마 진파치(佐久間甚八)[10]가 규슈(九州) 일대와 오키(隱岐)[11]의 막부 직할지에 있는 촌락들을 순시하고 또한 쓰시마에 조선 무역 관련사항을 전달하라는 임무를 지시받았다.

『소십인좌구간가보(小十人佐久間家譜)』

안에이 원년(1772) 임진년 3월

고칸조부교[12]

나가사키부교에게[13]

근래 조선 무역이 단절되어 곤궁에 처해 있음을 토로하였기에, 재작년 인년(寅年, 1770)에 〈생각건대 메이와 7년(1770)〉 별도 수당으로 지원금을 은으로 하사하여 재정을 유지하고 무역을 재개하도록 지시하였습니다. 이와 관련하여 나가사키에서 이루어지는 중국(唐)·네덜란드(紅毛)와의 무역 방식을 듣는다면 조선 무역을 재개하고자 하는 조치에 도움이 될 것이니, 중국·네덜란

---

부교는 로주(老中) 직속의 온고쿠부교(遠國奉行: 지방의 막부 직할지의 정무를 담당하던 부교의 총칭)이다. 막부 직할지인 나가사키의 조세이(町政)는 물론 외교·통상·사법·해방(海防)의 임무 외에 서국 다이묘(西國大名)의 감시 임무도 겸했던 요직이었다. 나가사키부교는 원칙상 하타모토(旗本) 중에서 임명되었고, 지위와 권한이 막대하여 모든 하타모토들이 탐을 내는 요직이었다고 한다. 따라서 엽관활동(獵官運動)도 치열했고, 뇌물이 횡행하기도 했다.(『官職と位階』, 『役職読本』)

9 고후신야쿠는 勘定所詰, 在方掛, 四川用水方의 삼과(三課)로 나뉘어, 모토지메(元締)·모토지메카쿠(元締格)·후신야쿠(普請役) 등의 직책이 있었다. 당시 사쿠마 진파치의 직책이 모토지메였다.(日本國語大辞典)

10 사쿠마 진파치 : 1727~1796년. 진파치는 통칭이고 본명이 시게유키(茂之)이다. 기이(紀伊)번의 번사로 있다가 막부의 고후신야쿠(御普請役)로 근무한 사쿠마 헤베에(佐久間平兵衛)의 아들로 태어났다. 진파치도 부친의 뒤를 이어 고후신야쿠가 되었다가 1779년 고간조(御勘定), 1790년 고간조긴미야쿠(御勘定吟味役)가 되었다. 사쿠마 진파치가 주로 담당했던 임무는 현재의 나고야(名古屋) 주변 지역과 동해도(東海道) 지역 일대를 돌며 하천 공사를 하는 것이었다. 그러던 중 1772년 막부의 명령을 받아 쓰시마로 향했다.

11 오키(隱岐: 오키노시마)는 현재 시마네현에 소속된 섬이다. 니시노시마(西ノ島), 나카노시마(中ノ島), 치부리지마(知夫里島)와 도고지마(島後島) 등 네 개의 섬으로 이루어져 있다. 도고(島後)를 제외한 세 개의 섬을 도젠(島前)이라 부른다.

12 1772년 당시의 간조부교는 마쓰다이라 다다사토(松平忠郷: 1768~1773년)와 가와이 히사타카(川井久敬: 1771~1775년)이다.

13 1772년 당시의 나가사키부교는 니미 쇼에이(新見正栄: 1765~1774년)과 나츠메 노부마사(夏目信政: 1770~1773년)이다.

드와의 무역 방식을 전달하기 위해 나가사키 지역의 근무자 두 명에 고후신야쿠 한 명[사쿠마]을 붙여 쓰시마에 파견하므로, 가신들이 면밀히 의논하게끔 해주시기 바랍니다. 또한 지난 신년(申年, 1764)의 포고에도 적혀 있던 〈생각건대 이는 메이와 원년(1764) 3월에 마쓰다이라 우콘쇼겐(松平右近將監)[14]이 전달한 서한을 말하는 것이다〉 귀하의 영해(領海)에서 말린 해삼과 말린 전복 제조를 백성들에게 가르치는 방안은 영지의 재정에도 도움이 될 것이므로, 채집 방안의 전수법 등을 위 사람들에게도 보이고 또한 상의하도록 가신들에게 지시하시기 바랍니다.

위와 같이 소 쓰시마노카미(宗對馬守)[15]에게 전하였으므로, 숙지하기 바랍니다.

3월

『영조집(令條集)』

安永元年三月

御勘定奉行

長崎奉行 江

此度對州江被遣候者共, 長崎より對州迄渡海爲案內之, 往返共乗船可被差出候. 委細者長崎奉行江被申談, 手輕に可被心得候事.

---

14 1764년 막부의 로주 수좌의 자리에 있던 마쓰다이라 다케치카(松平武元)로 추정된다. 마쓰다이라 다케치카(1714~1779년)는 고즈케(上野) 다테바야시번(館林藩) 및 무쓰(陸奧) 다나구라번(棚倉藩)의 번주였다. 1746년 니시노마루 로주(西丸老中)에 취임하여 1764년에 로주 수좌가 되었다

15 번주 소 요시나가(宗義暢).

一. 右被遣候者共, 對州在留中旅宿之儀ハ, 在町之內勝手宜場所江, 手輕ニ可被申付候.

尤銘々自分賄ニ候間, 馳走ケ間敷儀等被致間敷候事.

一. 右之者共江音物等, 堅可爲無用事.

右之通, 宗對馬守江相達候間, 可被得其意候.

三月

天明集錄

안에이 원년(1772) 3월

고칸조부교

나가사키부교에게

이번에 쓰시마에 파견되는 이들이 나가사키에서 쓰시마에 도해하는 것을 인도하기 위해 왕복 배편을 내어 주시기 바랍니다. 상세히는 나가사키부교와 상담하시고 과하지 않게 준비해 주기 바랍니다.

一. 위의 파견될 이들이 쓰시마에 머무는 동안 사용할 숙소는 현지에서 형편이 좋은 곳으로 과하지 않게 정해 주시기 바랍니다. 또한 각자 자비로 해결할 예정이므로, 접대 같은 것은 하지 마시기 바랍니다.

一. 위 사람들에게 선물 등은 엄히 금합니다.

위와 같이 소 쓰시마노카미에게 전했으니, 숙지하기 바랍니다.

3월

『천명집록(天明集錄)』

安永元年九月

對州之様子·國主收納之儀承合候趣申上候書付寫

此度對州朝鮮交易爲取開, 唐・阿蘭陀商賣方傳達, 長崎地役人被差遣, 右差添として私被遣候儀者, 交易而已之儀に無之, 對州之儀島國山勝にて田畑無之, 米穀少き由申立候得共, 數代之領知今更御取用難成, 然共格別之邊土故, 巡檢之外御人被遣儀無之申立次第に付, 交易承傳達之序, 國柄之様子等夫となく見聞仕, 國主收納之趣をも可承糺儀第一に相心得, 諸事手輕ニ取扱, 應對役人之外百姓・町人等江も手近對談仕, 不心附様一體之様子承之, 對州之土地米穀有無, 民家盛衰之體, 金銀通用等可成丈承糺, 以後御人被遣候節, 困窮申立之証據与不申様, 役儀を不相立, 手輕ニ勘辨仕, 諸事承糺候様可仕旨被仰渡候ニ付, 家中幷町人・百姓等不心附様承糺, 廻村之節及見聞候趣等, 左ニ奉申上候.

안에이 원년(1772) 9월

쓰시마의 현황·영주의 수납 건에 관해 물어 확인한 사항을 보고한 서한의 사본

이번에 쓰시마의 조선 무역 재개를 위해 중국·네덜란드(阿蘭陀)와의 무역 방법을 전달하고자 나가사키의 근무자가 파견되었습니다. 이들의 동행자로 제[사쿠마]가 파견된 사정은 무역과 관련된 사항뿐만이 아니라, '쓰시마는 섬이고 산투성이라 전답이 없고 미곡이 적다고 토로하고 있으나 누대에 걸쳐 이어져 내려온 영지를 이제 와서 [막부가] 거두기도 어렵다. 하지만 특별한 변경의 땅이므로 순찰사(巡檢) 외에는 [막부로부터] 사람이 파견되는 일은 없다고 말하는 상황입니다. 무역에 관해 듣고 방법을 전하는 김에 쓰시마 현지의 현황을 넌지시 알아보고 번주의 수납 형편도 확인하는 것을 가장 중요한 임무로 여겨 매사 기민하게 처리하고, 응대하는 근무자

외에 백성[농민]·조닌(町人)[16]들에게도 긴밀히 대담하여 파악하기 힘든 전체 상황을 듣고 쓰시마의 미곡(米穀) 유무(有無), 민가의 성쇠, 금은(金銀)의 통용 등을 가능한 한 확인해서 이후 [막부에서] 사람을 파견할 때 곤궁함을 토로하는 증거가 되지 않게끔, 임무를 겉으로 드러내지 말고 기민하게 판단하여 매사를 밝히도록 하라'는 지시를 받았습니다. 가중(家中)[17]·조닌·백성들이 눈치채지 않도록 물어 확인하여, 마을을 순시할 때 보고 들은 내용을 아래와 같이 보고드립니다.

一. 對馬國 <東西幅五里位より三四里程, 南北竪三拾五里程>

淺海与申入海大船越村ニ而, 船路幅拾間計, 巖を切拔, 二タ島ニ罷成候.

二郡

上縣郡　下縣郡

八鄕

豆酘鄕　佐須鄕　與良鄕　仁位鄕

三根鄕　伊奈鄕　佐護鄕　豊崎鄕

村數百貳拾四ヶ村內, 三ヶ村名目計に而村居無之.

一. 從佐須奈村, 朝鮮國釜山浦和館亥に向, 從鰐浦同斷戌亥に向, 海上四拾八里.

一. 府中城下湊より諸國海路.

壹岐勝本江四拾八里

肥前平戶江六拾六里

16 에도시대 사회 계층의 하나. 도시에 사는 상인, 직인 신분인 사람으로 무사, 농민과 구별된다.(『廣辭苑』)

17 본래 '가중(家中)'이라는 용어는 가장 좁은 의미로 한 가문 혹은 그 구성원을 뜻하나, 보다 확장된 의미로 한 가문을 섬기는 가신단 혹은 해당 가문이 지배하는 영지의 구성원 전체까지 포함해 가리키는 경우가 많다. 따라서 본 사료에서는 문맥에 따라 ①쓰시마번의 가신단 또는 ②쓰시마 영지 전체의 의미로 해석했다.

肥前唐津江八拾里

肥前長崎江九拾五里

筑前 <福岡・博多> 江八拾里

筑前若松江九拾五里

長門赤間關江百四里

播磨室津江貳百拾貳里

攝津大坂江貳百三拾八里

一. 쓰시마노쿠니(對馬國) 〈동서로 폭 5리 정도에서 3~4리 정도, 남북으로 길이 35리 정도〉

아소(淺海)[18]라고 하는 만은 오후나코시무라(大船越村)로, 뱃길이 폭 10간(間)[19] 정도이며, 바위를 떼어내어 [쓰시마 전역이] 2개의 섬이 되었습니다.

2군(郡)[20]

---

18 아소(淺海) : 아소만(淺茅灣)으로도 불린다. 쓰시마 중앙부, 약간 남쪽으로 치우쳐 서쪽의 조선 해협에서 만으로 들어간 내해(內海)의 명칭이다. 현재 도요타마정(豊玉町)이 아소의 북측, 남측이 미츠시마정(美津島町)으로, 쓰시마를 남북으로 가르는 내해이자 역사적으로도 쓰시마의 중추부에 해당되는 해역이다. 동서 약 15킬로미터, 남북 약 13킬로미터의 리아스식 해안이 연속되는 해역으로, 서쪽은 조선 해협으로 열려 있다. 동부는 1672년 땅을 파서 이루어진 오후나코시(大船越) 해협이고, 1900년에 판 만제키(万関) 해협은 구쓰보(久須保) 수도(水道)로 쓰시마 해협으로 통한다. 1861년 러시아 군함이 돌연 아소만 안으로 입항하여 반년 동안 불법으로 체류한 끝에 쓰시마 번청에 아소에 대한 조차를 신청했다. 막부의 가이코쿠부교(外國奉行)가 현지에 출장했고, 영국 군함까지 내항하여 국제 문제가 되었다. 당시 양국이 아소에 커다란 관심을 갖고 있었다는 것을 알 수 있다. 청일 전쟁, 러일 전쟁 시대부터 일본 해군의 주요 항이 되어 쓰시마는 요새의 섬이 되었다.(日本歷史地名大系)

19 길이의 단위. 1간은 6척(尺) 약 1.8m이다.

20 쓰시마는 예로부터 북부를 가미아가타(上縣), 남부를 시모아가타(下縣)라 칭했는데, 고대의 가미아가타군(上縣郡)은 아소만(淺茅灣) 이북 지역에 대한 총칭이었다. 쓰시마의 이군(二郡) 팔향(八鄕)을 가미시고(上四鄕)·시모요고(下四鄕)로 하기 위해 아소의 북안(北岸)에 있는 니이고(仁位鄕) 도요타마정(豊玉町)을 시모아가타(下県郡)에 편입시켰다. 가미아가타(上縣)의 중앙에는 높이 솟은 영봉(靈峰) 미타케(御嶽)가 자리 잡고 있어 예로부터 항해의 목표가 되었다. 쓰시마는 해상에서 바라보면 중앙부가 수평선 밑으로 가라앉아 마치 두 개의 섬인 듯 보이기도 한다.(日本歷史地名大系)

가미아가타군(上縣郡) 시모아가타군(下縣郡)

8고(鄕)

쓰쓰고(豆酘鄕) 사스고(佐須鄕) 요라고(與良鄕) 니이고(仁位鄕)

미네고(三根鄕) 이나고(伊奈鄕) 사고고(佐護鄕) 도요사키고(豊崎鄕)

촌락 수 124개 중 3개 촌은 이름뿐이며, 촌락은 없습니다.

一. 사스나무라(佐須奈村)에서부터 조선 부산포 왜관(和館)은 해(亥) 방향이며, 와니우라(鰐浦)도 마찬가지로 술해(戌亥) 방향으로, 해상 거리 48리.

一. 후추(府中)[21] 성 인근의 항구에서 각 지방까지의 해로

이키(壹岐)[22] 가쓰모토(勝本)까지 48리

히젠(肥前) 히라도(平戶)까지 66리

히젠 가라쓰(唐津)까지 80리

히젠 나가사키까지 95리

지쿠젠(筑前) 〈후쿠오카(福岡) · 하카타(博多)〉 까지 80리

지쿠젠 와카마쓰(若松)까지 95리

나가토(長門)[23] 아카마가세키(赤間關)[24]까지 104리

하리마(播磨) 무로쓰(室津)까지 212리

셋쓰(攝津) 오사카(大坂)까지 238리

---

21 쓰시마 후추(府中)는 현재 나가사키현(長崎縣) 쓰시마 이즈하라(嚴原)의 옛 지명이다. 에도시대에 쓰시마번의 정청(政廳)이 있던 곳이다.

22 이키노시마(壹岐島)는 규슈 북쪽의 현해탄에 있는 남북 17km · 동서 14km의 섬이다. 규슈와 쓰시마의 중간에 위치한다. 중세에는 마쓰라도(松浦党)의 세력하에 있었고, 몽골과 고려 연합군에 의해 두 차례 침략을 받았다. 에도시대에는 마쓰라도의 흐름을 이은 히라도 마쓰라(松浦)씨가 다스리는 히라도번의 일부였다.

23 현재의 야마구치현(山口縣) 서부와 북부 지역을 가리키는 옛 이름이다.

24 현재의 시모노세키(下關).

一. 府中者對馬國南東之端ニ而, 湊口打開き荒津ニ而, 拾町計入波戶矢來石積有之. 船付町家ニ而上陸仕, 五六町過, 家老其外武家屋敷, 城之大手西之山方ニ相見, 國主之屋形者拾五・六町も登り別所ニ而, あつ浦江山手を相越侍屋敷町家共凡惣長貳拾町計, 雙方山岸ニ而幅五六町も有之候. 川二筋流れ, 場狭之所ニ御座候. 市中町數貳拾六町有之.

| | | |
|---|---|---|
| 宮谷上町 | 同下町 | 天道茂町 |
| 同淵町 | 富町 | 丸山町 |
| 富元町 | 新中町 | 新上町 |
| 同下町 | 大橋上下町 | 船屋町 |
| 今屋敷町 | 横町 | 中須賀中町 |
| 同東町 | 同西町 | 十王北町 |
| 十王南町 | 濱北町 | 同南町 |
| 國分町 | 大町 | 久田道町 |
| 惠比須町 | 裏町 | |
| 神社七ヶ所 | 寺菴三拾八ヶ所 | |

右城下町袖振山・有明山ニ而取廻し, 有明山絶頂者茅山ニ而, 麓通其外山々, 椴・樫・松・雜木悉く生茂り, 無透間, 斧鎌入候儀無之體. 併, 大木良材も不相見, 島山故成長不仕由ニ御座候

一. 후추(府中)는 쓰시마의 동남단으로, 항구의 형세가 험한 포구이고 10정(町)[25] 정도 길이의 방파제와 울타리 · 석축이 있습니다. 배를 정박하고 조닌 거주 지역에 상륙하여 5~6정(町)을 지나면 가로(家老)[26]와 그 밖의 무사 가옥(屋敷)이 성의 정문에서 서편의 산 쪽으로 보이고 영

25 정(町)은 거리의 단위로, 1정은 60간(間), 약 109미터.

26 가로(家老)는 무가(武家)의 가신단 가운데 최고위 역직(役職)으로, 복수(複数)로 구성된다. 합의에 의해 정치 · 경제를 보좌하

주의 저택은 15~16정(町)을 더 올라간 별도의 장소입니다. 아즈우라(阿須浦) 방향으로 산을 넘어 이어지는 무사의 저택과 조닌 가옥이 있는 거리는 대략 총 길이가 20정(町) 정도로 양측은 가파른 산이며 폭은 5~6정(町)입니다. 강이 두 줄기 흐르고 부지가 좁은 곳입니다. 시중에 마치(町)[27] 수는 26개가 있습니다.

미야다니가미마치(宮谷上町) 미야다니시모마치(宮谷下町) 덴도시게마치(天道茂町)
덴도후치마치(天道淵町) 도미마치(富町) 마루야마마치(丸山町)
도미모토마치(富元町) 신나카마치(新中町) 신카미마치(新上町)
신시모마치(新下町) 오하시가미시모마치(大橋上下町) 후나야마치(船屋町)
이마야시키초(今屋敷町) 요코마치(横町) 나카스가나카초(中須賀中町)
나카스가히가시초(中須賀東町) 나카스가니시초(中須賀西町) 주오키타초(十王北町)
주오미나미초(十王南町) 하마키타초(濱北町) 하마미나미초(濱南町)
고쿠부초(國分町) 오마치(大町) 구타미치마치(久田道町)
에비스초(惠比須町) 우라초(裏町)
신사(神社) 7개소 사원과 암자 38개소

위 조카마치는 소데후리야마(袖振山)·아리아케야마(有明山)로 둘러싸여 있습니다. 아리아케야마의 정상은 억새풀이 많은 산으로, 산기슭과 그 외산에는 피나무·떡갈나무·소나무·잡목 등이 매우 무성해 들어갈 틈이 없는데, 도끼나 낫으로 쳐낸 적도 없는 모양입니다. 하지만 큰 나무나 좋은 목재도 보이지 않는데, 섬 지역의 산이기 때문에 크게 자라지 않았다고 합니다.

---

고 운영하였다. 에도시대가 되면 막부가 위치한 에도에는 각 번의 번저(藩邸)와 하타모토(旗本) 저택이 설치되어, 여기에 재근(在勤)하는 가로를 에도가로(江戶家老)·에도쓰메가로(江戶詰家老)라고 불렀다. 한편 지행지(知行地)에 재근하는 가로를 구니가로(國家老)·자이쇼가로(在所家老)라 불렀다. 에도시대 초기까지는 가로와 도시요리(年寄)를 분리하지 않은 번이 많았지만 점차 도시요리의 상층부가 가로로 분화되어, 도시요리라는 역직은 가로 그 자체가 아니라 가로 다음가는 역직인 경우가 일반화되어 갔다.

27 마치(町) : 인가가 밀집된 곳을 도로를 기준으로 나눈 한 구역의 명칭.

一. 町家ニ而鄽商ひ仕候體少く, 酒造拾四・五軒, 幷醬油・油・糀等, 家中之用を達, 其外他國廻船荷物出入之商ひおもに相見申候. 紙・糸・草履・疊・筵・柄杓, 其外家財・日用之品々・建具等迄大坂仕入,赤間關・博多邊より廻船ニ交易仕, 米・大小豆多分者, 國主朝鮮交易之穀物相用, 又者諸廻船よりも買入候. 百石積位之海船拾艘程町屋ニ所持仕, 大船者無之. 國主朝鮮渡隼船之類, 漁船通用小船計相見, 大坂上下飛船等迄, 他國より入來候船を雇ひ相用候由. 此度私共渡海之船も, 當參勤之用意, 三貫五百目ニ而長州宮市船雇ひ置候處, 不用に相成候ニ付, 迎船ニ差越候由御座候.

一. 市中分限宜き者も無御座候. 銀四・五十貫目取廻し, 梅屋与申酒造屋第一ニ而, 其外者貳拾・三拾貫目取廻候者五・六人を宜身帶与申程ニ而御座候. 併, 至而困窮之體にも不相見, 前々繁華有之候餘慶ニ御座候哉, 表町通家居等瓦葺白壁, 裏町通者板屋石葺ニ而相應之住居ニ相見え申候. 近年國主困窮に付, 下々暮方難儀仕候由, 一同ニ申之候.

一. 조닌 거주지에서 가게가 장사하고 있는 모습은 드물고, 술집 14~15채와 간장·기름·누룩 등을 만들어 파는 가게가 영지 내의 수요를 충당하며, 그 외에 다른 지방의 순항선을 통해 화물이 드나들어 장사하는 모습이 주로 보입니다. 종이·실·짚신·다다미·돗자리·국자 그 외에 가재도구·일용품·창호(建具) 등에 이르기까지 오사카에서 사들여 아카마가세키·하카타 인근에서 오는 순항선으로 거래하고, 쌀·콩·팥의 대부분은 영주가 조선 무역에서 얻은 곡물을 사용하거나 또는 순항선들로부터 매입하기도 합니다. 100석(石)을 실을 수 있을 정도의 배는 10척 정도로, 조닌들이 소유하고 있으며 큰 배는 없습니다. 영주가 조선에 파견하는 쾌속선 종류는 어선으로 쓸 정도의 작은 배만 보이고, 오사카에 오고 가는 파발선 같은 것들까지도 다른 지역에서 입항한 배를 고용해서 쓴다고 합니다. 이번에 저희가 도해한 배도 이번 산킨코타이(參勤交代)[28] 준비를 위해 3관(貫)[29] 50몬메(匁)[30]를 주고 조슈(長州)[31] 미야이치(宮市)의 배를 고용해 두었다가, 사용하지 않게 되자 영접하기 위한 배로 보냈다고 합니다.

一. 시중에 재산이 부유한 자도 없습니다. 은(銀) 40~50관(貫)[32]을 운용하는 우메야(梅屋)라는 술집이 제일이며, 그 외에는 20~30관을 운용하는 자 5~6명을 부유한 살림이라고 이야기할 정도입니다. 그러나 매우 곤궁한 상태로는 보이지 않고, 과거에 번창했던 덕택인지 거리 전면의 가옥들이 기와지붕에 흰 벽, 거리 내부는 판잣집에 돌 지붕이 일반적인 가옥으로 보입니다. 근래에는 영주가 곤궁해져서 아랫사람들의 생활도 어려워졌다고 모두가 말하고 있습니다.

一. 金銀通用之儀, 國主朝鮮交易之品々者京都・大阪ニ問屋有之取捌, 海漁・干鰯・鹽肴, 或在々山稼之板・材木・薪等者廻船之出入ニ商賣仕候. 府中ニ而通用之致方者銀遣ニ而, 當用者重ニ錢遣ひニ仕, 金者通用少く御座候. 諸相場, 左之通御座候.

---

28 다이묘가 격년 교대로 가신들을 거느리고 영지를 떠나 에도에 와서 생활하며 쇼군을 배알하는 것으로, 무가제법도(武家諸法度)에 의해 성문법화되었다. 다이묘는 격년제로 에도에서 생활해야 했기 때문에 에도에 번저(藩邸)를 만들어 가신들을 상주시켰다. 더불어 다이묘의 처자는 인질로서 에도에 살게 했다. 다이묘들은 규정된 규모의 군단을 편성하여 에도와 영지를 정기적으로 왕복해야 했기 때문에 재정적으로 큰 부담이 되었으나, 전국의 다이묘들이 영지와 에도를 왕복해야 했기 때문에 에도를 중심으로 전국적인 교통로가 발달했고, 에도의 문화가 지방으로 전파되는 효과를 가져오기도 했다. 산킨코타이 제도는 이미 도요토미 히데요시 시대에 히데요시의 거성(巨城)이 있던 오사카, 후시미에 다이묘들의 저택을 두어 거주하게 하면서 영지를 왕복하게 했던 제도에서 비롯되었다고 보기도 한다.

29 관(貫)은 질량의 단위이자 총화의 단위이다. 1관(貫)=1000몬메(匁).

30 본문에는 메(目)로 되어 있다. 몬메(匁)는 에도시대 은의 통화단위이자 일본 고유의 질량단위의 호칭이다. 10匁 · 10錢=1兩, 160匁 · 160錢=1斤, 1000匁=1貫.

31 나가토노구니(長門國)의 별칭. 에도시대에는 하기(萩)에 번청을 둔 조슈번(長州藩)의 소령이었고, 현재 야마구치현이다.

32 본문에는 간메(貫目)로 되어 있다.

一. 金壹両　　　　　銀六拾七匁替　　　但壹匁錢七拾四文

一. 同　　　　　　　錢五貫貳百文替

一. 米壹石　　　　　代七拾五匁　　　　但壹匁錢六拾文

一. 麥壹石　　　　　代三拾三匁　　　　同斷

一. 大豆壹石　　　　代五拾匁　　　　　同斷

銀壹匁ニ錢六拾文通用

文銀相場上方高下ニ隨ひ, 所ニ而者賣物高下仕候而者, 直段六ヶ敷御座候故, 壹匁を六拾文与定置候.

一. 금은(金銀)의 통용에 관해 말하자면 영주가 조선과 무역한 물품들은 교토(京都)·오사카에 돈야(問屋)[33]가 있어 이를 취급하며, 바닷물고기·말린 청어·절인 생선 또는 지방의 산에서 채취한 판자·목재·땔감 등을 순항선의 출입 때 판매합니다. 후추(府中)에서 통용되는 방식은 은(銀) 본위이고, 급하게 쓸 때에는 주로 전(錢)을 사용하며 금은 통용이 드뭅니다. 각종 시세는 아래와 같습니다.

一. 금 1냥(兩)　　　은 67몬메(匁)로 환산　　단 1몬메는 동전 74문(文)

一. 위와 같음　　　동전 5관(貫) 200문으로 환산

一. 쌀 1석(石)　　　가격 75몬메　　　단 1몬메는 동전 60문

一. 보리 1석　　　가격 33몬메　　　위와 같음

一. 콩 1석　　　가격 50몬메　　　위와 같음

은 1몬메에 동전 60문으로 통용

33 돈야 또는 도이야. 화물주의 위탁을 받아 구전(口錢: 수수료, 커미션)을 취하고 또는 사들여서 그것을 중매인(仲買人)에게 파는 업자이다. 일반적으로 도매업자를 가리킨다.

겐분은(文銀, 元文銀)[34]의 시세는 가미카타 지역(上方)[35]의 등락에 따르는데, 경우에 따라 물건 값이 등락하면 가격이 복잡해지므로, 1몬메를 60문으로 정해 두었습니다.

世上相場之銀取引ハ正文銀与唱, 時之相場相用申候.

壹匁ニ錢九拾文通用

古銀相場右同斷, 高下ニ不拘, 九拾文与相立申候.

町人家數七百三拾七軒　　但竈數九百九拾壹竈

人別不相知候得共, 凡三千人餘之積ニ御座候.

一. 武家屋敷, 家老者長屋門居宅瓦葺, 平士住居板屋根石葺, 石垣塀ニ而御座候. 對州之巖石者, 長短厚薄恰好宜割れ候土地ニ御座候故, 町・在共石垣塀多御座候. 國主屋形之樣子ハ不相知候得共, 上段・御調臺も有之住居之由, 一體家中・在中共に, 竹木澤山なる所柄ニ付, 住居者宜敷壁羽目ニ而, 柱・敷居松・杉, 屋根板も松・すぎ板ニ而御座候. 檜・栂等之上木無御座, 槻・楠・椎之類小道具に遣ひ申候.

세간의 시세에 따른 은 거래는 세이분은(正文銀)이라 부르며, 때마다의 시세를 사용합니다.

1몬메에 동전 90몬 통용

게이초은(古銀, 慶長銀)[36]의 시세는 위와 마찬가지로 등락에 상관없이 90문으로 정해져 있

---

34 겐분은(元文銀) : 8대 쇼군 요시무네(吉宗)의 마치부교(町奉行)인 오오카 타다스케(大岡忠相)는 통화축소에 의한 불황 및 신전(新田) 개발에 의한 증산 등의 영향으로 인해 쌀 가격이 하락하여 무사와 농민 경제가 궁핍하니 이를 해결하기 위해서는 화폐의 품위를 낮추어 통화량을 확대해야 한다고 강력하게 진언했다. 1736년, 요시무네는 이를 받아들여 금은 화폐개주를 공포했는데, 이렇게 해서 주조된 것이 겐분은이다. 겐분은의 규정품위는 은(銀) 46%, 동(銅) 54%이다.

35 가미카타(上方) : 가미(上)는 황거(皇居)가 위치하는 곳, 또는 그 방면이라는 뜻이다. 현재에는 관동지방(関東地方)에서 오사카·교토 지방을 가리키는 말이다.(日本國語大辭典)

36 게이초은(慶長銀) : 1601년에 주조되기 시작한 초은(丁銀)의 일종. 규정 품위는 은 80%, 동 20%이다. 1680년대 들어 막부는 재정 적자에 봉착했다. 1657년에 발생한 '메이레키(明曆)의 대화재(大火)' 이후 복구자금 하사와 대여, 쇼군 쓰나요시(綱吉)의

습니다.

조닌의 가옥 수는 737채　　　　　　단 세대 수는 991세대

인구수는 잘 모르겠지만 대략 3천 명 정도로 추산됩니다.

一. 무사 가옥의 경우 가로들은 나가야몬(長屋門)[37] 저택에 기와를 얹었으며, 일반 무사의 거주지는 판잣집에 돌 지붕이며 돌담을 둘렀습니다. 쓰시마의 암석은 길이와 두께가 적절하게 나누어지는 토양이므로, 조닌 거주지나 지방에도 돌담이 많이 있습니다. 영주 저택의 형태는 알지 못하지만 조단노마(上段, 上段の間)[38]와 조다이(調臺, 帳臺)[39]도 있는 가옥

---

사치, 막부의 중요한 수입원 중 하나였던 각지의 직할 광산의 광맥 고갈로 인한 수입 격감 등이 원인으로 작용했다. 막부는 재정 수입의 확대를 꾀하기 위해 게이초은의 순도를 크게 떨어뜨려 그 차액을 막부 수입으로 돌리기로 했다. 쓰시마가 왜관에서 조선인삼을 사들일 때 결제하는 은화의 순도가 1695년을 기점으로 64%까지 떨어졌다(겐로쿠은[元祿銀]). 이는 일본 은화에 대한 국제적인 신용도의 추락을 초래하여 조선 상인들이 순도가 떨어진 은의 수령과 인삼 수출을 거부하는 사태가 발생했다. 인삼무역을 중시하던 쓰시마는 이 같은 상황을 타개하기 위해 순도가 높은 은화를 특별히 주조해 주도록 막부에 요청했고, 막부는 쓰시마의 요청을 받아들여 국내 통화 은화와는 별도로 조선인삼 수입용 은화를 주조하는 특별 시책을 행했다. 이렇게 해서 만들어진 순도 80%의 은화를 '특주은(特鑄銀)' 또는 '인삼대왕고은(人蔘代往古銀)'이라고 한다. 특주은의 주조는 특단의 조치이기는 했으나 결과적으로 인삼무역의 동요를 막지는 못했다.

37 나가야몬(長屋門) : 에도시대 다이묘의 성곽, 무가 저택의 문으로 발생한 형식이다. 다이묘들은 자신의 저택 주위에 가신들을 위해 나가야(長屋)를 지어 살게 했는데, 그 일부에 문을 만들어 하나의 동(棟)으로 한 것이 나가야몬의 시작이다. 나가야란 행랑채처럼 길게 지어서 칸칸이 방을 만든 건물을 말한다.

38 무가의 저택에서 '게단노마(下段の間)'에 이어 게단노마보다 바닥이 한 단 높은 방. 주군(主君)이 가신 등을 대면하는 장소였다.(日本國語大辭典)

39 조다이(調臺, 帳臺) : ①전통 귀족들이 침대처럼 이용하던 것. 침전의 중심이 되는 방에 다다미를 깔고 사방에 기둥을 세우고 발을 늘어뜨려 가운데만 걷어 올려서 출입했다. ②침전의 중심이 되는 방에 설치한 취침용의 대. ③주인의 방 또는 주인이 침실로 사용하는 방.(日本國語大辭典)

〈조다이(帳臺)〉

〈조단노마(上段の間)에 장식된 조다이가마에(帳臺構え)〉

이라고 하며, 대체로 가신과 지방 무사 모두 대나무가 많은 지역이기에 가옥은 좋은 벽에 판자를 붙였고 기둥·문지방은 소나무·삼나무이며 지붕의 판자도 소나무·삼나무 판자입니다. 편백나무·솔송나무 같은 상급 목재는 없으며, 느티나무·녹나무·모밀잣밤나무 등은 작은 도구를 만드는 데 사용합니다.

諸士之儀, 筑前・肥前領知有之節より召仕候ものを舊家と唱, 對州以來抱候ものを新家与唱, 町人之內ニも六十人由緒之もの有之. 在々ニも給人与號し, 朝鮮陣以來之者家筋之鄕侍有之候. 他國出會見苦敷仕間敷旨申付有之, 惣體武家・町家共着服を飾候ニ付, 輕き充行之者難儀仕候由. 家老朝鮮江大禮之使ニ罷越候節者布衣着用, 侍者素袍着仕, 府中新宮八幡祭禮ニ當り候侍さへ素袍着用相勤, 在々之給人, 府中江正月禮式罷出候節者, 長上下着用仕候由. 近年困窮ニ付儉約申付, 年始・中元之外, 家中相互ニ禮式無御座候. 七月十四日中元之祝儀, 諸侍太刀折紙ニ而禮式相勤候由. 右馬代, 家老者銀壹匁六分程, 其以下三分・貳分まて役格ニ應し差出, 渡り物之內差引ニ仕候由.

무사들은 지쿠젠·히젠에 영지가 있었을 때부터 섬겼던 자들을 구가(舊家)라 하고, 쓰시마에 정착한 뒤에 받아들인 자들을 신가(新家)라고 부르며,[40] 조닌 중에도 로쿠주닌(六十人)[41]의 유서

---

40 중세에 가마쿠라 막부는 국(國)마다 슈고(守護)를 두어, 모반인과 살해인 체포권, 경찰권, 행정권의 일부를 행사할 수 있게 했다. 쓰시마노쿠니(對馬國)에 슈고로 임명된 자는 쇼니(少弐: 武藤)씨이다. 12세기에는 소(宗)씨의 시조가 되는 고레무네(惟宗)씨가 쓰시마에 들어왔다. 고레무네씨는 원래 다자이부(大宰府)의 관인(官人)이었으나, 지쿠젠노쿠니(筑前國)의 무나카타군(宗像郡)에서 쓰시마로 향했다고 한다. 사료상으로 고레무네씨의 이름이 쓰시마의 재청관인(在庁官人)으로 확인되는 초견(初見)은 1196년이다. 고레무네씨는 쇼니씨의 슈고다이(守護代: 슈고의 대리인)로서 점차 쓰시마에 세력을 확대하여 무사화되어 갔다. 종래 쓰시마에서 세력을 갖고 있던 아비루(阿比留)씨는 당시 고려와 교역을 행하고 있었다. '쓰시마에 정착한 뒤에 받아들인 자들'이란 소씨가 쓰시마에 정착한 후 가신이 된 자들을 가리키는 것으로 보인다.

41 중세 이래 쓰시마의 무역 특권 상인. 로쿠주쇼닌(六十商人)이라고도 한다.

(由緖)를 지닌 자도 있습니다. 지방에는 규닌(給人)[42]이라고 칭하여 조선 출병(임진왜란) 이후 편입된 자들의 가문인 시골 무사들이 있습니다. 다른 지역 사람들과 만날 때 꼴사납지 않게 하라는 지시가 있어 대체로 무사·조닌 모두 복장에 신경을 쓰므로 급여가 적은 자들은 곤란하다고 합니다. 가로가 조선에 대례(大禮)를 위한 사절로서 건너갈 때는 호이(布衣)[43]를 착용하고 보통 무사는 스오우(素袍)[44]를 입는데, 후추에 분사(分社)한 하치만구(八幡宮)[45] 제례에 나가는 무사들조차 스오우를 입고 참가하며, 지방의 규닌들이 후추로 정월 예식을 위해 나올 때에는 나가가미시모(長上下)[46]를 착용한다고 합니다. 근래에는 곤궁해짐에 따라 검약을 지시해 신년·백중날(中元) 외에 영지 내의 예식은 없습니다. 7월 14일 백중날을 축하하는 의식에는 무사들이 다치오리가미(太刀折紙)[47]를 지참하고 예식을 집행한다고 합니다. 위 예식 때의 말 헌상 대금[48]은 가로가 은 1몬메 6부(分) 정도이고, 그 이하는 3부·2부까지 직책의 격식에 따라 제출하며, 급여에서 공제한다고 합니다.

---

42 에도시대에는 번주에게서 지행지(知行地)를 받은 무사를 의미한다.

43 호이(布衣) : 에도시대 무위무관의 막부 소속 신하나 다이묘의 부하가 착용한 복장으로, 집안 문양이 들어있지 않은 궁정귀족·무사의 상용 약식 복장.

44 스오우(素袍) : 본래는 서민의 옷이었으나 에도시대에는 일반 무사·배신들의 예복이 된 히타타레(直垂)의 일종.

45 하치만구(八幡宮) : 쓰시마에는 가미아가타군(上縣郡)과 시모아가타군(下縣郡)에 하치만구가 있다. 시모아가타군 하치만구를 전국시대부터 후추하치만구(府中八幡宮)라 칭했다. 1890년(메이지23)에 지명을 따서 이즈하라하치만구진자(嚴原八幡宮神社)가 되었다.

46 나가가미시모(長上下) : 에도시대 무사가 출사할 때 입는 통상적인 예복.

47 다치오리가미(太刀折紙) : ①다치(太刀)·말 등 진물 목록을 적은 종이. ②도검(刀劍) 감정서, 보증서. 금 4매(枚) 이상의 귀중품에 발행했다.

48 바다이(馬代) : 에도시대 무가 사이에서 말 대신 보낸 금전(金錢).

朝鮮交易方・銀山出方前々繁榮之節ハ, 奢侈有之候風ニ而候哉, 右體相飾候儀遺風有之候. 家中諸役人共, 外國家与違ひ, 世上事馴, 物毎功者ニ取扱申候. 町家之者も在町之人品ニ者無之, 江戸・大坂等他國仕候ニ付, 萬事物馴候風俗ニ御座候. 交易之土地柄ニ付, 質素倹約ニ心を用, 細かなる風儀ニ者無御座候. 國主不如意之次第者, 参勤之乗船造替も及延引, 其外近年息女方京都江婚姻, 十七ヶ年延引有之候由. 當春江戸屋敷類燒ニ付, 市中・田舍とも用金申付, 凡金千兩程出來, 市中ニ而銀貳拾貫目程差出, 問屋一人前銀三拾目程充割合候由. 其餘者在方より差出候由御座候.

조선 무역이나 은광의 채굴이 과거 번영했을 때에는 사치스러운 풍습이었는지 위와 같은 형식의 겉치레가 유풍으로 남아 있습니다. 영지 내의 근무자들은 다른 지역과 달리 세간의 일에 익숙해서 매사를 능숙하게 처리합니다. 조닌들도 지방 조닌의 품성이 아니라 에도·오사카 등 다른 지역에서 하는 것처럼 만사 세상 물정에 밝은 모습입니다. 무역을 본업으로 삼는 지역 특징으로 인해 질소 검약에 마음을 쓰는 세심한 풍습은 아닙니다. 영주의 상황은 곤궁하여 산킨코타이 때 탈 배의 교체도 연기되었으며, 근래 딸이 교토(京都)에 시집가는 것이 17년이나 미루어졌다고 합니다. 올 봄 에도 저택이 소실되자 시중과 시골에 임시 자금징수를 지시하여 대략 금 1,000냥 정도를 모았는데, 시중에서 은 20관(貫) 정도를 냈고 돈야(問屋) 1명당 은 30몬메 정도의 할당량이었다고 합니다. 그 나머지는 시골에서 냈다고 합니다.

一. 見聞書留仕候趣ニ而申上候而者, 次第亂雜仕候ニ付, 去ル丑年 <案するに, こは明和六年をいふなるへし> 願書之箇條ニ引合せ, 左ニ奉申上候.

朱書

對州者一體山國ニ而海中之小島故, 土地甚少く, 田地者一向無御座候畠計之所ニ而,

畠も多くハ山畠ニ而候故, 出來方薄く, 凶年勝ニ有之. 其上鹿荒强く, 年々鹿狩仕候ニ付, 百姓共勞費不輕候.

對州百二拾ヶ村餘之分, 大概海邊濱付ニ而, 海を離れ候村方僅拾ヶ村餘に御座候. 國中に平地無之, 惣島廻荒磯ニ而, 淺海与申, 瀨戶入海ニ而御座候. 谷々山々とも悉く雜木茂り,楠・いす・櫻・松・椴・樫・椎・杉・椿・楸・椚・槻・桂・胡桃・栗・漆・梨・柹等生立大木も無之, 柴山小木多御座候.

一. 보고 들은 바를 적어 아뢰어서는 점차 난잡해질 듯하여, 지난 축년(丑年) 〈생각건대 이는 메이와 6년(1769)을 말한 것이다〉 청원서의 각 조항을 인용해 아래와 같이 말씀드리겠습니다.

주서(朱書)

쓰시마는 전체가 산간 지역이자 바다 한가운데의 작은 섬이기 때문에 경작지가 매우 적고 논은 전혀 없으며 밭만 있습니다. 밭도 대부분은 산지에 있어 수확량이 적고 흉년이기 십상입니다. 게다가 짐승에게서 받는 피해가 심해서 해마다 멧돼지나 사슴을 사냥하기 때문에 백성들의 고충이 적지 않습니다.

쓰시마의 120여 개 마을은 대개 해변에 붙어 있으며, 바다에서 떨어진 마을은 겨우 10개 마을 정도입니다. 영지 내에 평지가 없고 섬 전체를 빙 둘러 암석이 많으며, 아사미(淺海)라고 부르는 폭이 좁은 해협의 만이 있습니다. 골짜기와 산에도 잡목이 몹시 무성하나, 녹나무·조록나무·벚나무·소나무·피나무·떡갈나무·모밀잣밤나무·삼나무·동백나무·개오동나무·상수리나무·느티나무·계수나무·호두나무·밤나무·옻나무·배나무·감나부 능 다 자란 큰 나무도 없고 잡목이 자란 산에 작은 나무가 많습니다.

材木者尺板以下之品, 薪類者府中又者他國へも賣出候由. 先年炭燒薪伐出, 茯苓取なと他國より入こみ請負候處, 仕當ニ合不申, 何れも中途ニ而相止候由. 田畑之耕地, 海邊入込候谷々少し充, 一村限之平地ニ而定作二毛取之畑ニ而,麥作取候跡へ粟・稗・大小豆・大角豆・麻・木綿・胡麻・土芋・唐芋等作申候. 別而唐芋ハ近年作覺, 風難無之品故, 多分に作り粮食ニ仕候. 田方之儀, 田地無之由ニ候得共, 多分田作不仕村方も無御座, 尤皆畑之村も御座候得共, 數少く御座候. 佐護鄕・佐須鄕・豆酘鄕者, 山も寛に山上迄畑地有之, 耕地も廣く田方多分有之, 外國々之作方ニ似寄候場所ニ御座候. 全體取箇之儀, 二百年以前之仕法之由ニ而, 石免合与申儀無御座, 村高何間

목재는 1척(尺) 너비의 판자와 같은 것들뿐이며, 땔감은 후추 또는 다른 지역에 판매한다고 합니다. 일전에 숯을 만들 땔감의 벌채와 버섯 채취 등을 다른 지역에서 돈을 주고 인수했으나, 생각처럼 되지 않아 모두 중도에 그만두었다고 합니다. 논밭 경작은 바닷가에 인접한 골짜기에 조금씩 있는 각 마을의 평지에서 실시하며 보통 경작방법은 이모작 밭으로, 보리를 수확한 곳에 조·피·콩·팥·동부콩·마·목화·깨·토란·고구마 등을 경작합니다. 특히 고구마는 근래 경작법을 배웠는데, 풍해를 입지 않는 작물이기 때문에 많이 경작해서 양식으로 활용합니다. 논이 없다고는 하나 아마 논농사를 하지 않는 마을은 없을 것이며, 또한 전체가 밭뿐인 촌락도 없을 테지만 수는 적습니다. 사고고(佐護鄕)·사스고(佐須鄕)·쓰쓰고(豆酘鄕)는 산이 완만하여 산 위까지 밭이 있고 경작지도 넓으며 논이 많이 있어 다른 지방의 경작 방식과 비슷한 곳입니다. 대체로 조세는 200년 전 방식이라고 하는데, 연공(年貢)의 부과비율(石免合)[49]이라고

49 멘아이(免合. 免相) : 멘아이는 석고(石高)에 부과된 연공의 비율. 검지고(檢地高)에서 영주가 취하는 분의 비율을 나타낸다. 멘(免)은 연공량, 멘아이(免合)는 연공률이다.

할 만한 것이 없이 촌락의 수확량을 [경작지의 넓이로] 몇 간(間)

何尺何寸与仕, 蒔何石何斗之位附, 上中下田畑とも上畑廻し物成を附, 麥納に仕, 村方ニ而寛文年中相定候物成帳一覽仕候處, 田方・茶共に麥之物成ニ廻し有之候. 其外村方に寄, 籾ニ而納め, 又者麥相場代銀ニ而納め候も有之候. 全體村々物成ニ引競へ, 田之耕地廣く御座候付, 承糺候處, 在々給人府中諸侍・町人等入用を出し, しめ切新開等仕候類ニ御座候. 知行有之者者, 新開之分年貢銀与申を相納め候由, 百姓町人之取立候ハ, 定之通物成相納候由御座候.

下ケ札

本文炭燒仕入候儀, 京都ニ而朝鮮干牛丸商賣仕候三栖屋彌太郎と申者, 質屋ニ而有之候處, 銀調達通銀滯多

몇 척(尺) 몇 촌(寸)이라 하고 파종량 몇 석(石) 몇 두(斗) 정도로 기록하며, 상·중·하급 전답을 모두 상급의 밭으로 환산해 연공을 책정하여 보리를 납부합니다.[50] 마을에서 간분(寬文)[51] 연간에 정한 연공 장부를 열람해 보았더니 논·차밭 모두 보리를 납부하는 연공으로 환산되어 있었습니다. 그 외에 촌락에 따라 낟알로 납부하거나 또는

50 쓰시마는 1661년(寬文元) 니이군(仁位郡) 검지가 실시되었다. 쓰시마는 10만석 격(格) 번이었으나, 평야가 적어 쌀 4,500석, 보리 15,000석 정도가 수확되었다. 1661년 이후 고쿠다카제(石高制) 대신 겐다카제(間高制)라는 독자적인 토지제도와 세제(稅制)가 채용되었다. 그런데 겐다카제에는 쓰시마가 전국 정권에 편입되기 전에 실시되었고, 번내의 실무에서는 이후에도 사용된 마키다카제(蒔高制)로 복귀하는 측면도 있어 1間=1石蒔로 정의되었다. 산간 등지 화전(燒畑)의 순 수확량 보리 22석 8두(斗)에 상당하는 면적을 겐(間)이라 하고, 1間–4尺, 이하는 촌(寸) 분(分)·리(厘)·모(毛)라는 식으로 10진법으로 세분화했다. 그것에 기초해서 수전(水田)과 밭의 생산력을 표시하고 연공 부과와 가신에게 부여하는 지행의 기준으로 삼았다. 이것을 '겐다카(間高)'라 칭했다. 실제 연공을 징수할 때는 겐다카제가 도입된 이후에도 예전의 마키다카제(蒔高制)로 환산하여 징수했기 때문에 징수당하는 농민의 입장에서는 중세 이래의 마키다카제가 에도시대에도 계속 행해진 것이나 다름없었다.

51 1661년(寬文元)에 니이군(仁位郡) 검지가 실시된 것을 가리킨다.

보리의 시세에 따라 대금을 은으로 납부하는 경우도 있었습니다. 대체로 각 마을의 연공에 비해 논 경작지가 넓기에 확인해 보았더니, 지방의 규닌들이 후추의 무사·조닌들의 비용을 내고 그들의 분량까지 수합해 개간한 것들입니다. 영지가 있는 자는 개간지 분의 연공은(年貢銀)이라는 것을 납부한다고 하며, 백성·조닌으로부터의 징수는 정해진 분량대로 연공을 거두어들인다고 합니다.

추기(追記)

본문에 숯을 매입했다고 한 것에 관해 설명하자면, 교토에서 조선간우환(朝鮮干牛丸)[52]을 파는 미스야 야타로(三栖屋彌太郞)라는 자가 전당포를 운영하는데 [쓰시마가] 조달한 은의 변제에 지체가 많아지자

候ニ付, 右代り山を取, 伏見に罷在候悴茨木屋長右衛門儀材木商賣仕候者, 對州江相越, 炭燒一軒仕入候處, 仕當ニ合不申候旨, 相止候よし御座候.

田方凡反別貳百六拾町步程　　<村方申口, 古田物成帳ニ有之分, 弁新開・侍知行・給人知 行・寺社領等町步見積り>

內

三百壹石六斗餘　　<前々より秋石与唱, 物成帳ニ有之田方等入ハ銀納, 百姓方より相納候分>

取箇之儀, 交易方繁昌之節, 山方・里方共に收納ニ不心附, 仕來之儘差置候癖不相直, 畑方定作仕候分ハ平地ニ而, 田成可仕場所多御座候. 何れも村居之近邊川筋有之, 用水揚方自由成場所之分をも畠作仕候. 山畑之分者, 木庭与唱別段ニ而, 野畑・刈畑之類切替作ニ御座候.

---

52 간우환(干牛丸) : 조선의 소고기를 원료로 해서 만든 자양강장제. '조선간우환(朝鮮干牛丸)'이라고도 불리며 특히 쓰시마의 한방약으로 유명했다.

그 대신에 산을 받았다고 합니다. 후시미(伏見)에 있는 아들 이바라키야 조에몬(茨木屋長右衛門)이라는 목재 상인이 쓰시마에 건너와 숯 만드는 건물 한 채를 매입했으나, 생각대로 되지 않아 그만두었다고 합니다.

논은 대략 1단(反, 段)[53] 당 260정보(町步) 정도 〈촌락이 이야기한 바와 농지 연공 장부(古田物成帳)에 적혀 있는 분량. 그리고 개간지·무사 영지·규닌 영지·사사(寺社) 영지 등의 넓이 견적〉

그중에서

301석 6두 정도 〈이전부터 아키코쿠(秋石)[54]라고 불렀으며, 연공 장부에 적혀 있는 논 등으로부터의 수입은 은납(銀納)으로, 백성들로부터 거두어들이는 분량〉

조세는 무역이 번창했을 때 산간과 촌락 지역의 수납을 구분하지 않고 해오던 대로 방치한 관례를 개정하지 않았으며, 밭으로 경작하는 곳들도 평지여서 논으로 바꿀 수 있는 곳이 많습니다. 어디든 촌락 근처에 강줄기가 있어 용수를 끌어올리기 편한 곳에서도 밭농사를 하고 있습니다. 산에 있는 밭은 고바(木庭)[55]라고 부르는 별도의 경작지로, 악전(惡田)이나 화전 따위이며 경작과 휴경을 반복합니다.

53 ①거리의 단위. 6尺=1間, 6間=1段. ②토지 면적의 단위. 1段=300步(坪)로, 약 991.7평방미터.

54 쓰시마의 연공 장부를 보면 촌락의 연공 납부량으로 나츠코쿠(夏石)와 아키코쿠(秋石)가 등장한다. 따라서 쓰시마의 촌락은 1년 중 여름과 가을 두 차례에 걸쳐 연공을 납부한 것으로 보이며, 그 합산을 통해 촌락의 전체 수확량을 책정한 것으로 보인다.

55 고바(木庭, 木場) : 산간의 농작지 또는 화전.(日本國語大辭典)

鹿狩之儀者, 春正・二月比, 村々農業間に仕, 近年ハ少々相減候由, 是亦外國々にも山方ニ者有之儀, 別段ニ勞費与可申立筋無御座候. 物成上納之譯者, 村々ニ而百姓共承合, 廻村不仕村々者, 最寄之村方, 又者其所之者江承合候. 一體之村柄隣鄕江一里も隔有之, 峠三ヶ所程ツヽ打越候嶮岨ニ而, 國之中央者悉く高山ニ而村居も無御座, 一ヶ村限ニ浦附磯邊又ハ谷間平地ニ經營仕, 二・三ヶ所續候處者, 稀成土地ニ御座候. 有明山ニ者牧場有之候.

朱書

朝鮮交易之所務, 中古以來漸々相衰, 三十年以來皆無与相成, 此銀千四百八拾四貫目餘, 四ツ物成にして六萬千八百三拾七石餘, 年々損削与相成候事.

交易取合之書面ニ委細申上候通御座候. 中古以來相衰候与申者, 前々者交易方

짐승 사냥은 봄 1~2월경 촌락의 농한기에 수행하나 근래에는 다소 줄어들었다고 하는데, 이 또한 다른 지역에서도 산간지방이라면 있는 일이니 특별히 고충이라고 토로할 만한 사항은 아닙니다. 연공 상납의 사정은 각 마을에서 백성들에게 들었으며, 순시하지 않은 촌락들은 인근 촌락의 무라카타(村方)[56] 또는 그 지역 사람들에게 들었습니다. 대체로 촌락들은 인근 마을로부터 1리나 떨어져 있고 고개를 3군데씩 넘어가야 할 정도로 험준하며, 영지의 중앙부는 죄다 높은 산이어서 촌락이 없고 하나뿐인 마을은 포구가 있는 해안가나 골짜기 사이 평지에 형성되어 있으며, [마을이] 2~3개 붙어 있는 곳은 드뭅니다. 아리아케야마에는 목장이 있습니다.

56 무라카타산야쿠(村方三役) : 촌장. 에도시대 촌의 민정을 관장했던 나누시(名主)·구미가시라(組頭)·햐쿠쇼다이(百姓代)의 총칭. 일종의 부유한 상급 농민으로, 햐큐쇼다이 외에는 대체로 세습하는 유급직(有給職)이었다.(日本國語大辭典)

주서(朱書)

조선 무역의 수익(所務)[57]은 중고(中古)[58] 이래 점차 쇠퇴하여 30년 이전부터 완전히 수익이 없어졌습니다. 그 수익인 은 1,484관(貫) 정도는 4할 연공(四ツ物成) 기준으로 환산하자면 61,837석(石) 정도로 해마다 삭감되고 있습니다.

무역 조율을 위한 서면에 상세히 기술한 대로입니다. 중고 이래로 쇠퇴한 경위는 이전에는 무역에 관해

年々之勘定合も無之, 任繁昌無頓着, 不足之節ニ至, 古來之諸勘定年々之仕上致見候様子ニ御座候. 千四百八拾四貫目之利潤ニ相當候年々勘定帳者無御座候. 貞享年中, 壹萬貫目餘利潤有之節ニ引合, 段々相減候ニ付, 元入銀等夥しく借入手段仕候得共, 時節相違いたし候處ニ不心附候故, 可立歸様無之, 只今ニ而者交易之品を直ニ元入銀之方江引當, 防候儀与相聞申候. 皆無与相成候と申上候得共, 送使与交易之外, 私貿易之內七萬斤之銅者, 木綿・米ニ代へ候段申上候. 是ハ年々買入方大坂銅座江御屆申上候事故, 難取隱儀, 其外少々充之儀ともハ一向無之形ニ申立候. 旣獻上人參撰殘相拂候而も, 利潤貳千兩程有之儀, 是等も交易之內に御座候.

---

57 쇼무(所務) : 역(役)에 대한 대가이자 지속적으로 역(役)을 수행할 수 있게끔 하사받은 비용. 따라서 보통 중세 장원제하에서는 장원 통치 대행의 대가로서 인정받은 조세 징수권을 뜻한다. 쓰시마번의 경우에는 조선통교 전담이라는 역(役)의 대가로써 막부로부터 조선과의 무역을 수행할 권리를 쇼무로 인정받았다고 주장하였다.

58 18세기 초. 쓰시마번의 조선 무역이 본격적으로 쇠퇴하게 된 계기 중 하나는 막부의 화폐개주로 인해 1695년을 기점으로 일본 은화의 순도가 64%(겐로쿠은[元祿銀])까지 떨어진 것이다. 이는 일본 은화에 대한 국제적인 신용도의 추락을 초래하여 한동안 조선 상인들이 거래를 거부하는 사태가 이어졌다.

매년 합산도 하지 않고 번영에 기대어 주의를 기울이지 않다가, 부족해진 시기에 이르러 과거의 수지를 해마다 합산해 본 양상입니다. 1,484관(貫)의 이익에 해당하는 매년의 회계 장부는 없습니다. 조쿄(貞享)[59] 연간에는 1만여 관(貫)의 이윤이 있었는데 그런 시절에 비해 점차 [이윤이] 감소하자 자본으로 쓸 은 등을 다량으로 빌리는 방법을 써 봤지만 정세가 변했음에 주의를 기울이지 않았기 때문에 만회할 수 없었습니다. 현재는 무역품을 곧바로 자본 은의 출처 쪽에 저당 잡혀 [채무를] 막는다고 들었습니다. [수익이] 완전히 없어졌다고 보고했지만, 송사(送使)와 무역 외에도 사무역(私貿易)에 쓰는 7만 근(斤)의 동(銅)을 무명·쌀로 바꾼다고 했습니다. 이는 해마다 매입 관련 사항을 오사카의 동 주조소(銅座)[60]에 신고하기 때문에 숨기기 힘든 일인데, 그 외에 세세한 사항들은 전혀 없는 상황이라고 주장하고 있습니다. 먼저 헌상용 인삼[61]을 선별해 대가를 지불해도 이윤이 2,000냥 정도 남는데, 이것도 무역에 포함됩니다.

且又市中之者相願, 勝手宜品を買受候ニ者, 譬者錦壹反に三拾目位, 運上同樣相納, 買受候由, 外之品も右ニ准し候由御座候. 去ル丑年相願候鑄錢銅之儀, 寅年者定數之外多分買入候得共, 交易仕候と相聞え申候. 然共, 差渡不申候由申立, 無利潤人參取寄せ候積之由申聞候. 內々ハ勝手宜拂方も可仕哉, 米千俵取寄候利潤さへ五割ハ有之儀ニ御座候. 右之品々取組有之候得共, 皆無与者難申立筋ニ奉存候. 前々交易之品, 對州ニ而者不相拂, 京都深江屋仁兵衛方江遣し候由申聞候. 然處, 當春大坂表ニ而承合候得者, 朝鮮産物引受候問屋長堀町島屋清兵衛・播磨屋平兵衛・竹屋元右衛門・和泉屋利兵衛

---

59 일본의 연호. 1684~1687년.

60 도자(銅座) : 에도시대 막부가 설치한 동 정련(精錬), 판매를 통할하는 기관. 1868년 광산국(鑛山局)으로 개칭되었다.

61 헌상인삼(獻上人蔘) : 상용인삼(上用人蔘). 쓰시마 번주가 에도에 참근할 때 쇼군에게 헌상하는 인삼.

또한 시중의 사람들이 원하여 형편에 적절한 물건을 매입할 때에는 가령 비단 1단(反)에 30몬메 정도를 상납금(運上)[62]처럼 납부하고서 매입한다고 하며, 다른 물품들도 이에 준하여 시행한다고 합니다. 지난 축년(丑年)에 청원한 전화(錢貨) 주조용 동을 인년(寅年)에는 정해진 수량 외에도 다량 매입했는데, 무역에 사용한다고 들었습니다. 그러나 [조선에] 보내지 않았다고 주장했으며, 이윤이 없는 인삼을 주문할 예정이라고 들었습니다. 비공개적으로 수완 좋은 지불 방법이라도 있는지 쌀 1,000가마니(俵)를 주문할 이윤까지도 5할은 마련되어 있습니다. 위와 같은 물품의 매매 상황이 있음에도 무역 이익이 전혀 없다고 주장하기는 힘들다고 생각합니다. 이전에 무역한 물품들을 쓰시마에서는 대금을 지불하지 않고 교토의 후카에야 진베에(深江屋仁兵衛)에게 보낸다고 들었습니다. 그런데 올 봄 나가사키 쪽에서 확인했는데, 조선 산물을 인수하는 돈야인 나가보리초(長堀町)의 시마야 세이베에(島屋清兵衛)·하리마야 헤이베에(播磨屋平兵衛)·다케야 겐에몬(竹屋元右衛門)·이즈미야 리헤에(和泉屋利兵衛)·

玉造橋邊佐野屋嘉助与申者, 對馬問屋と稱へ, 人參商賣手掛而問屋江立合候もの, 道頓町田邊屋清兵衛・菱屋喜兵衛・紀伊國屋吉兵衛・大和屋嘉兵衛・近江屋忠右衛門・淡路町日野屋喜兵衛・綿屋庄五郎・平野町伏見屋半兵衛・高麗橋綷屋久右衛門・本鞆町日野屋武右衛門与申者共商賣仕, 人參幷藥種, 唐物之次, 和産之上に遣ひ, 右問屋仲買とも取扱候由ニ御座候.

下ケ札

本文人參之儀, 大坂表ニ而承合候處, 當表五斤登り候以後, 多分ニ相登り候由, 江戸火事沙汰捌兼, 當春壹斤ニ付銀貳拾貫目程仕候處, 此節ハ拾壹貫目程仕候由御座候. 外藥種黃芩餘程相登り, 其外之品當年ハ登り不申候由ニ御座候.

62 운조(運上) : 에도시대 잡세(雜稅)의 일종으로, 상공업, 어업, 운송업자에게 부과되었다.

다마즈쿠리바시(玉造橋) 인근의 사노야 가스케(佐野屋嘉助)라는 자들을 쓰시마 돈야(對馬問屋)라고 부르고, 인삼 장사에 관여하며 돈야와 거래하는 자들인 도톤보리초(道頓町)의 다나베야 세이베에(田邊屋淸兵衛)·히시야 기헤에(菱屋喜兵衛)·기이노쿠니야 기치베에(紀伊國屋吉兵衛)·야마토야 가헤에(大和屋嘉兵衛)·오우미야 주에몬(近江屋忠右衛門)·아와지초(淡路町)의 히노야 기헤에(日野屋喜兵衛)·와타야 쇼고로(綿屋庄五郎)·히라노초(平野町)의 후시미야 한베에(伏見屋半兵衛)·고라이바시(高麗橋)의 가세야 규에몬(綷屋久右衛門)·혼토모초(本鞆町)의 히노야 부에몬(日野屋武右衛門)이라는 자들이 장사를 하며, 인삼과 약종(藥種)은 중국산보다는 아래이나 일본산보다는 상급으로 취급하는데 위의 돈야들이 중개업도 처리하고 있다고 합니다.

추기(追記)

본문에서 이야기한 인삼에 관해 오사카 쪽에서 확인해 보았더니 올 봄에 5근(斤)이 올라간 이후 다량이 올라갔다고 하며, 에도의 화재 상황을 수습하기 힘들어 올 봄에 1근당 은 20관(貫) 정도로 지정했지만, 현재는 11관(貫) 정도라고 합니다. 그 외에 약종인 황금(黃芩)[63]이 꽤 올라왔으며, 그 밖의 물품은 올해에는 올라오지 않았다고 합니다.

朱書

水牛角・胡椒・丹木・明礬, 近年買元高直ニ而, 不輕銀高損銀相成候.

利潤有之与申立候直段, 水牛角壹本拾匁, 明礬百斤貳拾五匁, 胡椒百斤百三拾匁, 銅百斤百拾八匁与有之候. 右直段長崎ニ無之安直段ニ而御座候. 何方ニ而調候哉相尋候處, 其節之儀不相分候よし, 役人申聞候. 若長崎ニ而水牛角・明礬

63 '속썩은 풀'의 뿌리 부분. 한약재 황금은 독이 없으며 모든 발열, 황달, 혈변을 동반한 설사, 화상, 심한 종기 등을 치료하고, 수분과 어혈을 제거하는 데 효과가 있다. 이 시기 쓰시마는 황금을 인삼, 우피(牛皮), 말린 해삼(煎海鼠), 소뿔(牛角)과 발톱, 그 외 약재류와 함께 조선으로부터 수입했다.(『近世日朝通交貿易史の研究』)

・胡椒者, 元代ニ歩銀を掛ケ相除候直段にも可有御座哉. 銅者前々泉屋吉左衛門方にて直買仕候由, いつれも三十年以前之直段与申儀ニ付, 右者古銀之節之直段を以當時に引競へ, 損失申立候儀にも可有之哉.

주서(朱書)

물소뿔(水牛角)[64]·후추(胡椒)·단목(丹木)[65]·백반(明礬)[66]은 근래 매입 원가가 인상되어 적잖은 은이 손실됩니다.

이윤이 남는다고 할 만한 가격은 물소뿔이 한 자루에 10몬메, 백반 100근에 25몬메, 후추 100근에 130몬메, 동 100근에 118몬메라고 되어 있습니다. 이런 가격은 나가사키에는 없는 저렴한 가격입니다. 어느 방면으로 조사했는지 물어보았더니 해당 시기를 잘 모르겠다고 근무자들이 말했습니다. 혹시 나가사키에서 물소뿔·백반·후추는 원가에 수수료를 계산해 공제한 가격일 수도 있습니다. 동은 과거 이즈미야 기치자에몬(泉屋吉左衛門)으로부터 직접 매입하였다고 하는데 모두 30년 전 가격이라고 하므로, 위의 이야기는 게이초은이 통용되던 시절의 가격을 현재와 비교하여 손실이라 하는 것일 수도 있습니다.

---

64 조선이 쓰시마로부터 수입한 물소뿔은 활(각궁)의 재료로 쓰였다. 물소뿔, 후추, 단목, 백반은 조선 정부가 쓰시마로부터 수입하는 '공무역'의 4대 주요 품목이었다.

65 속이 붉은 교목(喬木)의 일종으로 활을 만드는 데 쓰이고, 속의 붉은 부분은 목홍(木紅)이라 하는 안료의 재료이며, 혹은 한방의 통경제(通經劑)로 쓰였다.(한국고전용어사전)

66 우리가 흔히 말하는 백반은 대부분 칼륨백반인 경우가 많다. 칼륨백반은 응결제나 매염제(媒染劑) 등에 사용되는데, 매염제란 물들이려고 하는 섬유와 염료를 연결시켜 염색이 잘 되도록 도와주는 물질을 말한다. 손톱에 봉숭아 물을 들일 때 백반을 사용하는 것이 바로 이러한 이유 때문이다. 칼륨백반을 가열하여 탈수시킨 소백반(燒白礬)은 수렴제(收斂劑)로 사용된다. 수렴제는 지혈을 하거나 설사를 억제하는 효과가 있는 약제이다.(두산백과)

品物者時之相場年々不同等者御座候儀, 世上一統之儀ニ御座候所, 損失之申立ニ不相成, 殊ニ是迄年々長崎除之品, 大坂銅座共直段合者, 役人共逸々承知得心ニ而年々買受來候儀ニ御座候得共, 損失与可申立筋無御座候.

朱書

所務相成, 御役儀之用費不足仕, 數十年他借を以相償候借金高.

借金筋之儀, 京・江戸・大坂共, 奉行所江十五口出訴, 切金等ニ罷成候も有之, 當時內濟ニ被仰付, 五口程殘り有之由. 勝手向差支候ニ付而者, 他借之手段相働候ものハ輕き者・大小姓・馬廻りニ被取立候類有之候.此節京・江戸・大坂, 其外長崎町人等, 手代を對州江差越置及催促, 自身罷越居候ものも有之候由. 京都上田理兵衛・大坂酢屋孫四郎与申者ハ, 自分金ニ而無之, 此節金主より千貳百貫目餘之出入, 可及公訴樣子之由ニ御座候.

물품의 시세가 해마다 다른 게 세상의 이치인데 손실이라고 주장하는 건 성립되지 않으며, 특히 지금까지 해마다 나가사키에서 빼두는 물품과 오사카 동 주조소의 가격 상황은 근무자들이 저마다 숙지한 채로 해마다 매수해 왔던 것이라 손실이라고 주장하기에는 이치에 맞지 않습니다.

주서(朱書)

무역 수익으로는 [조선통교의] 임무를 수행할 비용이 부족하여, 수십 년간 다른 곳에서 빌려 충당한 차용 금액.

차용금은 교토·에도·오사카에서 부교쇼(奉行所)[67]에 15차례 제소(提訴)하여 분할 납부 등으로 결정되기도 했으나, 현재 내부적으로 처리하도록 지시를 받아 5개소

67 부교(奉行) : 무가의 직명. 정무를 분장하여 일부 국(局)을 담당하는 자. 그 직무를 실시하는 관공서를 부교쇼(봉행소)라 한다.

정도 [변제가] 남아 있다고 합니다. 재정난에 따라 다른 곳에서 돈을 빌린 방법 중에는 하급 근무자 · 오고쇼(大小姓)[68] · 우마마와리(馬廻り)[69]에게 징수한 것도 있습니다. 근래 교토 · 에도 · 오사카, 그 밖에 나가사키의 조닌들이 대리인을 쓰시마에 파견해 재촉하기에 이르렀으며, 자신이 직접 건너간 자도 있다고 합니다. 교토의 우에다 리헤에(上田理兵衛) · 오사카의 스야 마고시로(酢屋孫四郎)[70]라는 자는 자기 돈이 아니어서 근래 돈 주인으로부터 1,200관의 소송이 들어와 공식 재판에 이르게 될 상황이라고 합니다.

---

68 오고쇼(大小姓) : 고쇼(小姓) 가운데 신분이 높아 주군의 거처나 사자(使者) 역할을 하는 나이 먹은 자 또는 성인식을 거친 자. 고쇼는 주군을 측근에서 모시면서 잡무나 경호를 맡은 무사를 말한다.

69 우마마와리(馬廻り) : 전국시대(戦國時代)에 생긴 무가(武家)의 직제 중 하나로, 주군(主君)이 탄 말의 주변에서 주군을 경호하는 기마무사. 에도시대에도 제번(諸藩)의 직제로 존속하여 다이묘의 일상적인 경호를 맡았다. 에도 막부의 직제에서는 양번(両番)이라 불리는 쇼인반(書院番)과 고쇼구미반(小姓組番)이 제번(諸藩)의 우마마와리에 해당된다. 하타모토(旗本)의 자제의 경우 양번에 임명되면 쇼군의 측근으로 인정되어 막부 관료로 출세하는 것이 통례였다. 제번에서 우마마와리는 직제 이외에 가격(家格)을 의미하는 호칭으로도 사용되는 경우가 많았다.

70 스야 마고시로(酢屋孫四郎)는 우메노 간스케(梅野勘助)와 함께 쓰시마의 대표적인 어용상인이다. 스야와 우메노는 이 시기 활발하게 이루어진 쓰시마의 동(銅) 무역, 즉 조선에 대한 일본 동 수출에 깊숙이 개입되어 있었다. 막부는 은(銀)과 마찬가지로 동에 대해서도 수출 억제정책을 취했기 때문에 쇼토쿠(正德: 1710년대) 연간의 규제강화 결과, 조선에 수출하는 동은 대체로 '10만 근'이라는 일정한 수준이 지켜지게 되었다. 그리하여 막부에서도 조일무역에서 일본 측의 동 수출한도액(銅輸出定額)은 기본적으로 10만 근이라는 개념이 정착되어 갔다. 따라서 쓰시마번의 조선수출용 동 조달은 막부가 허가한 수출정액의 범위 내에서 동 통제기관인 동좌(銅座)의 지배를 받으며 조달하여야 했다. 그러나 쓰시마는 어용상인 스야 마고시로, 우메노 간스케와 결탁하여 동 광산(鑛山)으로부터 직접 동을 사들이는 부정을 행했다. 1768년 쓰시마는 새롭게 무역담당 '조센가타(朝鮮方)'에 '간품봉진물가역방(看品封進物加役方)'이라는 직책을 설치하여, 수입인삼의 일본 국내 판매를 스야 마고시로에게 전담하게 했다. 쓰시마는 동이나 다른 무역품을 입수하는 과정에서 스야 마고시로로부터 융자를 받았고, 조선에서 수입한 인삼을 융자금 상환조로 스야에게 넘겼던 것이다. 하지만 조선인삼은 예전만큼 큰 이익을 얻을 수 없었기 때문에 쓰시마는 상환을 지체시키기 일쑤였고, 사쿠마가 쓰시마에 도착했을 때 스야는 막부의 기관인 부교쇼(奉行所)에 쓰시마를 상대로 소송을 제기한 상태였다.(『近世日朝通交貿易史の研究』)

惣體通入方, 朝鮮より人參等着次第入札致させ, 借銀代り高札之者江品ニ而相渡候仕方ニ御座候. 長崎ニ而買受候胡椒・蘇木代, 同所町人讃岐屋源藏・入來屋利右衛門引請相納, 其外調達之銀子四百貫目程有之由ニ而, 當時右兩人方より今魚町田中伊三郎・新橋町萬平次・東濱町儀助与申者を差渡し, 右品々船に積持參附居申候. 其筋々銀高之儀, 一々ニ者不相知候得共, 是迄手段を以, 借入候借金夥敷儀ニ相聞, 右之內ニ者國主之用立ニ相成候外, 借入之諸雜費遣捨ニ, 諸國在留之內, 役人之奢侈ニ費, 國主之爲ニ成候者少き儀与相聞申候.

대체로 [차용금을] 융통하는 방식은 조선으로부터 인삼 등이 도착하는 대로 입찰시켜서 차용할 은의 대가로서 가장 높은 가격을 입찰한 자에게 물건으로 건네는 방식입니다. 나가사키에서 사들인 후추·소목(蘇木) 대금은 그 지역의 조닌인 사누키야 겐조(讃岐屋源藏)·주라이야 리에몬(入來屋利右衛門)이 인수해 납부하며, 그 밖의 방법으로 조달한 은 400관(貫) 정도가 있다고 하는데, 현재 위의 두 사람이 이마우오마치(今魚町)의 다나카 이사부로(田中伊三郎)·신바시마치(新橋町)의 만헤이지(萬平次)·히가시하마노마치(東濱町)의 기스케(儀助)라는 자들을 파견하여 앞에서 말한 물품들을 배에 실어서 온다고 합니다. 이와 같은 과정에서 각각 사용되는 은의 액수에 관해 하나하나 알지는 못하나 지금까지 여러 방법으로 빌린 차용금이 엄청나다고 들었습니다. 이러한 가운데 영주의 소용에 쓰이는 것 외에도 차입하는 데에 드는 각종 잡비와 각 지역에 머무는 동안 근무자들의 사치로도 허비되니, 영주에게 보탬이 되는 것은 적다고 들었습니다.

下ケ札

本文借銀筋之儀, 京都・大坂ニ而承合候處, 上田理兵衛与申ものハ京都用達に而, 酢屋孫四郎与申者大坂淡路町薬屋ニ而朝鮮薬種を引受, 銀調達致し候處, 段々差滯, 當時及難儀候由御座候.

一. 先年大坂元革屋町三谷三九郎与申者爲替引請候處, 對州借銀夥しく, 荷物等ニ而之通入相滯, 及潰候に付, 銀主大勢損失仕候由. 近來人參箱入封之儘質入等仕候得共, 惣體掛合候者無御座, 當時大坂屋敷質入之相談も有之, 京都屋敷之半分借地ニ可仕相談有之候由御座候.

추기(追記)

본문에서 언급한 차용은에 관하여 교토 · 오사카에 확인해 보았더니 우에다 리헤에라는 자는 교토의 어용상인이고 스야 마고시로라는 자는 오사카 아와지마치(淡路町)의 약재상으로 조선 약종을 인수하여 은을 조달하고 있는데, 계속 변제가 체납되어 현재 곤경에 처했다고 합니다.[71]

一. 일전에 오사카 모토카와야마치(元革屋町)의 미타니 산쿠로(三谷三九郞)라고 하는 자가 어음을 인수했는데, 쓰시마번이 빌린 은의 양이 막대하고 화물로의 융통도 지체되어 파산했기 때문에 은 주인이 크게 손해를 보았다고 합니다. 최근에는 인삼 상자를 개봉하지 않은 채로 저당 잡히는 방법 등을 쓰고 있지만 대체로 흥정하려는 사람이 없고, 현재는 오사카 저택의 담보에 관해서도 의논하고 있으며 교토 저택의 절반을 임차지로 변경하는 의논도 하고 있다고 합니다.

---

71 조선 수출품을 조달하기 위한 자금을 스야에게서 빌린 쓰시마는 그 상환금으로 조선에서 수입한 인삼을 그대로 스야에게 넘겼다. 스야는 이 인삼을 일본 국내에서 판매하여 수익을 내고자 했으나 조선인삼은 이 시기가 되면 이미 과거 17세기와 같은 이익을 내지 못했기 때문에 쓰시마의 상환은 완결되지 못한 채 계속되었다. 본문에 '조선 약종을 인수하여 은을 조달하고 있는데, 계속 변제가 체납되어 현재 곤경에 처했다'는 서술은 이런 상황을 의미한다.

朱書

獻上人參六百七斤, 萬治以來, 凡銀五千四百六拾三貫目.

獻上之品を代銀申上候段, 乍憚不敬至極奉存候. 右銀高を人參六百七斤ニ而割合候得者, 壹斤ニ付九貫目ニ相當申候. 當時獻上人參買入候壹斤之代, 五貫貳百五拾目ニ而御座候ニ付, 右斤數ニ掛候得者, 三千百八拾六貫七百五拾目与相成, 差引貳千貳百七拾六貫貳百五拾目之差ひ多分に書出申候. 其上, 座買人參釣合ニ而相考へ候へハ, 延寶天和之比, 其座賣人參ニ付貳百四拾目, 享保之比, 壹斤ニ付貳貫五百六拾目ニ而, 尤是者上之人參直段ニ御座候得共, 格別直段高直ニ相成候儀, 左候得者, 萬治与享保以前迄者, 右貳貫五百六拾目より內ニ可相成儀ニ付, 右之積よりも銀高少き筈ニ御座候. 當時之直段ニ仕候而さへ, 前書之通餘分ニ認出候儀, 大造之入用銀高仕出可申趣意より取拵候儀与相聞え申候.

주서(朱書)

[막부에] 헌상하는 인삼 607근은 만지(萬治)[72] 연간 이래 대략 은 5,463관(貫)에 해당합니다.

헌상품의 가격을 아뢰는 것은 외람되오나 매우 불경한 일이라고 생각합니다. 위의 은 액수를 인삼 607근에 할당해 보니 1근당 9관(貫)에 해당합니다. 현재 헌상용 인삼을 매입할 때의 1근당 가격이 5관(貫) 250몬메이므로 위의 근수에 대입해 보니 3,186관(貫) 750몬메가 되는데, 정산해 보면 2,276관(貫) 250몬메의 차액을 더 많이 적었습니다. 게다가 시장에서 매매되고 있는 인삼의 평균 가격을 감안해 보면 엔포(延

72 일본의 연호. 1658~1660년.

寶)[73]·덴나(天和)[74] 연간 무렵 시장에서 매매된 인삼은 240몬메, 교호(享保)[75] 연간에는 1근당 2관(貫) 560몬메이며 더욱이 이는 상급 인삼의 가격이라고는 해도 가격을 매우 높게 잡은 것입니다. 그렇다면 만지 연간부터 교호 연간 이전까지는 위의 2관(貫) 560몬메 이하였을 테니, 위의 견적보다도 은 액수가 적었을 터입니다. 현재의 가격으로 책정한다고 해도 앞에서 적은 대로 필요 이상의 분량을 적어 제출한 것이니 필요한 은 액수를 보다 많이 산출해 내려는 의도하에 꾸며낸 것으로 보입니다.

近年獻上人參之儀, 品位惡敷相成候. 三拾斤充買入, 撰殘相拂候由. 右拂代利潤積凡金貳千兩餘者, 却而德用有之儀ニ御座候. 尤古き書物ニ獻上人參・虎豹皮者, 送使返物之內より撰出候由, 相見え申候.

朱書

信使渡海十一度, 慶長より以來, 銀八萬六千五百四拾三貫四百目.

漂民入用与申ハ, 長崎より請取, 朝鮮江送遣候入用, 并右使者ニ相送候音物等入用一般ニ付, 五貫目相掛候儀ニ可有御座候. 對州より蘇木五拾斤, 并銀高貳百六拾四匁程之品, 重箱・鏡・藥鑵・煙筒等差遣, 朝鮮より返物人參壹斤・虎豹皮・紬布・木綿・筆墨・席等差越候由.

근래 헌상용 인삼은 품질이 나빠졌습니다. 30근씩 매입해 골라낸 뒤 나머지만 대금을 지불한다고 합니다. 이 지불금에서 얻는 이익으로 추산되는 금 대략 2,000냥 정도는 오히려 이문이 되는 것입니다. 더욱이 옛 서적에서 헌상용 인삼·호피(虎皮)·표

73 일본의 연호. 1673~1680년.

74 일본의 연호. 1681~1683년.

75 일본의 연호. 1716~1735년.

피(豹皮)는 송사(送使) 파견의 답례품으로부터 선별했다는 사실을 보았습니다.

주서(朱書)

통신사의 도해는 11회[76]로, 게이초(慶長)[77] 연간 이래 은 86,543관(貫) 400몬메.

표류민 비용이라는 것은 나가사키에서 [조선인 표류민을] 인계해 조선에 송환하는 비용과 그 사신을 통해 보낼 선물 등의 비용 전반으로, 5관(貫)을 책정했습니다. 쓰시마는 소목 50근과 은 264몬메 정도의 물품과 찬합·거울·주전자·담뱃대 등을 [조선으로] 보내며, 조선은 답례품으로 인삼 1근·호피와 표피·명주·무명·필묵·돗자리 등을 보내온다고 합니다.

拂代凡八貫七百目程に相當り申候ニ付, 差引三貫七百目程利潤之儀ニ御座候. 右漂民乘來候船破船仕, 對州之船ニ而相送候節者, 船代として白米四拾貳俵充差越仕來之由ニ御座候. 長崎ニ而漂民逗留中賄料之儀も, 對州方ニ而仕出仕, 代金會所より受取來候處, 右者長崎聞役持高計ニ而, 役料充行無之候由, 長崎ニ而之風聞ニ御座候. 尤古き書物に, 金元祥与申朝鮮人, 上下四拾人漂流之節, 入目拾貫目相懸候由. 勿論人數ニ寄, 高下有之よし相見え申候.

朱書

和漂民船數三拾五艘, 寬永以來, 銀五百貳拾五貫目.

右に准し銀高五百八拾貳匁程之品差遣, 對州より長崎へ差送り候入用相掛り候儀, 一度ニ拾五貫目充相懸り候と申儀ニ相聞え申候.

그 대금이 8관(貫) 700몬메 정도에 해당한다고 하므로, 차액 3관(貫) 700몬메 정도가

---

76 이 보고서가 작성된 1772년에서 8년 전에 방일한 통신사(1764년)는 1607년의 통신사행부터 세어서 11회째 통신사였다.

77 일본의 연호. 1596~1614년.

이윤입니다. 위의 표류민을 태운 배가 파손되어 쓰시마의 배로 송환했을 때에는 뱃삯으로 백미 42가마니씩 받아왔다고 합니다. 나가사키에서 표류민이 체재할 때 소요되는 경비도 쓰시마에서 마련하여 대금을 집회소에서 수령해 왔는데, 이와 관련해서는 나가사키키키야쿠(長崎聞役)[78]의 급여뿐이며 임무 수행을 위한 할당은 없다는 게 나가사키에서 얻은 풍문(風聞)입니다. 더욱이 옛 서적에 김원상(金元祥)이라고 하는 조선인 일행이 하인까지 도합 40명이 표류했을 때 비용이 11관(貫) 들었다고 합니다. 물론 사람 수에 따라 많고 적음은 있었다고 합니다.

주서(朱書)

일본인 표류민의 선박 수는 [지금까지] 35척으로, 간에이(寛永)[79] 연간 이래 은 525관(貫).

위의 내용 [조선인 표류민 송환 때 받는 답례품의 사례]에 준하여 은 582몬메 정도의 물품을 보내며, 쓰시마에서 나가사키에 [일본인 표류민을] 송환하는 데 드는 비용은 1회에 15관(貫)씩 든다는 이야기를 들었습니다.

右受取候使者歸國之節, 朝鮮より人參壹斤・虎皮・布紬・木綿・席・油紙・筆墨等差越候ニ付, 拂代凡八貫四百目程之品に御座候得者, 申立候通相懸り候而も, 七貫目餘之積ニ御座候.

朱書

儉約筋之儀, 御役儀ニ付手當之用費者相省候儀難仕, 其外無殘處切詰罷在候.

御役儀之手當と申ハ, 藩屛備之儀, 其外和館幷諸國在番等之儀ニ可有御座候處,

---

78 에도시대에 서국(西國)의 14개 번(藩)이 나가사키에 설치한 직책. 그들은 서국 제번(西國諸藩)이 나가사키에 설치한 구라야시키(蔵屋敷: 다이묘가 영내(領内)의 쌀·생산물 등을 저장하기 위해 에도, 오사카에 설치한 저택)에 근무하면서 정보수집이나 막부 관리와의 절충 등을 수행했다.(日本國語大辞典)

79 일본의 연호. 1624~1643년.

第一府中城內朝鮮人對客廣間有之候處, 至而大破仕候由, 其外城內建坪次第ニ相減, 當時館ニ而諸事相辨し候趣ニ御座候. 對州佐須奈・鰐・綱浦之番所詰人數之儀も申立与違ひ, 佐須奈浦に詰候人數, 府中より馬廻り兩人・大小姓三人・

[일본인 표류민을] 인계받은 사신이 [일본으로] 귀국할 때 조선으로부터 인삼 1근·호피·명주·무명·돗자리·기름종이·필묵 등을 보내오는데, 대금이 대략 8관(貫) 400몬메 정도의 물품이니 주장한 만큼 경비가 소요된다고 해도 [비용은] 7관(貫) 정도로 계산됩니다.

주서(朱書)

검약에 관해서도 임무에 필요한 수당의 비용은 줄이기 어려우나, 그 외에는 죄다 절감하고 있습니다.

임무의 수당이라는 것은 번병(藩屛)으로서의 방비와 그 밖에 왜관(和館)과 각 지역의 체재 근무에 쓰이는 비용인데, 먼저 후추의 성(城) 안에 조선인을 접객하는 히로마(廣間)[80]가 있으나 심하게 파손되었다고 하며 그 외에도 성 내부의 평수가 점차 줄어들어 현재 관내에서 모든 일을 처리하는 상황입니다. 쓰시마의 사스나우라(佐須奈浦)·와니우라(鰐浦)·쓰나우라(綱浦)에 있는 경비소의 근무자 수도 주장한 바와 다릅니다. 사스나우라에 체재하는 사람 수는 후추에서 우마마와리 2명·오고쇼 3명·

所給二人ニ而番所相勤, 其外足輕・鄕足輕等, 申立之人數よりハ少く, 其上鰐浦ハ平常明番所ニ而, 九月より三月迄ハ, 佐須奈より相分り罷越, 勤番仕候由. 一ヶ所分壹ヶ年詰ニ而兩浦之關所番役相添候儀, 綱浦者漂着之備ニ御座候ニ付,

80 히로마(廣間) : 무가 저택의 현관 부분에 마련된 넓은 방.

馬廻壹人, 其外足輕・鄕足輕等相詰申候. 朝鮮詰之儀者, 馬廻り之者二本道具ニ而, 其外人數も相撰み, 充行も定之通相渡差遣候由. 是者於彼地銘々贈答之品有之, 歸國之上拂物等仕候得者, 勝手ニも罷成候儀ニ付, 諸士相好み候由ニ御座候. 國中浦々相廻候處, 格別備も相見え不申, 田舍給人・鄕士等之類者, 定候地方充行有之儀, 別段手當も無之様子御座候. 國主身分・儉約・暮方等之儀者, 前々之繁華与違ひ, 困窮之趣一同ニ申之候.

규닌(所給) 2명으로 경비소에서 근무하고 그 외에 아시가루(足輕)[81] · 고아시가루(鄕足輕)[82] 등이 있는데 이야기한 사람 수보다는 적습니다. 게다가 와니우라는 평소에는 비어 있는 경비소로, 9월부터 3월까지는 사스나에서 [근무자를] 나누어 파견해 근무한다고 합니다. 1개소 분량을 1년씩 근무하고 두 항구의 검문소 경비를 추가한 것인데, 쓰나우라는 표류한 선박에 대한 대비를 위한 것이므로 우마마와리 1명과 그 외에 아시가루 · 고아시가루 등이 근무합니다. 조선(朝鮮) 근무[83]는 우마마와리인 자가 무사(二本道具)[84] 격이며, 그 외에 인원을 선발하여 봉록도 정해진 대로 지급한다고 합니다. 이들은 조선 땅에서 여러 명목으로 주고받는 물품이 있는데, 귀국 후에 팔기도 하므로 살림에도 보탬이 되어 무사들이 선호한다고 합니다. 영지 내의 포구들을 순회하였는데 딱히 방비한 것도 보이지 않으며, 시골의 규닌 · 향사(鄕士)들은 정해진 지방 영지가 있으나 딱히 추가 수당도 없는 모양입니다. 영주의 재정 · 검약 · 일상생활은 과거 번영했던 시절과는 달리 곤궁한 상황이라고 모두가 말합니다.

---

81 아시가루(足輕) : 평소에는 잡역에 종사하고, 전시에는 보졸로 출진하는 자. 에도시대의 최하급 무사. 잡병(雜兵).

82 고아시가루(鄕足輕) : 조카(城下) 부근의 촌락에서 통근하는 반농반병(半農反兵)적인 아시가루 또는 근촌(近村)의 촌고(村高)에 할당하여 공출시키는 아시가루. 재향 아시가루(在鄕足輕).(日本國語大辞典)

83 조선 근무는 조선의 초량왜관에 건너가 체재하는 것을 의미한다.

84 ①다이묘 행렬의 앞쪽에 세우는 두 개 한 쌍의 창(槍) ②니혼자시(二本差), 칼을 두 개를 찬 무사.

朱書

家中扶助, 三ヶ年以來, 三百石より千石迄之者, 五斗入白米一ヶ月貳俵, 貳百石より貳百九拾石迄之もの江同壹俵半, 百石より百九拾石迄ハ同壹俵, 七拾石より九拾石迄同四斗, 大小姓江三斗餘, 步行江貳斗餘相渡, 當然之淩奉公取續難相成, 山海を稼, 家內相育罷在候.

此度應對仕候役人, 貳百石・百五拾石位之者に御座候. 當時高三分一ニ而, 五拾石・七拾石位受取候由ニ御座候. 大小姓与申者, 外々之中小姓扶持方取之類ニ而御座候. 是等者三斗充十ヶ月受取, 一ヶ年ニ二ヶ月之家內扶持不足仕候ニ付, 城下廻り山中ニ而樫之實を拾ひ, 粮に仕候由. 右以下之者共ハ暮し方困窮仕候體ニ御座候.

주서(朱書)

가신들에게 지급하는 부조금(扶助)은 3년 이전부터 영지가 300석부터 1,000석까지인 사람들에게는 5두(斗)들이 백미를 1개월에 2가마니, 200석부터 290석까지인 사람들에게 백미 1가마니 반, 70석부터 90석까지에게 백미 4두, 오고쇼에게 3두 정도, 호코(步行)[85]에게 2두 정도 지급하니, 마땅히 해야 할 것 외에 봉공(奉公)[86]을 이어 나가는 것이 곤란하여 산과 바다로 일하러 나가 가족을 먹여 살리고 있습니다.

이번에 저희를 접대한 근무자는 200석 · 150석 정도의 지위를 지닌 자였습니다. 현재

---

85 ①걸으며 주군을 동행, 보좌하는 무사. 가치(徒 · 歩 · 歩行 · 徒歩) ② 가치(徒士)는 에도시대 제번의 무사를 말한다. 막부의 고케닌(御家人)에 해당된다. 당시 무사계급을 사무라이(侍), 가치(徒), 아시가루추겐(足軽中間)의 세 개로 분류했을 때 사무라이는 기승(騎乗)이 허락되었으나 가치 이하는 허락되지 않은 데에서 구별되었다.(日本國語大辞典)

86 봉공(奉公) : 원래는 국가의 공사(公事)를 봉행(奉行)하는 것, 국가에 충근 봉사하는 것, 천황 · 상황(上皇) · 조정(朝廷)을 모시며 일한다는 의미. 그러나 일반적으로는 무가사회에서 가신이 주군을 섬기는 것을 말하며, 어은(御恩) · 봉공(奉公)이라 병기하여 봉건적인 주종관계(主從關係)를 나타내는 말로 사용된다.(國史大辞典)

액수가 3분의 1이 되어 50석·70석 정도를 수령한다고 합니다. 오고쇼란 다른 곳의 주고쇼(中小姓)[87]·봉급을 받는 자(扶持方取)[88]들 격입니다. 이들은 3두씩 10개월분의 월급을 수령하는데, 1년에 2개월분의 가족 부양비용이 부족하여 성 주변의 산에서 도토리를 주워 양식으로 삼는다고 합니다. 그 이하의 자들은 생활이 곤궁한 상황입니다.

千石之者一ヶ年米拾貳石ニ而者, 一向暮方不相當儀に奉存候. 右體中より上之者共者, 格別之儀も相見え不申候. 此度長崎表江迎使者, 五拾石取候ものニ御座候處, 陸尺六人・若党兩人, 其外家來共着服相飾候體, 申立之充行ニ而者出來不仕儀与奉存候. 山海をかせき候と申儀, 海陸之儀者, 田舍百姓方ニ而も聢与不仕, 他國より漁業之者罷越候程之荒海之稼, 平常之者不相成儀ニ御座候. 月渡り之儀も, 朝鮮米を相渡, 廻り合無之節者, 麥を割合相渡候由. 雜穀・木實之類, 侍分之者食料ニ仕候と申儀者無之, 酒食之好みハ前々之遺風ニ而有之様子ニ而, 其以下之者之儀ニ御座候.

朱書

朝鮮國之西北, 唐・韃靼に連り, 對州御備第一之要地ニ御座候故, 先祖代々文武之兩道相省候儀無御座候. 對州之强弱ハ, 日本國中之安危ニ拘り, 大切ニ御座候.

지위가 [영지 수령액] 1,000석인 자들이 1년간 쌀 12석으로는 생활하는 것이 전혀 충분하다고 생각되지 않습니다. 위와 같은 상황은 중·상급 무사들도 별다르게 보이지

---

87 에도시대 제번의 직명(職名) 중의 하나. 주고쇼는 고쇼구미(小姓組)와 가치슈(徒士衆)의 중간 신분으로, 주군에게 근시하여 잡무를 맡아보는 고쇼구미에 반해, 주군이 외출할 때 동행하거나 축일(祝日)에 요리를 나누어 주고 술 따르기 등을 담당했던 자이다.(日本國語大辞典)

88 후치(扶持)는 봉록(俸祿), 식량을 의미하며, 봉록받는 자를 후치닌(扶持人)이라 한다. 후치가타(扶持方)는 후치를 급부하는 사무와 관련된 일체의 사안 또는 그 사안을 관장하는 직책을 의미한다.(日本國語大辞典)

않습니다. 이번에 나가사키 쪽으로 [저희 일행을] 맞이하러 온 사신이 50석을 수령하는 자였는데, 심부름꾼 6명·종자 2명, 그 외에 가신들이 의복을 차려입은 형태가 주장한 바대로의 봉록으로는 불가능한 일이라고 생각합니다. 산과 바다에 일하러 나간다고 하나 산과 바다로는 시골 백성들조차 결코 일하러 가지 않으며, 다른 지방에서 어업을 하는 자가 건너올 정도로 거친 바닷일을 보통 사람은 하지 않습니다. 월급도 조선 쌀을 지급하는데, 여의치 않을 때에는 보리를 나누어 준다고 합니다. 잡곡·나무열매 따위를 무사들이 식료품으로 사용하지는 않고, 술과 음식을 즐기는 것이 예로부터의 유풍(遺風)이라 그 아랫사람들에게 해당되는 일입니다.

주서(朱書)

조선의 북서쪽은 중국·북방민족(달단: 韃靼)[89]과 이어져 있어 쓰시마는 방어에 가장 중요한 요지이기 때문에 선조 대대로 문무(文武) 양도(兩道)를 소홀히 하는 일이 없었습니다. 쓰시마의 강하고 약함은 일본 전체의 안위(安危)와 관련되기에 중요합니다.

文武兩道不相省儀者對州ニ不限, 平天下之御時節ニ而も, 武門之常不珍儀に御座候. 對州小學校有之由, 樣子承り候處, 當世名家鴻儒才子と申も無之, 學習之儀, 四書五經・宋學, 童蒙之素讀・會讀之類ニ而, 格別之文苑にも相聞え不申, 武藝之儀, 是又名世豪雄之士も相見え不申候處, 世上を不憚文談ニ御座候.

朱書

分限不相應家中人數多く, 減少可仕も軍役不足仕候.

重立候役人之分者大概相分候得共, 諸侍人數者難相知候. 家老六人之內江戶詰貳人, 中老三人內寺社懸壹人・印判役壹人, 用役四人內江戶詰壹人・隱居附

89 달단(韃靼)은 본래 몽골족을 뜻하나, 이후 북방 민족 전반을 의미하는 표현으로 사용되었다. 에도시대에는 주로 만주족이 건국한 청조(淸朝)를 가리키는 표현으로 사용되었다.

문무의 양도를 소홀히 여기지 않는 것은 쓰시마에만 해당되는 것이 아니라 평화로운 시절에 이르러서도 무문(武門)의 상례(常例)이기에 드물지는 않습니다. 쓰시마에 소학교(小學校)가 있다고 하여 그 모습을 살펴보았더니 당대의 명가나 훌륭한 유학자, 재능 있는 이도 없고, 학습이라는 것도 사서오경(四書五經)·송학(宋學) 등을 어린아이들이 음독하고 회독(會讀)하는 정도로 특별한 문인들의 집단으로 보이지 않으며, 무예 또한 저명한 호걸도 보이지 않는 바, 세상 부끄러운 줄 모르는 이야기입니다.

주서(朱書)

봉록이 적절히 지급되지 못한 가신의 수가 많은데, [인원수를] 줄이려 하면 군역(軍役)이 부족해집니다.

주요 근무자의 인원은 대략 알겠으나, 전체 무사의 수는 알기 어렵습니다. 가로(家老) 6명 중에 에도 근무 2명, 중로(中老) 3명 중에 사사(寺社) 관계 담당자 1명·인반야쿠(印判役) 1명, 고요닌(用役, 御用人)[90] 4명 중에 에도 근무 1명·전(前) 번주님[隱居][91] 측근의

之用人貳人, 物頭四人, 目付三人內江戶詰壹人, 江戶留守居貳人, 町奉行壹人, 勘定奉行八人內朝鮮詰壹人·京都·大坂·江戶壹人充, 添勘定壹人, 郡奉行三人, 同助役壹人, 船奉行壹人, 朝鮮和館詰四人之由御座候. 七月十四日·十五日在國之家來例格ニ而, 家老之外, 馬廻·大小姓迄不殘, 國主之菩提寺江參詣仕候節,

---

90 고요닌(御用人) : 에도시대에 막부·다이묘·하타모토(旗本) 가문에서 주군에 근시하며 재정을 비롯하여 서무를 담당하던 직책. 주군(主君)의 용무를 전달하는 것을 주된 업무로 하는 직책이나, 소바요닌(側用人)이 설치된 제번(諸藩)이나 타이모토(大身旗本)의 경우 소바요닌은 주군의 '사적인 일·가정(家政)상의 용무'를 전하고, 상대방과 절충하여 서무를 담당하는 것이 주된 역할이었다.

91 인쿄(隱居) : ①관직을 사퇴하고 물러나거나, 가독(家督)을 물려주고 세상에 거리를 두고 생활하는 것. ②에도시대 공가(公家) 또는 무사에게 가해진 형벌의 하나. 지위를 박탈당하고 그 식록(食祿)을 자손에게 물려주는 것.(日本國語大辭典)

銘々何れも持鑓を差出し, 行列仕候古例之よし御座候. 其節相算へさせ候處, 凡二百筋程可有御座奉存候.

朱書

朝鮮國ニ屋敷を構, 人數千人程差置, 對州渡江關所二百人程, 其外高山十二ヶ所遠見番所, 晝夜鄕士を相附備置申候.

朝鮮和館者釜山浦湊海附ニ, 三百間ニ貳百間程之所構有之, 濱付日本之方江向候所門有之,

고요닌 2명, 모노가시라(物頭)[92] 4명, 메쓰케(目付)[93] 3명 중에서 에도 근무 1명, 에도 루스이(江戶留守居)[94] 2명, 마치부교(町奉行)[95] 1명, 간조부교 8명 중 조선 [왜관] 근무 1명 · 교토 · 오사카 · 에도 1명씩, 간조부교 보좌역(添勘定) 1명, 고오리부교(郡奉行)[96]

92 모노가시라(物頭) : 무가의 유미구미(弓組) · 텟포구미(鉄砲組) 등의 대장.(日本國語大辞典)

93 메쓰케(目付) : 제번(諸藩)의 경우 메쓰케는 번사(藩士)를 감찰하는 역직이고, 에도 막부의 메쓰케는 와카도시요리(若年寄)의 눈과 귀가 되어 하타모토(旗本)와 고케닌(御家人)을 감시하였다.(『役職読本』, 『官職と位階』)

94 루스이(留守居) : 에도 막부 및 제번(諸藩)에 두었던 직명(職名)의 하나. 쇼군 또는 번주(藩主)가 외출할 때 성(城)에 머물면서 성의 경비 및 제반 업무를 관리하였다. 막부 루스이의 역고(役高)는 5,000석으로 하타모토(旗本) 중에서 선임하는데, 하타모토가 담당할 수 있는 직역으로는 최고의 직책이었다. 각 번의 에도루스이는 '御城使'라고도 하며, 에도부칸(江戸武鑑)에도 대개 '城使'로 표기하였다. 이들은 막부 공인의 루스이 조합(留守居組合)을 만들고 정보를 교환하는 등 이른바 각 번의 외교관 역할을 하였다. 소수이기는 하지만 번주가 부재중인 에도번저(江戸藩邸)의 경비 책임자인 루스이와 연락 절충역인 御城使를 나누어 설치하는 번도 있었다.(『官職と位階』, 『役職読本』)

95 마치부교(町奉行) : ①에도 막부의 직명. 주요 도시의 행정, 사법을 관장했다. 지샤부교(寺社奉行), 간조부교(勘定奉行)와 함께 삼봉행(三奉行)으로 일컬어졌다. ②막부직할지인 오사카, 교토, 슨푸 등에 설치된 직책. 각각의 지명을 붙여 불렀고, ①과 구별되었다.(日本國語大辞典)

96 고오리부교(郡奉行) : 에도시대에 군촌(郡村)의 행정을 통할하는 직명. 군다이(郡代), 다이칸(代官).(日本國語大辞典)

3명, 동 보좌역 1명, 후나부교(船奉行)[97] 1명, 조선 왜관 체재 4명이라고 합니다. 7월 14~15일 영지 내에 있는 가신들이 정례에 따라 가로 이하 우마마와리 · 오고쇼까지 남김없이 영주의 보다이지(菩提寺)[98]에 참배할 때 전원이 자신의 창을 들고 행렬을 짓는 것이 예로부터의 관례라고 합니다. 그때 헤아려보게 했더니 대략 200자루 정도 되는 것 같습니다.

주서(朱書)

조선에 저택을 지어 인원 1,000명 정도를 체재시키며, 쓰시마로 건너오는 길목의 검문소(關所)에는 200명 정도, 그 외에 높은 산 12곳의 초소에는 밤낮으로 향사(鄕士)를 배치해 방비해 두고 있습니다.

조선의 왜관[99]은 부산포(釜山浦) 항구의 바닷가에 [가로 세로] 300간(間) · 200간 정도의 건물이 있으며, 해변에 일본 쪽으로 향한 문이 있습니다.

朝鮮之方江向候門者, 表者朝鮮人番を附, 內者日本人番を仕, 兩國役人出會之所を, 內に在之候を東館, 外に在之候を西館与唱, 貳ヶ所有之候由, 和館之普請も朝鮮入用ニ而仕候處, 朝鮮人之手際に出來不仕, 日本之大工を賴建候由, 朝鮮人館者彼國之大工相建, 右職人者日本之出家同樣之ものに御座候由. 塞門与

97 후나부교(船奉行) : 선두(船頭), 수부(水夫) 등을 지휘하여 군선(軍船)을 통할하는 지휘관. 에도 막부에서는 후나테가시라(船手頭)라 칭했다. (日本國語大辞典)

98 일가(一家)가 대대로 그 사원의 종지(宗旨)에 귀의하여 거기에 묘소를 만들고 장례식을 거행하며 법사(法事) 등을 의뢰하는 절. 일가가 대대로 보다이(菩提: 범어. 번뇌를 끊고 얻은 깨달음의 지혜, 깨달음을 얻어 열반에 이름)를 구하는 사원.(日本國語大辞典)

99 초량왜관

申, 日本人外出仕候場所に限り有之, 一里程之道法ニ而, 其邊者百姓耕地原も有之, 其外江者罷出候儀不相成, 春秋彼岸・盆にハ古館と申, 古來之和館江墓參仕候節, 朝鮮人警固仕相通し, 全體彼國より塞を建, 取押候樣子ニ相聞申候. 在館役人三ヶ年相詰, 上下人數七百人程御座候由.

조선 쪽으로 향한 문의 밖에는 조선인 경비를 세우고 안에는 일본인이 경비를 서며, 양국 근무자가 만나는 곳으로 [왜관] 안에 있는 곳은 동관(東館), 밖에 있는 곳을 서관(西館)이라고 부르는[100] 두 곳이 있다고 합니다. 왜관의 보수도 조선이 비용을 낸다고 하는데 조선인의 솜씨로는 힘들어 일본인 목공에게 부탁한다고 하며, 조선인 관사는 그 나라 목공들이 건설하는데 그 직인들은 일본의 승려와 비슷한 이들이라고 합니다.[101] 새문(塞門)이

---

100 사쿠마는 '왜관의 안에 동관이 있고 밖에 서관이 있다'고 기록했으나, 동관과 서관 모두 초량왜관 안에 설치되어 있었다. 서관은 주로 송사 자격으로 오는 자들의 숙소로 사용되었고, 동관은 관수옥, 재판옥, 개시대청, 각종 체류자들의 숙소 등 다양한 건물 군집에 대한 통칭이었다.

101 '조선의 관사 건설에 일본의 승려와 비슷한 이들'이 동원되었다는 것은 부역에 동원된 조선의 '승군(僧軍)'을 가리키는 것으로 추정된다. 조선 정부는 왜관 토목공사에 필요한 인력을 연군(烟軍), 승군(僧軍), 수군(水軍)이라는 명목으로 동원하여 부역하게 했다. 『조선왕조실록』 숙종3년(1677) 2월 기미조(己未条)에 의하면, 초량왜관의 조영(1675~1678) 때에도 경상도 관찰사 김덕원(金德遠)은 조선의 민중 총 50만 명 동원을 진언하여 조정의 허가를 받았다고 한다.

17세기 초두 대동법의 성립으로 공납(貢納)과 관련된 요역(徭役)의 상당 부분이 원칙적으로 전결세(田結稅)로 편입되어 요역은 중앙이나 지방에서 대동세·잡역세(雜役稅)의 형태로 현물세(現物稅)로 개편되었다. 요역의 물납세화 진행으로 민간 노동력의 직접 징발이 쇠퇴하자, 조선의 지배층은 무상(無償)의 강제노동인 부역노동을 재편성하고 강화하는 대안으로 승역(僧役)의 징발을 강화했다. 그와 동시에 17세기 이래 중앙이나 지방의 토목공사에서 인부를 모집하고 소정의 고가(雇価)를 지불하는 모립제(募立制)가 적용되기 시작하여 고용인부인 모군(募軍)이 동원되었다. 따라서 17세기 역사(役事)의 특징적인 형태는 연군·승군·수군(軍人) 등과 같은 종래의 징발 역군(役軍)과 함께 고용인부가 동시에 동원되었다. 그러나 모군을 동원하려면 재정 부담이 동반되었기 때문에 경비부족이 문제시될 때마다 승군의 징발과 사역이 도리어 강화되는 측면도 있었다. 승군의 차출에 따른 각 도(各道) 사원의 피폐, 승려 인구의 감소 등으로 18세기 이후가 되면 승역의 무역노동도 해체의 길을 걷게 되었다.(『近世日朝通交と倭館』)

라고 하여 일본인이 외출할 수 있는 곳에는 경계가 있는데, 1리 정도 거리로 그 주변은 백성들의 경작지인 언덕도 있어서 그 밖으로는 나갈 수 없습니다. 하지만 봄·가을의 히간(彼岸)[102]과 오본(お盆)[103]에 고관(古館)[104]이라고 하는 과거의 왜관에 성묘할 때에는 조선인이 [일본인들을] 호위해서 이동하는데,[105] 전체적으로 조선에서 외벽을 세워 제지하고 있는 모양이라고 들었습니다. 왜관에 있는 근무자는 3년간 체재하며, 상·하위자 전체 인원은 700명 정도라고 합니다.

---

102 춘분이나 추분의 전후 각 3일간을 합한 7일간. 또 그즈음의 계절. 히간(彼岸)은 일본 특유의 역주(暦注)이다.

103 백중맞이. 음력 7월 보름.

104 두모포왜관. 조선 후기에 처음으로 정식 왜관이 설치된 곳은 부산 두모포(豆毛浦)였다. 두모포왜관은 부산진에서 서쪽으로 5리 정도 떨어진 곳(현재의 동구 수정동 일대)에 위치하며, 넓이는 약 1만 평 정도였다. 두모포왜관은 동쪽을 바다에 접하며 남, 북, 서 삼면에 담을 둘러쳤고 안쪽에는 연향청(宴享廳), 동관(東館), 서관(西館)으로 지칭되는 건물이 있었다고 한다. 관사가 협소했고 선착장에도 결함이 많아서 일찍부터 쓰시마가 조선 측에 개축과 증축을 빈번히 요구했다. 조선 정부와 쓰시마는 오랜 이관(移館) 교섭을 거친 끝에 조선이 초량왜관(草梁倭館) 건설에 돌입했고, 1678년부터 쓰시마는 초량왜관을 이용하게 되었다. 그 후로 쓰시마에서는 두모포왜관을 '고관(古館)', 초량왜관을 '신관(新館)'이라 불렀다.

초량왜관은 당시 동아시아 지역에 존재했던 외국인 무역거점 중에서도 최대 규모였다. 부지의 규모가 약 10만 평으로, 나가사키의 도진야시키(唐人屋敷, 1만 평), 데지마(出島, 4천 평)의 네덜란드 상관, 가고시마 류큐칸(琉球館, 약 3,600평), 중국의 복건 유구관(琉球館, 明代에 약 1,700평) 등과 비교해도 초량왜관의 규모는 압도적으로 광대했다. 초량왜관 내외에는 통교업무를 수행하는 데 필요한 다양한 기능의 건물들이 조영되어 있었다. 관내에는 쓰시마번의 외교사절·관리·초닌(町人) 등이 기거하는 숙사와 각종 부대시설(창고, 절)이 있었고, 관외에는 외교의례용 건물(연향대청, 객사), 조선 역관(譯官)의 집무소, 경비시설과 같은 부속시설이 설치되어 있었다

105 1678년 왜관이 두모포에서 초량으로 옮겨진 이후에도 두모포왜관 인근에는 왜관에서 사망한 쓰시마 사람의 묘가 다수 남아 있어 고인의 자손들이 이들 묘에 대한 성묘를 원했다고 한다. 이에 조선 정부는 히간(彼岸)과 백종절(百種節, 盂蘭盆)에 두모포왜관으로 성묘가는 것을 허가해 주었다. 일본인들이 초량왜관에서 두모포왜관 자리로 성묘하기 위해 이동할 때, 조선의 관리들이 일본인 행렬의 전후와 주위를 둘러싸고 이동했다고 한다. 이는 일본인들이 두모포왜관이 있던 지역으로 향하는 도중 개인행동을 하는 것을 막기 위한 조치였다.(『增正交隣志』)

送使者百十日充, 臨時漂民送り等之使者者, 五十五日充, 右定之日數水・薪, 其外朝鮮より賄を仕, 右日數盡候得者, 自分賄ニ任候由ニ御座候. 對州渡江佐須奈浦番所, 湊口出番所壹間半ニ貳間程, 大番所貳間半ニ六間程, 長屋門貳間ニ六間程, 外ニ詰所四間ニ六間程, いつれも瓦葺ニ而御座候. 右詰所者人數餘り候得者, 百姓家旅宿も仕候よし, 詰所之圍者生垣ニ而御座候. 鰐浦番所, 貳間半ニ五間程瓦葺, 下番所壹間ニ九尺, 詰所四間ニ六間程壹ヶ所, 貳間半ニ五間程壹ヶ所, いつれも板屋根, 惣圍柴垣ニ而御座候. 綱湊口番所壹間四方, 大番所四間四方位有之候. 人數之儀者, 前書之通申立程ニ者無御座候.

송사(送使)[106]는 110일씩, 임시로 표류민 송환 등을 맡은 사신은 55일씩 정해진 일수 동안 물·땔감 등 조선이 경비를 제공하며, 위의 일수가 다하면 자비로 충당한다고 합니다. 쓰시마로 건너오는 길목에 있는 사스나우라(佐須奈浦) 경비소(番所)[107]는 항구 쪽으로 나와 있는 경비소가 [가로 세로] 1간(間) 반·2간 정도이며, 큰 경비소는 2간 반·6간 정도, 나가야몬(長屋門)은 2간·6간 정도, 그 외에 대기소는 4간·6간 정도이며 모두 기와를 얹었습니다. 이 대기소에 사람 수가 초과하면 백성들의 집에 투숙하기도 하며, 대기소의 주위는 산울타리입니다. 와니우라(鰐浦)의 경비소는 [가로 세로]

106 송사(送使)란 쓰시마에서 조선의 왜관에 건너가는 사람들 중 조선 정부가 외교사신으로 규정하여 접대하는 자를 말한다.

107 쓰시마 북부의 도요사키(豊崎) 지역은 예로부터 '조선으로 건너가는 항구'로 불리었다. 에도시대가 되어 그곳의 와니우라(鰐浦)에 언제 경비소가 설치되었는지는 분명하지 않다. 와니우라의 경비소(關所)는 조선으로 건너가는 유일한 경비소였으나, 1672년 그 항구가 사스나로 바뀌면서 조선으로 건너가는 선박, 사람, 화물 조사가 사스나에서 행해지게 되었다. 본래 와니우라 경비소 기능의 중추부가 사스나우라로 옮겨간 이후에도 와니우라는 완전히 폐지되지 않았다. 조선에서 쓰시마로 귀국하는 선박이 기상조건의 악화로 인해 와니우라에 입항하기도 했기 때문에 와니우라에도 최소한의 시설이 남겨졌고 요인도 배치되었다. 쓰시마에는 이들 경비소 외에도 도오미반쇼(遠見番所)라는 것이 쓰시마의 동서(東西) 해안 여러 곳에 설치되어, 나가사키(長崎)에 입항하는 외국선(중국선)의 표류를 찾아내어 구조하거나 조선에 왕복하는 배의 감시와 유도 구조 등을 수행했다.(『近世日朝通交と倭館』)

2간 반·5간 정도에 기와를 얹었고, 작은 경비소는 1간·9척, 대기소는 4간·6간 정도의 1개소, 2간 반·5간 정도의 1개소이며, 모두 판자지붕에 주위는 섶으로 된 울타리입니다. 쓰나우라(綱湊) 항구 쪽의 경비소는 평방 1간, 큰 경비소는 평방 4간 정도입니다. 인원은 앞에 적은 대로 [쓰시마 측이] 주장한 만큼은 아닙니다.

遠見番所之儀者, 其所之郷足輕相守候由, 府中上之番所者,平常出入之船見屆注進等仕候得共, 外浦々ハ出入之船無之儀, 晝夜勤番仕候儀も無之様子, 鰐浦ニ而遠見番所江上り見可申与好み候處, 道惡敷由强而差留申候.

朱書

對州輪番五山之碩學長老, 年中手當之用費不輕候.

府中湊町屋入口之山手, 以酊菴与申所, 輪番寺に御座候. 平常對州より役人幷醫師等附置, 朝鮮御目付与稱し, 萬端叮嚀ニ取扱客挨拶ニ而, 合力一ヶ年現米百石宛宛行置, 暑寒ニ人參, 其外晒布・羽二重等相贈, 右召連來候僧徒四人・若党兩三人・中間二人江夏晒布等, 其外上下ともに折々進物遣之, 國主年始等被相越, 黃金壹枚差遣候由御座候.

초소는 현지의 고아시가루(郷足輕)가 지킨다고 하며, 후추(府中) 위에 있는 경비소는 평소 출입하는 배의 확인·보고를 수행하지만 그 밖의 포구들은 출입하는 배가 없어 밤낮으로 근무하는 일도 없는 모양이며, 와니우라에서 초소에 올라가보고 싶었으나 길이 험하다고 하며 굳이 만류했습니다.

주서(朱書)

쓰시마에 윤번(輪番)으로 파견되는 고잔(五山)[108]의 석학 장로들에게 1년간 지급하는 비용

108 고잔(五山) : 선종(禪宗) 사원에서 가장 높은 사격(寺格)을 나타내는 5개의 관사(官寺: 정부가 주지를 임명하는 사원)로, 십찰

이 적지 않습니다.

후추 항구의 조닌 거리 입구에서 산 쪽에 있는 이테이안(以酊菴)[109]이라는 곳이 윤번하는 승려가 묵는 절입니다. 평소 쓰시마가 관리나 의사 등을 [이테이안에] 파견해 두고 조선감독관(朝鮮御目付)이라고 칭하여 매사 정중히 대접하는 손님의 관계이며, 부조금으로 1년에 쌀 100석씩 지급하고 한서(寒暑)에는 인삼, 삼베, 하부타에(羽二重)[110] 등을 보냅니다. 그들이 데려온 승도(僧徒) 4명·종자 2~3명·하인 2명에게 여름에 삼베 등을 지급하고 그 밖에도 상·하위자 모두에게 때마다 선물을 보내며 번주가 연초에 찾아가 황금 1매(枚)를 건넨다고 합니다.

朱書

對州者四方大洋を請候ニ付, 海上之運上至而纔成儀ニ御座候間, 助力ニ不相成候.

浦々之儀, 他國江諸色直廻し不相成, 府中湊江持入問屋江相渡, 他國江賣出候仕法ニ而, 海附之村々, 少し充漁業不仕村も無之候得共, 干鰯・鹽肴等右問屋江.持

(十刹)보다 우위에 위치한다. 중국 남송대에 정부가 특별 보호하여 관리하기 위해 시작한 제도로, 인도의 '오정사(五精舍)'를 모방한 것이었다. 일본에서는 1253년 겐초지(建長寺)를 '오산제일(五山第一)'이라 칭한 것이 '고잔(五山)'이라는 용어의 초출(初出)이다. 가마쿠라를 중심으로 하여 제정된 형적이 있기는 하지만, 어떤 사원이 오산으로 지정되었는지에 관한 확증은 없다. 1386년 최종적으로 五山之上가 南禅寺, 五山第一 天竜寺·建長寺, 五山第二 相國寺·円覚寺, 五山第三 建仁寺·寿福寺, 五山第四 東福寺·浄智寺, 五山第五 万寿寺·浄妙寺가 확정되었다. 나아가 고잔을 '교토고잔(京都五山)'과 '가마쿠라고잔(鎌倉五山)'으로 분할하여, 두 계통의 고잔으로 격식이 고정되어 현재에 이르고 있다.(日本大百科全書)

109 이테이안(以酊庵): 1609년 쓰시마 후추(府中, 현 이즈하라)에 세운 사찰. 초대 주지 겐소(玄蘇)가 출생한 1537년(정유년: 丁酉年)을 기념하여 붙인 이름이라고 한다. 2대 주지인 겐포(玄方) 때 '국서개작 폭로사건(柳川一件)'이 일어났다. 당시의 번주 소 요시나리(宗義成)와 중신 야나가와 시게오키(柳川調興)가 대립하면서, 조선과 국교 재개 후 공공연하게 행해졌던 국서개작이 발각되었다. 이 사건으로 겐포는 무쓰국(陸奧國)으로 유배되었고, 이후 이테이안의 주지에는 남선사(南禪寺)를 제외한 교토고잔(京都五山)의 승려들이 교대로 파견되었다. 이들은 이테이안에 파견된 동안 조선과 쓰시마가 주고받는 외교문서를 작성, 검사하는 등 쓰시마번의 조선 외교를 감시하는 역할을 했다.

110 견직물의 일종. 얇고 부드러우며 윤이 나는 순백색 비단, 결이 고와 보드라움.

參賣込, 又者府中江他國船參候節, 右船江府中より切手相渡候得者, 是又府中江持戻, 品數に應し運上銀, 湊番所ニ而荷物相改取立申候. 近浦廻者, 國主之御菜・肴等, 役ニ而差出候由. 府中町人之內, 以前者鯨獵仕候もの有之候處, 近年損失仕相止, 當時者壹岐勝本土肥市兵衛与申, 分限宜しき者有之, 對州廻り村々納屋を建置, 鯨を取申候. 前々ハ一ヶ年二十四・五本上り候由, せみ鯨一本ニ付運上銀壹貫目ニ相極, 其餘不同有之, 年分ニ者貳百兩程鯨運上取立候由御座候

주서(朱書)

쓰시마는 사방이 대양(大洋)에 접하고 있어 해로 이용의 상납금이 매우 적으므로, 보탬이 되지 않습니다.

포구들에 관해 말하자면, 다른 지역에 물건을 바로 운송하지 않고 후추(府中)의 항구로 가져와 돈야(問屋)에 넘겨 다른 지역에 매각하는 방법을 취합니다. 바닷가의 마을들은 전혀 고기잡이를 하지 않는 곳은 없어서 말린 청어·소금에 절인 생선 등을 위의 돈야에 가져와 판매합니다. 또는 후추에 다른 지역의 배가 들어왔을 때 그 배에 후추에서 통행증을 발급하는데, 다시 후추에 돌아와 [매입한] 물건 수에 맞춰서 상납금을 항구의 경비소에서 화물을 검사하여 징수합니다. 가까운 포구로 운항하는 경우 번주를 위한 채소나 생선 등을 역(役)으로 징수한다고 합니다. 후추의 조닌 중에 과거에는 고래를 잡는 자도 있었으나 근래에는 손해가 되어 그만두었고, 현재는 이키(壹岐) 가쓰모토(勝本)에 도이 이치베에(土肥市兵衛)라는 부유한 자가 있어 쓰시마 주위의 마을에 창고를 세워두고 고래를 잡습니다. 이전에는 1년에 24~25마리를 잡아 올렸다고 하는데 참고래 한 마리당 상납금을 은 1관(貫)으로 정하였으며, 다른 종류의 고래들은 각각 액수가 달랐는데 1년당 200냥 정도를 고래의 상납금으로 징수했다고 합니다.

二百年已前より由緒有之泉州佐野与申所之漁師, 毎年罷越, 浦々之內勝手宜敷所を相願, 納屋立置鰯獵仕, 其外一重村・葦見村邊之沖ニ而小鯛を取, 年々拾四・五反帆之船五艘程ツヽ積歸り, 荷物之品ニ應, 府中湊ニ而運上取立, 一艘ニ付凡銀壹貫目程充差出候由. 長州邊, 其外他國漁船・海士等も入込獵仕, 相應ニ運上差出候由. 其外山々稼, 薪・材木・板・椎茸・蜜等之品ニ御座候. 播州邊之船, 肥前田代之年貢米を積來, 歸船之節, 村々ニ而薪積歸候. 拾五反帆船壹艘に, 薪積高之運上銀貳・三百目充, 府中ニ而取立候由御座候.

200년 전부터 내력을 지니고 있는 이즈미 사노(泉州佐野, 泉佐野)라는 곳의 어부가 매년 건너왔는데, 포구 중에서 형편이 좋은 곳을 청원하여 창고를 세워두고 청어를 잡았으며, 그 밖에도 히토에무라(一重村)·아시미무라(葦見村) 부근의 먼 바다에서 작은 도미를 잡아 해마다 14~15단(反) 길이의 돛을 단 배 5척 정도씩 싣고 돌아오면 화물에 따라 후추(府中) 항구에서 상납금을 징수했는데, 1척당 대략 은 1관(貫) 정도를 냈다고 합니다. 조슈(長州)[111] 인근이나 기타 다른 지역의 어선·어부들도 들어와서 고기잡이를 하고 그에 맞게 상납금을 냈다고 합니다. 그 밖에 산에서 채취하는 것은 땔감·목재·판자·송이·꿀 등입니다. 하리마(播州: 播磨)[112] 인근의 배가 히젠 다시로(肥前田代)[113]의 연공미를 실어온 뒤 돌아갈 때 각 마을에서 땔감을 싣고 돌아갑니다. 15

111 조슈(長州) : 나가토노쿠니(長門國)의 별칭. 현재의 야마구치현(山口縣).

112 하리마(播州, 播磨) : 현재 효고현(兵庫縣)의 서남쪽 지역.

113 1604년, 일본의 국정 탐색를 위해 쓰시마에 파견된 손문욱(孫文彧)과 유정(惟政)을 이끌해 쓰시마 번주 소 요시토시(宗義智)와 그의 가신 야나가와 시게노부(柳川調信), 겐소(玄蘇)가 동반하고 교토로 가, 3월 후시미(伏見)성에서 쇼군 도쿠가와 이에야스와 이에야스의 아들 히데타다(秀忠)와의 접견이 성사되었다. 그 공을 인정하여 막부는 쓰시마 번주 소씨에게 조선통교를 담당할 것을 명했고, 규슈 히젠(肥前: 현재 사가현)의 기이(基肄)·야부(養父)군 내에 2,800석의 영지를 가증(加增)해 주었다. 이처럼 다이묘의 본 영지에서 멀리 떨어진 곳에 분산되어 존재하는 영지를 '도비치(飛地)'라 한다. 또한 번주 소씨의 에도(江

단(反) 길이의 돛을 단 배 1척에 땔감을 실었을 때의 상납금으로 은 200~300몬메씩 후추에서 징수한다고 합니다.

煎海鼠・干鮑之儀も, 浦付村々幷他國海士も相稼, 府中請方土田與平次与申者方江, 取集め候ニ付, 浦々より直ニ相廻し候請方等無御座候. 勿論, 取上高之內一割程充, 無代ニ而國主江納させ, 運上同樣ニ取扱候樣子御座候. 右之通, 何品ニよらす, 府中湊役番所江引附相改, 運上取立候ニ付, 浦々より諸運上・小物成之類ハ無御座候. 尤府中ニ而右之品々取立高, 金ニして凡六・七百兩可有之積ニ御座候.

朱書

交易方積書・所務出入書付之內

對州所務之分

一. 銀貳百四貫百八拾目

金ニ〆, 三千四百三兩. 現米ニ〆, 三千四百三石 <自注, 壹石ニ付, 六拾目替>

四ツ物成

高八千五百七石五斗 <自注, 麥計之所ニ御座候得共, 米ニ直候積ニ御座候>

---

戸) 참부(參府)는 2년 1번에서 3년에 1번으로 하는 특권을 부여했다.
그 2,800석 중에 1,000석을 이에야스의 참모인 혼다 마사즈미(本田正純)가 야나가와 도시나가(智永: 시게노부의 아들)에게 지급했다고 한다. 이를 흔히 히젠 다시로(田代)령이라 한다. 조선과의 국교회복에 기여한 공로를 인정하여 취해진 조치였는데, 조선 정부도 그 공을 인정하여 야나가와씨는 '야나가와송사(柳川送使)'라는 사송선을 조선에 독자적으로 파견할 수 있는 권리를 부여받았다. 후일 도시나가의 아들 시게오키(調興)와 번주 소 요시나리(宗義成)의 관계가 악화되자, 시게오키는 히젠 다시로령 1,000석을 근거로 하여 자신은 소씨의 가신이 아닌 쇼군의 직신이라는 주장을 펼쳤다. 상대에 대한 비방을 거듭하던 소 요시나리와 시게오키는 1631년 서로를 막부에 고발하여, 1635년 쇼군 이에미쓰(家光)는 시게오키를 유배형에 처했다. 이 사건을 '야나가와잇켄(柳川一件)'이라 칭한다.

말린 해삼·말린 전복도 포구에 접한 마을이나 다른 지역의 어부들이 와서 채취하며, 후추의 매입자명 쓰치다 요헤이지(土田與平次)라는 자 쪽에서 수합하므로 각 포구로부터 직접 운송해 와서 인수하는 경우는 없습니다. 물론 징수액 중에서 1할 정도씩 대가 없이 영주에게 납부시켜 상납금과 마찬가지로 취급하고 있는 모양입니다. 위와 같이 어느 물품이든 후추 항구의 경비소에 가져와 검사하여 상납금을 징수하므로, 각 포구로부터 [걷는] 상납금·잡세와 같은 것은 없습니다. 더욱이 후추에서 앞의 물품들에 징수하는 액수는 금으로 환산해 대략 6~7냥으로 추산됩니다.

주서(朱書)

무역 견적서·수익의 출납 문서 내

쓰시마의 수익분

一. 은 204관(貫) 180몬메(目)

금으로 환산해 3,403냥. 쌀로 환산해 3,403석 〈주, 1석당 60몬메로 환산〉

4할 연공

액수 8,507석 5두 〈주, 보리뿐이더라도 쌀로 환산한 견적이다〉

對州二郡八鄕百貳拾四ヶ村之內, 此度浦附九拾七ヶ村廻船仕, 四ヶ村者通り筋に相當り, 三ヶ村幷銀山鶴野町ハ當時相潰れ, 拾八ヶ村者最寄村役人, 又ハ其村々百姓共承合候處, 上中下田畑, 其外茶・木庭共上畠廻, 麥物成ニ而取立候由. 一村限物成高等承之, 寄付候之處, 左之通御座候.

家數貳千八百八拾九軒程 <府中を除き, 田舍村々之分>

人別壹萬五千三百八人程 <右同斷>

是者在々給人・百姓共家數・人別, 一村限承合候家數之儀, 大身帶之者も無御座, 何れも同様なる住居ニ而, 給人宅座敷六疊或者八疊・次四疊・勝手八疊位, 百姓家座敷六疊或ハ四疊・勝手八疊位, 疊を敷, 惣壁板

羽目屋根葺者少く板屋多く, 淺海邊ハ平石長壹間・厚壹寸位, 板之如くなる石にて惣屋根を葺住居仕, 見苦き村方も無御座, 相應之經營ニ相見え申候.

쓰시마 2군(郡) 8고(鄕)의 124개 촌(村) 중에서 이번에 포구에 접한 97개 촌을 순시했는데, 4개 촌은 큰 길이 지나는 곳에 있고 3개 촌과 은광이 있던 쓰루노마치(鶴野町)는 현재 없어졌습니다. 18개 촌은 가까운 곳의 촌장 또는 그 마을의 백성에게 물어보았더니 상·중·하 등급의 전답과 기타 차밭·화전 모두 상급의 밭으로 환산해 보리로 연공을 징수한다고 합니다. 각 마을의 연공 액수를 물어보고 적어 오게 한 것이 아래와 같았습니다.

가옥 수 2,889채 정도 〈후추를 제외한 시골 촌락들의 분량〉

인구 15,308명 정도 〈위와 같음〉

이는 시골의 규닌(給人)·백성들의 가옥 수·인구이며, 각 마을마다 물어본 가옥 수는 지위가 높거나 부유한 이들도 없고 모두 비슷한 거주지에서 삽니다. 규닌의 집은 거실이 6첩(疊) 혹은 8첩·곁방이 4첩·부엌이 8첩 정도이며, 백성의 집은 거실이 6첩 혹은 4첩·부엌이 8첩 정도로 다다미를 깔았고 전체 벽은 판자이며 기와지붕은 적고 판자지붕이 많습니다. 아소(淺海) 인근은 평평한 돌을 길이 1간(間)에 두께 1촌(寸) 정도의 판자 모양으로 만들어서 돌로 전체의 지붕을 얹어 주거하며, 보기에 초라한 마을도 없이 적절하게 살림을 영위하는 듯이 보였습니다.

物成高四千百六拾石貳斗餘

現米ニ直, 貳千八拾石壹斗餘　<國主物成帳畠廻ニ仕, 諸作物麥納之分>

同六百三石貳斗餘

現米ニ戻, 三百壹石六斗餘　<田方之分, 麥又ハ籾石, 代銀等ニ而納候分>

二口現米貳千三百八拾壹石七斗餘　<寛文年中, 物成帳相渡候間高を以, 村方ゟ納來候分>

四ツ物成ニ〆

五千九百五拾四石貳斗餘

外

現米五百石程　<諸侍・鄉士・町人・百姓等新開仕, 米納又者銀納之分, 幷侍知行田方共>

田反別百貳町步程

麥千五百貳拾六石程　<鄉士三百拾八人, 足輕九拾八人知行見積>

現米ニ直, 七百六拾三石程

現米三百八拾壹石程　<鄉士知行・田方切開所持之分石積>

田反別六拾九町步程

麥百貳拾石程　<寺社百拾四ヶ所之內, 寄附有之分見積>

現米ニ直, 六拾石程

現米百石程　<同斷田方多切開所持之分見積>

田反別貳拾町程

연공 액수 4,160석 2두 정도

쌀로 환산해 2,080석 1두 정도　〈영주의 연공 장부에는 밭으로 환산되어 있으며, 수확물에 대하여 보리로 납부한 분량〉

위와 같음 613석 2두 정도

| | |
|---|---|
| 쌀로 환산해 301석 6두 정도 | 〈논 징수분, 보리 또는 낱알로 환산한 수확량을 은납 등으로 대체하여 납부한 분량〉 |
| 2항목 쌀(二口現米)로 2,381석 7두 정도 | 〈간분(寬文)[114] 연간의 연공 장부에서 개정된 겐다카(間高)로 촌락에서 납부해 온 분량〉[115] |
| 4할 연공으로 환산해 5,954석 2두 정도 | |
| 그 외 | |
| 쌀 500석 정도 | 〈무사·향사(鄕士)·조닌·백성 등이 개간해 쌀을 납부하거나 은을 납부한 분량과 무사의 영지인 논도 포함〉 |
| 논 넓이 102정보(町步) 정도 | |
| 보리 1,526석 정도 | 〈향사 318명, 아시가루 98명의 영지 견적〉 |
| 쌀로 환산해 763석 정도 | |
| 쌀 381석 정도 | 〈향사의 영지·논을 개간해 소유한 부분의 수확량〉 |
| 논 넓이 69정보 정도 | |
| 보리 120석 정도 | 〈사사(寺社)[116] 114개소에 기부한 분량의 견적〉 |
| 쌀로 환산해 60석 정도 | |
| 쌀 100석 정도 | 〈위와 같음. 논을 과잉 개간해 소유한 분량의 견적〉 |
| 논 넓이 20정보 정도 | |

114 일본의 연호. 1661~1672년.

115 1661년 이후 쓰시마는 고쿠다카제(石高制) 대신 겐다카제(間高制)라는 독자적인 토지제도와 세제(稅制)를 채용하여 연공을 거두었다.

116 불사(佛寺)와 신사(神社).

右五口現米千八百四石程

四ツ物成

四千五百拾石程

四ツ物成

合壹萬四百六拾四石貳斗餘

內

千九百五拾六石七斗餘　<村方申口・國主物成, 并場所見積候鄕士知行・寺社領等之分, 且又百姓新開場等之內. 此分申立高ゟ差引多く相見え申候>

右之內

田方三千貳百六石五斗程　<田地見及候分>

右者百姓方一村限ニ承合, 其外諸侍・鄕侍知行, 寺社領・百姓新開見積仕候處, 凡書面之通, 對州一國地方之物成ニ相見え申候. 往古より國主同然ニ住居之鄕侍等有之, 知行・寺社領等ハ田方多御座候. 古來者質素之儀ニ而, 主從差別も無之體ニ御座候處, 御治世以來, 交易繁昌之節, 府中も華美ニ罷成, 右利潤多分に任せ, 土地之收納ニ者不心入候故, 新檢等も不仕, 古來之取箇に仕置, 田作を麥ニ而納候樣成仕法ニ御座候.

위 다섯 항목 쌀 1,804석 정도

4할 연공

4,510석 정도

4할 연공

합 10,464석 2두 정도

그중에서

1,956석 7두 정도　〈촌락이 이야기하는 분량과 영주의 징수량 및 소재를 확인한 향사의 영지·사사령(寺社領) 등의 분량, 또한 백성 개간지 등입니다. 이 부분은 이야기한 액수보다 차액이 많이 보입니다.〉

위 가운데

논 3,206석 5두 정도　〈논으로 확인되는 분량〉

위의 내용은 백성들의 경우 각 마을마다 확인하고, 그 외에 무사·향사들의 영지, 사사령·백성 개간지의 견적을 내어 보았더니 대략 서면의 내용대로 쓰시마 전역의 토지 수확량이 확인됩니다. 예로부터 마치 영주와 같은 저택을 가진 향사들이 있고, [향사가 소유한] 영지·사사령 등에는 논이 많습니다. 예전에는 검소하였기에 주종(主從) 차이도 없었던 모양인데, 평화로운 치세(御治世)[117] 이래로 무역이 번창했을 때 후추도 사치스러워졌고 이윤이 많아지면서 토지로부터 수납하는 데는 신경을 쓰지 않았습니다. 그것 때문에 새로이 토지 조사도 하지 않고, 예전의 징세법대로 처리해 논농사의 수확물을 보리로 납부하도록 하는 게 법도가 되었습니다.

百姓方之儀も仕來ニ任せ取箇寛く候故, 村方農業之作方, 年貢・粮食之手當のみ足候得者外ニ稼不申, 是又他國江出入禁し候ニ付而者, 世上之風俗見聞も不仕, 其所限ニ年月を送り候手當ニ付, 國主收納も外國々ニ應し候而者, 格別少き様子ニ御座候. 村々金銀通用無御座, 錢ニ而取扱, 相場等之儀無御座候. 勿論村繼往還定り候里數無之, 巡檢之節道筋極り有之, 前年より切開候由御座候.

一. 金壹兩ニ錢五貫四拾文

一. 白米壹石ニ付銀六拾目

右二品者, 一向商賣無御座候. 府中より取寄候直段之由.

一. 大麥壹石ニ三拾三匁

一. 小麥壹石ニ六拾目

117 전란의 종식 이후 에도 막부의 개막을 뜻함.

백성들도 관행에 의지해 조세가 철저하지 않았기 때문에 촌락의 수확이 연공 납부와 양식으로 쓰기에 충분하다면 따로 노력하지 않았습니다. 이 또한 다른 지역으로 출입이 금지된 가운데 세상의 풍속을 살피지 않고 사는 곳에만 한정되어 세월을 보낸 처세여서, 영주의 수납 역시 다른 지역에 비해 매우 적은 상태입니다. 촌락에서는 금은이 통용되지 않고 동전을 사용하며 시세라고 할 게 없습니다. 물론 마을 간의 체송(村繼)[118]도 왕복이 정해져 있는 마을 수가 별로 없고, 순찰사(巡檢)가 순찰하는 도로도 정해져 있어 작년부터 길을 새로 냈다고 합니다.

一. 금 1냥에 동전 5관(貫) 40문(文)

一. 백미(白米) 1석(石)당 은 60몬메

위의 두 품목은 전혀 매매하지 않습니다. 후추에서 가져올 때의 가격이라고 합니다.

一. 보리 1석에 33몬메

一. 밀 1석에 60몬메

一. 大豆壹石ニ四拾貳匁

右三品者, 銀壹匁・錢六拾文替之積.

朱書

肥前基肄・養父領分所務

一. 銀三百貳拾壹貫六百六拾目

金ニ〆, 五千三百六拾壹兩餘

現米ニ〆, 五千三百六拾壹石餘

118 무라쓰기(村次)라고도 씀. 문서, 명령서 등을 마을(村)에서 마을로 전달하는 것을 말한다.

四ツ物成

高壹萬三千四百貳石七斗餘

田代領分之儀, 基肄一郡・養父半郡ニ而, 殘り半郡ハ佐賀領ニ而御座候.

<堅廣き所貳里又者貳里半程, 横廣き所壹里半又者貳里程. 但, 他領境入組, 見通し候竪横之場所無御座候>

西南者, 肥前佐嘉領轟宿ニ而境, 田代より道法半里餘.

東南者, 筑後久留米領ニ而境.

北者, 筑前福岡領原田宿ニ而境, 田代より道法二里.

田代より <博多江八里, 對州より之用向飛船等博多江着, 田代江申越候. 久留米江三里>

一. 콩 1석에 42몬메

위의 세 품목은 은 1몬메 · 동전 60문의 교환율로 계산

주서(朱書)

히젠(肥前) 기이(基肄) · 야부(養父) 영지로부터의 수익

一. 은 321관 660몬메

금으로 환산하여 5,361냥 정도

쌀로 환산하여 5,361석 정도

4할 연공

액수 13,402석 7두 정도

다시로(田代) 영지는 기이(基肄) 1군과 야부(養父)군 절반으로, [야부군의] 절반은 사가령(佐賀領)입니다.

〈남북으로 긴 곳은 2리 혹은 2리 반 정도, 동서로 긴 곳은 1리 반 혹은 2리 정도. 단 다른 영지와 경계를 놓고 분쟁이 있어 경계의 기준으로 삼을 만한 장소가 없습니다〉

남서로는 히젠 사가령 도도로키(轟) 숙역(宿驛)[119]을 경계로 하며, 다시로에서 떨어진 거리는 반 리 정도.

남동으로는 지쿠고(筑後) 구루메령(久留米領)과의 경계.

북으로는 지쿠젠 후쿠오카령(福岡領) 하루다(原田) 숙역을 경계로 하며, 다시로에서의 거리는 2리.

다시로에서 〈하카타까지 8리, 쓰시마에서 용무를 위한 파발선 등이 하카다에 도달해 다시로로 전달합니다. 구루메까지 3리〉

一. 村數三拾五ヶ村, 枝鄉共內 <拾四ヶ村中通り村々, 貳拾壹ヶ村他領江相境候村々>

肥前往還筋町立候村々者家居も相應ニ而, 其外村方も村柄相應ニ相見え申候.

一. 田石盛, 上十五・中十三・下八, 畑盛上・中・下不相知候得共, 平均五ツ程之由, 田地・乾地之分兩毛作, 足入田一毛作多御座候由. 高免・小物成打込八ツ・九ツ位之村方も有之, 其外段々相劣候も有之候由. 村方申口之通ニ仕候へハ, 貳萬六千石程ニ相當候得共, 左程收納有之間敷, 一體狹き土地ニ相見え, 申立之通壹萬三千四百石餘, 大概相當ニ可有御座奉存候.

一. 農業之外, ■を多く作り, 水車も有之. 田代町方等ニ而油・蠟・素麵等仕立, 助成ニ仕候由. 肥前往還通相掛り候白坂・木山江, 赤坂今町・田代町等, 本村離れ候出町も有之, 田代村高五百石, 外ニ田代町九拾石ニ御座候由.

一. 마을 수는 35개 촌이며, 새로 생긴 마을(枝鄕)들도 포함합니다. 〈14개 촌은 영지 한가운데에 있는 마을이며, 21개 촌은 다른 영지와 경계를 이루고 있는 마을입니다〉

---

119 가도(街道)의 요지에 여행자의 숙박이나 화물 운반용 인부와 말을 중계하는 설비가 있던 곳.(デジタル大辞泉)

히젠으로 오가는 길목에 있는 마을들은 주택들이 잘 어우러져 있으며, 그 외의 마을도 마을 모습이 잘 어우러져 있습니다.

一. 논 수확량의 책정 기준(石盛)[120]은 상급이 15두, 중급이 13두·하급이 8두이고 밭의 책정 기준은 상·중·하 각각을 알지는 못하나 평균 5할 정도 징수한다고 하며, 논과 마른 논에서는 이모작이, 진흙이 많은 논에서는 일모작이 많다고 합니다. 연공 부과율이 높거나 잡세가 포함되어 수확량의 8~9할을 징수하는 촌락도 있으며, 그 외에도 여러모로 뒤떨어진 면이 있다고 합니다. 촌락에서 이야기하는 대로라면 26,000석 정도에 해당하지만 그만큼 수확하지는 못할 것이고, 대체로 협소한 농지로 보이니 [쓰시마가] 주장했던 대로 13,400석 정도가 대략 맞다고 생각됩니다.

一. 농사 외에 ■를 많이 생산하며 수차(水車)도 있습니다. 다시로의 상점가에서는 기름·납(蠟)[121]·소면(素麵) 등을 만들어 돈을 번다고 합니다. 히젠에 오가는 길목에 있는 시라사카(白坂)·기야마(木山, 基山) 쪽에 있는 아카사카이마마치(赤坂今町)·다시로마치(田代町) 등과 같이 본 마을과 떨어져 있는 상점가도 있는데, 다시로무라(田代村)는 총 수확량 500석이고 다시로마치는 90석이라고 합니다.

白坂町は, 城戸村高五百石之村内地下ニ御座候旨, 惣體一村限高ハ相知不申候. 尤蠟·素麵等稼之品々, 相應之運上差出候由.

---

120 고쿠모리(石盛) : 논 1평당 평균 수확량을 기준으로 논에 상중하의 등급을 책정해 세를 거두었다.

121 동식물에서 채취하는 지방성 물질. 추출하는 원료에 따라 밀랍(蜜蠟)·목랍(木蠟)·어랍(魚蠟)·경랍(鯨蠟)·지방(地蠟)·우랍(牛蠟)·석랍(石蠟) 등 다양한 종류가 있다.(國史大辭典)

一. 右町々鹽肴・生魚等商買等, いつれも博多邊より差越, 對州鹽肴冬之內廻候節者, 格別直段宜敷, 朝鮮鱈・昆布等も相廻り, 其外穀物・諸色對州より相廻候品無御座, 二十ヶ年程已前饑饉之節, 朝鮮米相廻候儀有之候旨. 田代米幷雜穀, 基肄郡水屋村と申所, 川岸場有之, 筑後川江落候所迄持出, 瀨取船ニ乘せ, 久留米領住吉与申所ニ而元船ニ積, 對州江相廻し, 其外蠟・素麵等, 上方江廻候品も, 博多江出候而者道法遠く候ニ付, 水屋村江出申候. 併海上大廻成, 日數相掛候由御座候.

시라사카마치는 기도무라(城戸村)라는 총 수확량 500석의 촌락 안에 있다고 하는데, 전체 촌락 각각의 수확량은 알지 못합니다. 또한 밀랍·소면 등 벌이가 되는 물품은 그에 상응하는 상납금을 낸다고 합니다.

一. 위의 상점가에서 매매되는 절인 생선·날생선 등의 상품은 모두 하카타(博多) 쪽에서 들어오는데 쓰시마의 절인 생선이 겨울에 공급될 때에는 특히 가격이 저렴해집니다. 조선의 대구·다시마 등도 운반되나 그 외 곡물·각종 물품이 쓰시마로부터 운반되는 경우는 없으며, 20년 전 기근이 들었을 때 조선 쌀이 유입된 적이 있다고 합니다. 다시로의 쌀과 잡곡은 기이군의 미즈야무라(水屋村)라고 하는 곳에 선착장이 있어 지쿠고가와(筑後川)와 합류하는 곳까지 운반하는데, 조각배(瀨取船)에 실어 구루메령 스미요시(住吉)[122]라고 하는 곳에서 모선(母船)에 적재하여 쓰시마로 운반합니다. 그 외에 밀랍·소면 등 가미카타(上方) 지역으로 운송하는 물품도 하카타까지 나가면 거리가 멀기 때문에 미즈야무라로 나옵니다. 그러나 해상에서 크게 우회하느라 일수가 많이 걸린다고 합니다.

---

122 후쿠오카현 구루메시의 스미요시무라.

一. 水屋村之外, 船通ひ候川無御座, 基肄・養父領分水損所与申立ニ御座候得共, 何れも用水・悪水, 小石・砂利川ニ而, 一體地高故水落宜, 堤・川除有之川筋ハ無御座候.

一. 河內山与申, 筑前境ニ相越, 貳里程之林山有之. 郡中薪を取, 樫・松等生立宜敷由ニ御座候.

一. 金壹兩　　丁錢五貫三百貳拾文

一. 同　　銀七拾目

一. 米壹石　　代六拾四匁五分

一. 麥壹石　　代貳拾匁

一. 蕎麥壹石　　代貳拾六匁六分六厘

一. 大豆壹石　　代六拾三匁

一. 小豆壹石　　代八拾三匁壹分

一. 미즈야무라 외에 배가 다니는 강은 없습니다. 기이·야부령은 수해를 입는 곳이라고 주장하지만 모든 배수로에 조약돌과 자갈이 있으며, 대체로 지세가 높고 물 빠짐이 좋아서 제방 같은 범람 방지시설이 있는 강은 없습니다.

一. 가와치야마(河內山)라고 하는, 지쿠젠과의 접경 너머 2리 정도 거리에 산림이 있습니다. 군(郡)의 사람들이 땔감을 얻는 곳이며, 떡갈나무·소나무 등의 생육이 좋다고 합니다.

一. 금 1냥　　정백전(丁錢, 丁百錢)[123] 5관(貫) 320문

一. 위와 같음　　은 70몬메

一. 쌀 1석　　가격 64몬메 5부

123 에도시대에는 동전 96문을 100문으로 취급하던 것이 관례였으나, 그와는 별개로 동전 100문을 액면대로 100문의 가치로 사용한 것.

一. 보리 1석　　가격 20몬메

一. 메밀 1석　　가격 26몬메 6부 6리

一. 콩 1석　　가격 63몬메

一. 밀 1석　　가격 83몬메 1부

朱書

送使所務之分

一. 銀三百貳拾四貫四百拾六匁

金ニ〆, 五千四百六兩餘

現米ニ〆, 五千四百六石餘

四ツ物成

高壹萬三千五百拾五石餘

此度交易方取合認出候節, 送使銀高三百四拾五貫目程ニ相成候. 右之仕法ニ仕金五千七百五拾兩, 現米にして五千七百五拾石ニ而, 四ツ物成壹萬四千三百七拾石餘与相成, 差引八百五拾石餘, 此書面不足ニ御座候. 私貿易ニ, 是迄不絶差渡候銅, 木綿・米ニ相替候得共, 此利潤も可有之儀ニ御座候得共, 元代下直ニ積立置候ニ付難相分, 鑄錢銅四分ほとハ, 交易人參代三萬斤無利潤ニ引替候國主存寄之由, 此趣意も不益之致方ニ相聞, 米千俵分壹萬斤ニ引替候利潤差當八貫目, 金にして百三拾壹兩餘, 現米百三拾壹石, 四ツ物成にして三百貳拾七石餘ニ相成申候.

주서(朱書)

송사(送使) 파견의 수익(所務)

一. 은 324관(貫) 416몬메

금으로 환산해 5,406냥 정도

쌀로 환산해 5,406석 정도

4할 연공

액수 13,515석 정도

이번에 무역 조정 방안을 써냈을 때 송사의 수익은 은으로 345관(貫) 정도였습니다. 앞의 방법으로 환산하면 금 5,750냥, 쌀로는 5,750석으로 4할 연공을 감안하면 14,370석 정도 됩니다. 차액 850석 정도가 이 문건에서 부족합니다. 사무역(私貿易)[124]을 통해 지금까지 계속 [조선에] 수출한 동(銅)은 무명이나 쌀로 교환했으니 그 이윤 또한 존재할 것이나 원가를 낮게 잡아 적립해 두었기 때문에 알기 어렵습니다. 전화(錢貨)를 주조하는 동의 4할 정도는 무역하는 인삼 대금으로 3만 근을 이윤 없이 교환하는 것이 영주의 의견이나 이 또한 무익하다고 들었습니다. 쌀 1,000가마니를 1만 근으로 교환한 이윤에 해당하는 8관(貫)은 금으로 131냥 정도이고 쌀로는 131석이며, 4할 연공으로 환산하면 327석 정도에 해당합니다.

朱書

朝鮮江差遣候人數, 扶持方・合力, 幷諸色入用人數千貳拾壹人.

此入用書面寄附候得者, 米貳千五拾七石餘, 銀貳百拾九貫目餘と相成申候. 右ハ在番相勤候者江承候處, 人數七百五拾人之由ニ御座候. 右米・銀, 壹人當割合相懸候得者, 米千五百石餘, 銀百九拾貫九百目餘ニ相成申候. 差引米五百五拾七石餘, 銀貳拾八貫八百目餘過ニ御座候.

朱書

佐須奈浦・鰐浦・綱浦, 三ヶ所之關所差置候人數, 上下貳百拾八人.

此入用書面寄附候得者, 米五百拾八石餘, 銀三拾壹貫四百目餘ニ相成申候.

124 쓰시마가 말하는 '사무역(私貿易)'이란 왜관 안에서 열리는 '개시무역(開市貿易)'을 의미한다.

주서(朱書)

조선에 파견하는 인원은 봉록·부조금과 각종 소요 비용을 지급받는 자 1,021명.

그 비용을 적은 문건을 가져오게 했는데, 쌀 2,057석 정도와 은 219관(貫) 정도였습니다. 이와 관련해 [조선 왜관에] 체재하며 근무했던 자에게 물어보았더니 인원수가 850명이라고 합니다. 여기에 소요되는 쌀과 은을 한 사람 할당으로 계산해 보면 쌀 1,500석 정도, 은 190관 900몬메 정도가 됩니다. 차액으로 쌀 557석 정도, 은 28관 800몬메 정도 남습니다.

주서(朱書)

사스나우라·와니우라·쓰나우라 3개소의 검문소에 둔 인원은 상·하위자 도합 218명.

그 비용을 적은 문건을 가져오게 했는데, 쌀 518석 정도와 은 31관(貫) 400몬메 정도였습니다.

此度見分廻村之節, 鰐浦關所ニ者所之鄕士兩人相詰罷在候ニ付, 相尋候處, 九月より佐須奈浦詰之もの相分, 此所江番人相詰, 來三月より佐須奈浦江相詰候ニ付, 當時明番所之由申之候. 左候得共, 鰐浦詰番人別段ニ不相懸候ニ付, 認出候鰐浦詰之分相除き, 人數百七拾三人と相成候. 此米四百貳拾壹石餘, 銀貳拾四貫三百目餘ニ相當申候. 三口引米九拾八石餘, 銀七貫百目餘過ニ御座候.

朱書

家中人數之覺

此儀者前書申上候通, 分限帳等可有之候得共, 外ニ而一覽難相成, 承合候處, 凡家中之人數千石より七拾石迄之侍を馬廻りと唱, 重き役儀者代る〳〵相勤, 其外大小姓・徒・足輕・坊主・中間・夫等にいたるまて, 千百七拾七人程之由, 妻子・召仕等を入, 凡五千人餘之人數与相聞え申候.

이번에 순시하면서 마을을 돌아보았을 때 와니우라 검문소에 그 지역의 향사 2명이 근무하고 있어서 물어보았더니, 9월부터 사스나우라에 근무하는 이들을 나눠 이곳에 경비를 세우고 이듬해 3월부터 사스나우라에서 근무하여 현재는 빈 경비소라고 말했습니다. 하지만 와니우라에는 근무자를 따로 두지 않으므로 적어 낸 와니우라 근무자 분을 제하면 인원은 173명이 됩니다. 이 경우 [비용은] 쌀 421석 정도, 은 24관 300몬메 정도에 해당합니다. 세 곳의 차액으로 쌀 98석 정도, 은 7관 100몬메 정도 남습니다.

주서(朱書)

가신(家中) 수를 적은 각서(覺)[125]

이에 관해서는 앞의 글에서 말씀드린 대로 봉록 장부 등이 있을 터이나 따로 보기 어려웠기에 물어보았더니, 대략 가신 수는 1,000석부터 70석의 봉록에 해당하는 자를 우마마와리(馬廻り)라 부르는데 중요한 역직은 대대로 도맡고 있습니다. 그 밖에 오고쇼(大小姓)·가치(徒)·아시가루(足輕)·보즈(坊主)[126]·주겐(中間)[127]·인부(夫) 등에 이르기까지 1,177명 정도라고 합니다. 처자와 하인들을 포함해 대략 5천 명 정도라고 들었습니다.

---

125 오보에(覺) : 후일을 위하여 기록해서 남기는 문서. '고조오보에(口上覺)'는 구두로 진술한 사항을 후일을 위하여 기록해 둔 문서를 이미함.(『広辞苑』, 『古文書字典』)

126 보즈(坊主)는 원래 승려를 의미하나, 여기에서의 보즈는 사원으로 출가한 정식 승려가 아니라 삭발하고 승복을 입은 채 성안에서 막부나 다이묘를 섬기는 종자를 뜻한다. 다실(茶室)을 관리하고 쇼군이나 다이묘, 관리들에게 차 시중을 드는 오쿠보즈(奧坊主), 등성(登城)하는 다이묘의 시중을 들고 급사(給仕) 일을 하는 오모테보즈(表坊主)로 나뉘었다.(日本國語大辭典)

127 에도시대 무사에 딸려서 잡무에 종사했던 사람.

朱書

諸方旅役覺

一. 京都藏屋敷詰役人,頭役壹人・上下拾三人・附人六人,下役三人・上下五人ツヽ, 附役九人・夫六人・馬飼候中間貳人, 入目銀貳拾六貫目餘.

京都三條姉小路通對州屋敷, 表通門長屋南西三拾間も打廻し, 東貳拾間・北拾間程, 裏ニ而町屋入込入, 川岸貸店濱地三拾間ニ五間有之候. 町名代堺町竹屋町上ル町深江屋忠右衛門与申ものニ而, 當時相詰候留守居柴田小左衛門, 妻子・召仕共六人, 勘定方稻野市右衛門・下役稻野清兵衛, 其外足輕拾人程, 門番所共ニ住居仕, 內五人程ハ妻子持ニ而, 申立之人數より者格別少く, 全體屋敷建坪も及破壞, 貸地ニも可仕相談有之候由.

주서(朱書)

각지로의 출장 근무를 적은 각서

一. 교토 구라야시키(藏屋敷)[128]의 근무자는 책임자 1명이 그 가신 13명·종자 6명을 데리고 있고, 하급 관리 3명은 그 가신 5명씩을 데리고 있으며, 보조 근무자 9명·인부(夫) 6명·말을 기르는 자 2명이 근무하는데, 비용은 은 26관 정도.

교토 산조(三條) 아네야코지 거리(姉小路通)의 쓰시마령 저택은 정문에 붙은 나가야(長屋)가 남서로 30간(間)이나 이어지는데 동으로 20간·북으로 10간 정도입니다. 안에는 조닌의 가옥이 돈을 지불하고 들어와 있는데, 임대 전포가 강가에 [가로 세로]

128 에도시대 막부, 다이묘들이 연공미(年貢米)나 영지에서 나는 생산물을 판매하기 위해 설치한 창고(倉庫) 겸 거래소. 에도, 오쓰(大津), 스루가(敦賀), 나가사키(長崎) 등에도 설치되었는데, 상업·금융의 중심지였던 오사카에 가장 많았다. 17세기 후반 엔포(延宝) 연간(1673~1681)에는 91개, 막말인 텐포(天保) 연간(1830~1844)에는 124개의 구라야시키가 있었다. 각 영주들은 구라야쿠닌(蔵役人)을 구라야시키에 파견하여 저장된 물품을 처분하게 했다.(日本國語大辞典)

30간·5간 있습니다. 조(町)의 대표(名代)는 사카이마치 거리(堺町通)와 다케야마치 거리(竹屋町通) 교차로 북쪽에 사는 후카에야 주에몬(深江屋忠右衛門)이라는 자입니다. 현재 근무하는 루스이(留守居)[129] 시바타 고자에몬(柴田小左衛門)의 처자와 하인이 도합 6명, 회계 담당 이네노 이치에몬(稲野市右衛門)·하급 관리 이네노 세이베에(稲野清兵衛), 그 외에 아시가루 10명 정도와 경비들이 거주하고 있습니다. 그중 5명 정도는 처자를 데리고 있는데 주장한 인원수보다는 상당히 적고, 대체로 저택 건물도 파손되어 있으며 부지의 임대도 의논할 예정이라고 합니다.

用達町人, 釜座下立賣下ル町玉屋利右衛門・西洞院丸太町上田理兵衛, 幷右深江屋方にて, 對州より荷物差越候品取捌候由, 近年者荷物大坂限ニ而取扱, 京都ニ而拂直向無之由. 不如意多借ニ而, 當時相談に合もの無之由御座候.

朱書

大坂藏屋敷詰人數・入目共右同斷.

大坂樋上ル拾壹丁目對州屋敷, 間口三拾間程, 裏行拾五間程充, 二タ屋敷ニ而, 中ニ道通有之. 難波橋濱手之方ハ町借屋ニ致し, 干牛丸・奇應丸, 其外藥種・油屋等有之. 內通り長屋ニハ仲使等住居仕, 一屋敷者裏門共役人長屋有之候. 屋鋪名代者船越屋幸助, 家守今津屋吉右衛門与申候.

물품 조달을 담당하는 조닌은 가만자 거리(釜座通)와 시모다치우리 거리(下立賣通) 남쪽에 사는 다마야 리에몬(玉屋利右衛門)·니시노토인 거리(西洞院通)와 마루타마치 거리(丸太町

129 조(町)의 대표(名代)인 후카에야 주에몬(深江屋忠右衛門)이 자리를 비운 사이 그를 대신하여 점포를 지키는 자라는 의미로 쓰인 듯하다.

通) 교차로의 우에다 리헤에(上田理兵衛)와 위의 후카에야(深江屋)에서 쓰시마에서 화물로 보낸 물품을 취급한다고 하는데, 근래에는 화물을 오사카에서만 취급하여 교토에는 거래처가 없다고 합니다. 재정난으로 빚이 많아 현재 거래에 응하는 자가 없다고 합니다.

주서(朱書)

오사카 구라야시키의 인원·비용 모두 위와 같습니다.

오사카 히노우에초(樋之上町) 11초메(丁目)의 쓰시마령 저택은 규모가 30간 정도이고 내부까지의 거리는 15간 정도입니다. 총 두 채의 저택으로 가운데에 도로가 있습니다. 나니와바시(難波橋)의 물가 쪽은 조닌에게 임대했는데, 간우환(干牛丸)·기응환(奇應丸),[130] 기타 약재상과 기름집이 있습니다. 안쪽 거리의 나가야에는 심부름꾼들이 살고 있고, 다른 저택 한 채에는 후문과 근무자들의 나가야가 있습니다. 저택의 대리인은 후나코시야 고스케(船越屋幸助), 관리인은 이마즈야 기치에몬(今津屋吉右衛門)이라고 합니다.

留守居有田木工右衛門, 役方都者源左衛門・高井三平, 幷木工右衛門手代壹人・書役壹人・足軽體之者拾壹人, 右家內・召仕男女共五十六人住居仕候よし御座候.

一. 對州より登り候藥種, 人參・黃芩・黃芪・山茱萸・五味子之類, 登り高ハ年々定不申, 外ニ鉛・鹽肴類登り, 前條申上候問屋方ニ而取捌對州町人, 大坂住居仕荷物支配人, 新平野町泉屋理兵衛・長堀淸兵衛町竹屋元右衛門与申者, おもニ引請取捌候由. 麩・海苔・錫・扇子・油紙・木綿, 其外小間もの共登り込候由, 右兩人方ニ而取捌候由御座候.

130 동그란 환제 약. 소화불량, 식욕감퇴, 위장허약, 토유, 간병(癎病, 신경병증), 경련(경풍), 설사, 신경과민, 감기, 야제증(어린이가 밤에 울고 보채는 증상), 침냉(寢冷, 차게 자서 감기가 들거나 배탈이 나는 증상) 등에 복용.

朱書

一. 肥前領田代屋敷, 頭役貳人內壹人者上下拾五人, 壹人者拾壹人・附人六人, 大小姓貳人, 上下五人宛・附人五人, 徒士八人・夫十人. 入目銀四拾貫目.

루스이는 아리타 모쿠에몬(有田木工右衛門), 근무자는 교토 출신의 겐자에몬(源左衛門)·다카이 산페이(高井三平)이며, 모쿠에몬의 보조역 1명·서기 1명·아시가루급 11명, 이들의 가족과 하인이 남녀 합해 56명 거주하고 있다고 합니다.

一. 쓰시마로부터 올라오는 약재는 인삼·황금(黃芩)·황기(黃芪)[131]·산수유[132]·오미자[133] 등으로 도매해 가는 해마다 일정하지 않으며, 그 밖에 납·절인 생선 등이 올라옵니다. 앞에서 말씀드린 돈야(問屋)에서 물건을 취급하는 쓰시마의 어용상인은 오사카에 사는 화물 관리인으로, 신히라노초(新平野町)의 이즈미야 리헤에(泉屋理兵衛)·나가보리 세이베에초(長堀清兵衛町)의 다케야 겐에몬(竹屋元右衛門)이라고 하는 자가 주로 화물을 인수해 취급한다고 합니다. 밀기울·김·주석·부채·기름종이·무명, 그 밖에 사소한 물건들도 올라온다고 하며, 앞의 두 사람이 취급한다고 합니다.

---

131 콩과에 속하는 다년생 초본식물. 산지에서 자라며 높이가 1m에 달하고 전체에 잔털이 있다. 뿌리는 약재로 이용하는데 민간에서는 닭에다 이 약을 넣고 달여 먹으면 식은 땀을 흘리지 않고 체력이 증강된다고 한다.(한국민족문화대백과)

132 층층나무과의 낙엽교목인 산수유 나무의 열매. 타원형의 핵과(核果)로서 처음에는 녹색이었다가 8~10월에 붉게 익는다. 예로부터 한방에서는 과육을 약용했다. 《동의보감》《향약집성방》 등에 의하면 강음(强陰), 신정(腎精)과 신기(腎氣)보강, 수렴 등의 효능이 있다고 한다. 두통·이명(耳鳴)·해수병, 해열·월경과다 등에 약재로 쓰이며 식은땀· 야뇨증 등의 민간요법에도 사용된다.(두산백과)

133 오미자나무의 열매로 지름 약 1cm의 짙은 붉은 빛깔이다. 단맛·신맛·쓴맛·짠맛·매운맛의 5가지 맛이 나서 오미자라고 불린다. 심장을 강하게 하고 혈압을 내리며 면역력을 높여 주어 강장제로 쓴다. 폐 기능을 강하게 하고 진해·거담 작용이 있어서 기침이나 갈증 등을 치료하는 데 도움이 된다.(두산백과)

주서(朱書)

一. 히젠령(肥前領) 다시로(田代) 저택의 책임자 2명 중 1명은 그 가신 15명을, 나머지 한 사람은 11명이 있고 하명 6명을 데리고 있으며, 오고쇼 2명은 각각 그 가신 5명과 하인 5명을 데리고 있고, 가치(徒士) 8명 · 인부 10명이 있습니다. 비용은 은 40관입니다.

田代屋敷者宿中に有之, 頭役平田又左衛門・佐役秦武左衛門・大小姓芳野翁助, 右三人對州より相詰, 其外地役人草野武右衛門・手代體之者巖屋三左衛門外二人, 附人・夫之類, 田代ニ而抱置惣體人數三拾人位も有之, 諸用相勤候由. 申立之人數八拾人程御座候へとも, 左程ニ者無之由. 尤大小姓壹人・徒十六人与申立候分, 右徒を手代ニ而三人引之候而も, 五人多書出申候. 右入用五貫目餘多相當, 田畑・川普請入目八貫七百目餘之儀も, 用水多分ハ石堰ニ而御座候得者, 年々入用可相掛樣も無之, 其上小川ニ而堤さへ無之, 漸少々之柵等有之候へとも, 右入用可申立程之儀ハ相見不申候.

다시로 저택은 숙역(宿驛) 안에 있는데, 책임자 히라타 마타자에몬(平田又左衛門) · 보좌역 하타 부자에몬(秦武左衛門) · 오고쇼 요시노 오스케(芳野翁助) 이 세 사람은 쓰시마에서 건너와 근무합니다. 그 밖에 현지 출신의 근무자는 구사노 부에몬(草野武右衛門) · 보조역 격인 이와야 산자에몬(巖屋三左衛門) 외에 2명과 하인 · 인부 등은 다시로에서 고용했는데, 대략 인원수가 30명 정도나 있어 각종 업무를 수행한다고 합니다. [쓰시마 측이] 말한 인원수는 80명 정도였지만, 그 정도는 아니라고 합니다. 더욱이 오고쇼 1명 · 가치 16명[134]이라고 이야기한 부분은 가치 수에서 보좌역 3명을 빼더라도 5명 많이 적어 제출했습니다. 이에 해당하는

134 주서(朱書) 부분에서는 8명으로 되어 있어 숫자가 맞지 않는다.

비용이 5관가량 많이 책정된 것이며, 전답·하천 보수의 비용 8관 700몬메 또한 용수 시설의 대부분은 돌둑으로 되어 있어 해마다 비용이 들어갈 일이 없습니다. 게다가 작은 강이어서 제방조차 없고 겨우 자그마한 수책(水柵)이 있을 뿐이라, 위의 비용을 거론할 만한 정도는 아닌 것 같습니다.

朱書

一. 長崎藏屋敷, 頭役壹人・上下八人・附人四人・足輕三人. 入目銀拾五貫四百貳拾八匁.

聞役馬廻り島村彌次左衛門上下六人, 外ニ用事有之節者, 所ニ而雇入候由. 通事壹人・書役壹人, 其外除き役与申者有之, 是ハ町人同前之ものニ而御座候由, 家內妻・下女共兩人相暮, 申立之手代四人分之入目五貫百貳拾目, 足輕三人分貳貫六百貳拾八匁之入用相掛不申候. 居所借賃者, 申立之通差出候由御座候.

朱書

一. 筑前博多屋敷, 頭役壹人・上下七人・附人三人・大小姓壹人・夫五人. 入目銀拾四貫三百目.

博多町對馬小路与申所ニ而屋敷一ヶ所除き請持來候由, 大小姓宮川左平太与申者相詰, 附人貳人・下働之もの貳人・自分家來貳人, 〆七人程相詰, 多用ニ而手廻兼候節者, 田代詰より相加ハり相勤候由申立候.

주서(朱書)

一. 나가사키의 구라야시키에는 책임자 1명과 그 가신 8명, 하인 4명과 아시가루 3명이 있습니다. 비용은 은 15관 428몬메입니다.

나가사키키키야쿠(長崎聞役)로는 우마마와리(馬廻り) 급인 시마무라 야지사에몬(島村彌次左衛門)이 그 가신 6명을 데리고 있는데, 별도의 용무가 있을 때에는 현지에서 [인원을] 고

용한다고 합니다. 통역관 1명 · 서기 1명, 그 밖에 노조키야쿠(除き役)[135]라는 자들이 있는데, 이들은 조닌과 동격인 이들이라고 합니다. 가족은 아내 · 하녀 합해 2명 살고 있는데, 주장했던 보조역 4명 분량의 비용 5관 120몬메와 아시가루 3명 분량인 2관 628몬메의 비용은 소요되지 않습니다. 주거하는 곳의 임차 비용은 말한 대로 지불하고 있다고 합니다.

주서(朱書)

一. 지쿠젠 하카타의 저택에는 책임자 1명과 그 가신 7명, 하인 3명 · 오코쇼 1명 · 인부 5명이 있습니다. 비용은 은 14관 300몬메입니다.

하카타마치(博多町) 쓰마쇼지(對馬小路)라는 곳에 저택 1채를 별도로 운영해 왔다고 합니다. 오고쇼 미야카와 사헤이타(宮川左平太)라는 자가 근무하며 하인 2명 · 잡역부 2명과 자신의 가신 2명으로 도합 7명이 근무하는데, 일이 많아 손을 쓰기 힘들 때에는 다시로의 근무자로부터 증원해서 일한다고 합니다.

頭役壹人分, 銀七貫三百目餘者相懸り不申, 居所之儀も, 年々修理而已之儀ニ御座候由申之候. 對州より用向飛船等博多江着, 田代江相送候由御座候.

朱書

一. 壹州勝本, 大小姓壹人・上下五人・附人貳人・夫貳人. 入目銀七貫目.

此處相詰候役人犬塚五郎右衛門与申者, 當時勤番仕候惣體三年詰, 持高之外充行も無之由. 五郎右衛門家內・男女共上下十人程暮候由, 其外附人・下役體之者無之由,

135 비정규 근무자.

客來入用・夫之入用三貫目程之分者一向不相懸筋, 其年手當も書面之通ニ者無之趣ニ御座候.

一. 銀山鶴野町者, 地所下原村山中ニ御座候間, ■■出水多留山に相成, 銀も出不申候由. 前々者府中之者相稼, 當時ハ一向拾ひ石之出方も無之由, 所之もの申之候.

책임자 1명에게 지급하는 비용이 은 7관 300몬메 정도가 소요되지는 않으며, 거처[의 유지]도 해마다 수리할 뿐이라고 합니다. 쓰시마에서 용무가 있을 때 파견하는 파발선이 하카타에 다다르면 다시로로 전송한다고 합니다.

주서(朱書)

一. 이키(壱岐) 가쓰모토(勝本)에는 오고쇼 1명과 그 가신 5명, 하인 2명·인부 2명이 있습니다. 비용은 은 7관입니다.

이곳에서 일하는 근무자 이누즈카 고로에몬(犬塚五郎右衛門)이라는 자는 현재 근속한 기간이 도합 3년째로, 봉록 외에 추가 수당은 없다고 합니다. 고로에몬의 아내와 자녀를 포함해 가신까지 10명 정도 살고 있다고 하며, 그 밖에 하인·하급 관리에 준하는 자는 없다고 합니다. 손님 접대비용·인부 고용 비용으로 3관 정도가 소요되지는 않을 것이며, 매해 수당도 서면의 내용 그대로는 아닐 겁니다.

一. 은광이 있던 쓰루노마치는 위치가 시모바루무라(下原村)의 산중에 있는데, ■■ 홍수가 많아 진입이 금지되었고, 은도 산출되지 않는다고 합니다. 과거에는 후추의 주민들이 [은광에서] 일하였으나, 현재는 전혀 채굴이 되지 않는다고 그 지역 사람들이 말합니다.

一. 被仰渡候御書付之內, 朝鮮人参之儀, 出方有無等相糺, 勿論御好み無之趣を以, 取扱候樣被仰渡候. 當時交易之儀, 人參之外, 朝鮮産物利潤有之品無之候由ニ而候. 最初より交易方之人參, おもに取寄候手段申聞候. 出方等之儀ハ, 委細交易方書付ニ奉申上候. <案するに, この書付所見なし>

本文銀山拾ひ石も無之よし御座候得共, 大坂表江, 年々三千斤より壹萬斤程も相廻候由. 錢屋四郎兵衛手代筋之もの錢屋與兵衛, 對州役人用達仕, 屋敷江常々出入仕候ニ付, 四郎兵衛方江差越候よし, 少々ツヽ鹽肴等之荷物積込差越候由. 村方ニ而拾ひ石等仕, 府中より內々相廻候哉之筋にも可有御座奉存候.

一. 수령하신 서한에 적힌 조선인삼의 이익 유무(有無) 등을 확인했는데, 당연히 원치 않는 마음으로 취급하고 있다는 것처럼 [쓰시마 측이] 주장했습니다. 현재 무역 상황은 인삼 이외의 조선 산물 중에 이익이 되는 물품은 없다고 합니다. 애초에 무역이 인삼을 주로 사들여오는 것이 방안이었다고 합니다. 이익 등에 관해서는 자세한 내용을 무역 방식을 적은 서한으로 말씀드리겠습니다. 〈생각건대 이 서한은 본 적이 없다〉

본문에서 은광에서 채굴이 되지 않는다고 했지만, 오사카로 해마다 3,000근에서 1만근 정도나 운반하고 있다고 합니다. 제니야 시로베에(錢屋四郎兵衛)의 대리인 제니야 요헤에(錢屋與兵衛)가 쓰시마 근무자들의 어용을 담당하여 저택에 항시 출입하므로 시로베에에게 [은을] 넘긴다고 합니다. 소량의 절인 생선 같은 화물도 실어와 넘긴다고 합니다. 촌락에서 채석을 해서 후추에서부터 은밀히 운반하고 있을 가능성도 있다고 생각합니다.

右之通, 對馬國柄土地之土産無之, 裏付湊有之村方ニ而も他國ニ直乘出入不相成, 他國之船繫りも無之場所ニ而, 國中江他國之者出入相禁, 輪番之長老さえ府中之外江者罷出儀不爲致様子ニ付, 浦々海漁等, 其所ニ而出精不仕, 農業之儀も他國之風俗見習之儀無之, 往古之仕來ニ而國主之取箇も相濟, 當時世上之收納ニ引合候而者少く御座候. 山方稼之儀も, 府中江薪・材木伐出, 或ハ他國船參候節, 少々も賣出候迄ニ而, 直ニ筑前・肥前・五島邊江何品も遣候儀無御座候. 山々相茂り, 切畠等も貳拾ヶ年程も相休候与申位ニ而御座候.

위와 같이 쓰시마의 영지 상황은 토지에서 나는 산물이 없고, 부속된 항구가 있는 촌락에서도 다른 영지로 직접 배를 타고 출입하지 않으며 다른 영지로부터 출입하는 배도 없습니다. 영지 내에 다른 지역 사람의 출입도 금지하고 윤번(輪番)하는 장로들조차 후추 밖으로는 나가는 일이 없게끔 하는 모양입니다. 그러니 포구의 고기잡이 등도 현지에서 성행하지 않으며, 농업도 다른 영지의 습속을 보고 익히는 일 없이 예전의 관습에 따라 영주의 조세를 처리해 버리니 현재 다른 지역들의 징세와 비교하면 양이 적습니다. 산에서 하는 채집도 후추로 땔감·목재를 베어 오거나 혹은 다른 지역의 배가 들어올 때 조금씩 매각할 뿐, 직접 지쿠젠[136]·히젠[137]·고토(五島) 인근으로 어떠한 물품도 보내는 일이 없습니다. 산이 무성하여 개간한 밭도 20년 정도 휴경하고 있다고 할 정도입니다.

136 현재 후쿠오카(福岡)현 서북부 지역의 옛 지명.

137 사가(佐賀)현 일부와 나가사키(長崎)현 일부에 걸친 지역.

此上外國々之通ニ心附候ハヽ, 少々充も切開出來可仕海邊も少々者附, 洲〆切等可相成場所御座候得共, 一體土地嶮岨, 海邊荒磯ニ而多分之儀者出來仕間敷奉存候. 當時田方之町步も餘程相見え候處, 多くハ諸侍・鄉士之知行ニ而, 取箇者麥廻しニ而相納めさせ候仕法ニ御座候. 朝鮮交易, 其外信使來朝之節なと, 金銀取扱有之諸役人共, 町家之風俗ニ而, 一時之利潤ニ賑ひ相立來候歟, 國中土地之收納ハ, 却而外物之樣に仕置, 當時及困窮候儀与相聞え申候. 年分家中之充行, 過半朝鮮米相用候. 是迄も異域之穀物, 此上渡來無之節者, 差支眼前之儀ニ御座候. 朝鮮交易之儀も實事相顯し不申, 御廻銀も差當御用費之防, 暮方之助けに而已相成候儀与相聞, 朝鮮國より如前々諸品差越不申与のみ申立候.

게다가 다른 지역처럼 주의를 기울여 살펴보면, 조금씩이나마 개간이 가능한 바닷가 지역도 다소는 있어서 간척 등을 할 수도 있겠지만, 대체로 토지가 험준하고 바닷가에는 암석이 많아 대규모로는 불가능할 것입니다. 현재 논의 면적도 꽤 되어 보이지만 대부분은 가신·향사의 영지이고 조세는 보리로 환산하여 납세하게 하는 방식입니다. 조선 무역과 그 밖에 통신사의 방문 등 금은을 취급할 수 있는 근무자들은 조닌의 습속이어서 일시적인 이윤에 정신이 팔려 왔는지 영내 토지에서 얻는 수확을 오히려 등한시하여 현재 곤궁에 처한 듯이 보입니다. 해마다 가신들에게 지급하는 수당으로는 절반 이상 조선 쌀을 사용합니다.[138] 끝내 다른 나라의 곡물이

---

138 조선과 쓰시마의 무역은 크게 세 가지 형태로 구분된다. 조선 정부와 쓰시마번 당국이 주체가 되는 '진상(進上, 封進)·회사(回賜)', '공무역(公貿易)', 조선상인과 쓰시마(번청, 쓰시마인)가 주체가 되는 '개시무역(開市貿易)'이 있어서 이것이 이른바 공인된 무역이었다. 공인된 무역활동의 이면에 흔히 밀무역이라 불리는 비공인, 불법적인 상거래(潛商)도 존재했다.
진상과 회사는 증답품을 주고받는 것으로 쓰시마의 진상 물품에는 후추, 명반(明礬), 단목(丹木) 등의 동남 아시아산 물품과 벼루 상자, 쟁반, 진주와 같이 일본 국내에서 제조된 물품이 추가되었다. 조선이 지급하는 회사품은 인삼, 표범 가죽, 호랑이 가죽, 매, 개, 명주기름, 모시베, 삼베, 붓, 먹, 돗자리, 기름종이, 밤, 잣 , 호도 등 모두 조선 국내 생산품이 차지했다. 진상과 회사는 그 시스템이나 물량 측면에서 조선의 대국의식이 저변에 깔린 일종의 유사 조공(朝貢)이었다고 할 수 있다.

더 이상 들어오지 않게 될 때에는 곤란함이 눈앞에 닥칠 것입니다. 조선 무역도 사실상 성과가 나지 않고 [막부의] 하사금 또한 당면한 비용의 대처와 생계 보조에만 쓰고 있다고 들었으며, 조선에서 예전처럼 물품을 보내주지 않는다는 호소만 하고 있습니다.

乍然, 彼地之様子ハ, 外より不相分儀ニ御座候. 中古交易繁昌之節, 多分之利潤有之候迚も, 上下之奢侈賄ひ之消, 國主之實益無之, 當時他借之儀も後年を相考へ, 交易之元入おもに仕候筋ニ者無御座, 當座之凌に仕, 是迄申立候利潤六萬千八百石餘ニ可相當交易ニ可立通様子ニ者無御座候. 城地, 其外市中之人民, 拾萬石之居所ニ者狭く, 三萬石位之土地ニ御座候間, 收納高を元ニ立, 不益之儀共相除き候ハヽ, 左程之困窮も有御座間敷處, 交易繁榮之節, 世上を取廣け, 今更取縮方無之与申趣ニ御座候. 書面之通, 家中出會之節, 又者市中町人, 在々廻村之時分, 村方ニ而及見聞書面之趣奉申上候. 以上.

辰九月　　　　佐久間甚八

近藤某所藏留書

---

공무역은 조선에서 나지 않는 구리, 납철, 동남 아시아산 단목, 물소뿔을 쓰시마번이 가져오면 이것을 조선 정부가 목면(公木)을 주고 매입하는 방식이었다. 쓰시마의 선박별로 공무역 물품의 품목과 수량이 정해져 있었고, 조선은 각 물품별로 일정한 교환율을 정하여 그에 의거하여 목면을 지불했다. 진상·회사와 공무역은 무역품의 종류, 수량, 교환가가 고정된 무역이었다.

그러나 17세기 전반 이후 일본에서 목면의 생산이 확산되면서 상품화가 진전되었고 그에 비해 조선산 목면의 질이 점차 저하되자 일본 시장 내에서 조선 목면의 판매가 점점 어려워졌다. 그러자 1651년부터 조선은 쓰시마의 요청을 받아들여 목면의 일부를 쌀로 바꾸어 주게 되었다. 이렇게 해서 수출하게 된 조선의 쌀을 공작미(公作米)라고 한다. 당초 공작미 제도는 한시적인 제도로 시작되어 목면 300동(同)에 해당하는 쌀 12,000석을 지급했으나 1660년부터 목면 400동 대신 16,000석의 쌀을 지급하게 되었다. 토지가 척박하고 농지가 부족하여 쌀 생산이 절대적으로 부족했던 쓰시마에게 조선에서 수입되는 공작미는 중요한 식량원으로 기능하게 되었다.

쓰시마번은 공작미의 지급 기한이 임박할 때마다 매번 사절을 파견하여 기한을 연장해 줄 것을 요청했고 조선은 그때마다 요청을 받아들여 공작미의 수출은 항례로 굳어지게 되었다. 본문에서 사쿠마가 기록하고 있듯이, 쓰시마 번청이 번사(藩士)들에게 지급하는 봉록미 절반 이상에 조선쌀을 사용한다는 것은 공작미 등 조선 정부로부터 받은 쌀을 의미한다.

그러나 조선의 상황을 외부에서는 알 수 없습니다. 예전 무역이 번창했을 때 많은 이익이 있었다고 해도 가신들의 사치스러운 씀씀이로 소모되어 영주의 실익은 없었고, 현재의 채무도 훗날을 생각해 무역 자금으로 활용하려는 계획은 없이 당면한 문제의 해결에만 사용하고 있습니다. 그래서 지금까지 주장한 이익 61,800석 정도에 해당할 만한 무역을 계속 해나갈 수 있는 상황은 아닙니다. 영주의 성(城)과 그 밖에 시중 서민들의 현황은 10만 석의 거처라 하기에는 협소하며 3만 석 정도의 토지입니다. 그러니 징세액을 기준으로 삼아 무익한 것들을 줄인다면 그다지 곤궁하지 않을 것입니다. 그러나 무역이 번영했을 때 정무의 범위를 넓히고 이제 와서 축소할 방법이 없다고 주장하고 있는 형국입니다. 서면과 같이 가신들과 만났을 때 또는 시중의 조닌이나 각지의 마을을 순회할 때 그곳에서 보고 들은 내용을 적어 아룁니다. 이상입니다.

진년(辰年) 9월 사쿠마 진파치

『근등모소장류서(近藤某所藏留書)』

# 참고문헌


### 사전

『日本國語大辭典』

『日本人名大辭典』

『日本歷史地名大系』

『廣辭苑』

『古文書字典』

『デジタル大辞泉』

『한국전통지식포탈』

『한국고전용어사전』

『두산백과』

『한국민족문화대백과』

JapanKnowledge Lib : https://japanknowledge.com/library/

### 사료

『邊例集要』

『寬政重修諸家譜』

『通航一覽』, 國書刊行會, 1913

大藏省 編, 『日本財政經濟史料』卷7, 中正社, 1913

### 단행본과 논문

鈴木棠三 編, 『對州藩覚書 · 御勘定所田代覚書』, 村田書店, 1976

田代和生, 『新 · 倭館ー鎖國時代の日本人町ー』, ゆまに書房, 2011

泉澄一, 『対馬藩藩儒雨森芳洲の基礎的研究』, 関西大学出版部, 1997

九州國立博物館 · 長崎県立対馬歴史民俗資料館編, 『日朝交流の軌跡』, 瞬報社, 2012

윤유숙, 김상준 역, 『근세한일관계사료집– 야나가와 시게오키 구지기록(柳川調興公事記錄)』, 동북아역사재단, 2015

佐久間甚八

# 사료 원문

# 通航一覽

第三

# 通航一覽卷之百三十二

## 朝鮮國部百八

○貿易（改製金銀通達、對馬國交易傳達御用）

元祿十一戊寅年七月、對馬守義眞より通用銀貨改製の事を朝鮮に逹す、正德二壬辰年正月、また鑄銀の事を逹之、

告新製金銀事考

本國新製金銀、邦内通行矣、元祿九年春、遣關野甚兵衛橋邊判五郎於朝鮮、告諭商賈準折、銀貨劣數、約言既成矣、其後朝鮮告我州曰、不得太守書、則定約難結、館人來相告、其始以奉行之書、贈於訓導別差也、然朝鮮不敢許容焉、於是元祿十一年秋七月、我太守義眞公、贈書於東萊釜山兩令公也、此時阿比留總兵衛帶書渡海、同年冬契約定矣、

日本國對馬州刑部大輔拾遺平義眞、（按するに、元祿五年、對馬守義眞還退して刑部大輔と改め、對馬守義倫嗣く、しかるに元祿七年、義倫卒し、義方幼年にして封を襲くにより、同時約命あけて、義眞國事を攝し、同十四年政を義方に譲りしなり、）

啓書朝鮮國東萊釜山兩令公閤下、暑往涼來、遐惟貴國安寧、本邦亦然、共堪怡愉、茲諗我國近歲降制、更鑄元字標之金銀、而周流四方、以廣財貨逆轉之用、自今而後、若棄捐之、則無他可用矣、貴國其悉此事、命諸有司、臚言于商賈之輩、通行此金銀則可也、縷々我家士宜與出諭、統惟鑑亮、姑此不宣、

元祿十一年戊寅七月日（韓錄、）

元祿十一年戊寅七月、公（按するに、刑部大輔義眞をさす、）書を萊府に致し、我國元字標の銀貨を製するの事を告られたり、十二月東萊府使趙泰東書を復せり、左に記す、

朝鮮國東萊府使趙泰東、奉復日本國對馬州刑部大輔拾遺平公閤下、槎使遠屆、華緘繼墜、就審動止沖裕、良用慰浣、兩國交貨、寔循匪今、銀之爲幣、貴眞賤劣、公私所需、以此爲率、耳目濡染、猝難變改、而茲者貴國新造銀幣、要與同用、貿遷之貨、不宜異同、謹已稟旨朝廷、飭諭商賈輩、俾令通行（按するに、上文恐くは脱誤あるへし、）以博利源、而劣品加數、物理則然、矧有約條、豈患緯繣、第更幣之擧、不輕而重、始苟不愼、終必滋僞、所冀貴國另加申飭、統希自珍、仰惟照亮、肅此不宣、

和文

遠く華緘を得たり、兩國貿易の事由來既に久し、其用ひ來るの銀貨、今猝に變改しかたくして、貴國新幣を造りて以て同く通行せしむ、よりて朝廷に申し、商賈輩に令してもつて通用をいたさしむ、但銀色以前に同しからさる時は、其劣數を增し加ふるもの、誠に理にありてしかり、此事既に約條あり、おのつから違却の事なかるへし、但其貨を改むる、輕事に非す、始めに在て愼ますんは、終に必其僞を增に至らん、是貴國にありて各別に申飭せられむ事を願ふのみ、

正德二年壬辰正月、東萊府使李正臣、去年我州特鑄銀の事を彼國に報せられしに答へし書あり、我州の書の略に、「我國銀幣更改之後、彼此轉換、非無弊端、今特鑄造、令便館內貿易云々、」とありしなり、萊府の答書左に記す、

朝鮮國東萊府使李正臣、　奉復日本國對馬州太守拾遺平公閣下、前春惠翰、迄今慰沃、緬惟新正、興居迪吉、頃年貴州之請改舊銀貨也、朝廷始頗靳固者、蓋慮其終有弊端矣、今果有復禁之請、復舊誠是也、可不准許、玆依來示分付買人、使以八星舊貨交易通行、而第懋遷貨物、有國所重、須有一定不易之規、然後誠信得以相孚、流行可期無滯、日後若或又以六星若寶字、間出混用、則非但貨路之不通、亦有歉於誠信之道、此則唯在貴州特守盟約終始無替、並宜諒之、盛貺多荷、菲品回敬、統希照亮、肅此不備、壬辰年正月

和文

前春書を惠まる、今に至て慰沃せり、頃年貴州の舊銀貨を改むる事を請ふ、朝廷始て頗る其請に應する事を難んするものは、その終に弊端あらむことを慮れはなり、今果して舊きに復する、誠に是なり、これを許す事なかるへけんや、爰に來示によりて是を商人に分付し、八星の舊貨を以て交易通行せしむ、但貨物を交易するの事に至りては、國を保つの重んする所なり、宜く一定不易の規ありて、然して誠信もつて相通する事を得、流行また滯る事なかるへし、日後又或は六星若くは寶字を以て相混し用ゆる事あらは、たゝに貿易の通せさるのみにあらす、又誠信の道に在ておきたらさることあり、是貴州の盟約を守り、始終替ることなきにあるの

み、以上、朝鮮通交大紀、

戊寅按するに、元祿十一年に當る、倭人欲用六星銀不許、至是島主書抵萊府、更請更幣、辛卯按するに、辛卯は正德元年なり、倭人通用元銀、復作寶字銀、謂之八星下六星上、按するに、元銀は、元祿銀にして、即ち元字銀なるへし、寶字銀は、寶永七年三月吹改めらるゝ所の銀ないふなり、八星六星とあるは、その銀面の極印なさたいふなるへし、而吹錬驗品、未信其計、至是島酋裁送新造八星銀、請更通舊銀、答書曰、十餘年間三更銀貨、毋論利害、與措顚倒、朝廷寛大、不較長短、特循所請許用八星、日後如或再行六星、或混用寶字、當絶通貨之路、方策新編載日觀要攷、

明和八辛卯年十二月、朝鮮國貿易筋傳達のため、長崎地役人二人對馬國に遣はさるゝにより、御普請役一人差添仰付られ、安永元壬辰年三月、その事により、對馬守義暢及ひ御勘定奉行、長崎奉行に達書出す、

明和八辛卯年十二月廿日、御普請元〆佐久間甚八、九州筋隱岐國御料所廻村、幷對馬國朝鮮交易傳達御用被仰付、小十人佐久間家譜、

安永元壬辰年三月

御勘定奉行

長崎奉行ゑ

近年朝鮮交易相絶、困窮之段被申立候に付、去々寅年按するに、明和七年、格別之爲御手當御廻銀被成下、勝手取續交易相開候樣に仰出され候、夫に付長崎表に而唐紅毛交易仕方をも承候はゝ、朝鮮交易相開候取計方助にも可相成に付、唐紅毛交易方爲傳達、長崎地下役人之内兩人、御普請役一人差添、對州ゑ差遣候間、家來共得と評議も有之候樣可被致候、且去る申年御觸も有之候、按するに、これ明和元年三月、松平右近將監相渡す御書付ないふなり、其方領海にて煎海鼠干鮑仕入方之儀、土地之潤にも可相成事に付、獵業仕立方等、右之者共ゑ爲見、是又申談候樣、家來共ゑ可被申付候、

右之通、宗對馬守ゑ相達候間、可被得其意候、

三月令條集、

安永元年三月

御勘定奉行

長崎奉行ゑ

此度對州ゑ被遣候者共、長崎より對州迄渡海爲案内之、往返共乘船可被差出候、委細者長崎奉行ゑ被申談、手輕に可被心得候事、

一右被遣候共、對州在留中旅宿之儀は、在町之内勝手宜場所に、手輕に可被申付候、尤銘々自分賄に候間、馳走ヶ間敷儀等被致間敷候事、
一右之者共に音物等、堅可爲無用事、
右之通、宗對馬守に相達候間、可被得其意候、
三月天明集錄、
安永元年九月
對州之様子國主收納之儀承合候趣申上候書付寫
此度對州朝鮮交易爲取開、唐、阿蘭陀商賣方傳達、長崎地役人被差遣、右差添として私被遣候儀者、交易而已之儀に無之、對州之儀島國山勝にて田畑無之、米穀少き由申立候得共、數代之領知今更御取用難成、然共格別之邊土故、巡検之外御人被遣儀無之申立次第に付、交易承傳達之序、國柄之様子等夫さなく見聞仕、國主收納之趣をも可承糺儀第一に相心得、諸事手輕に取扱、應對役人之外百姓町人等にも手近對談仕、不心附様一躰之様子承之、對州之土地米穀有無、民家盛衰之躰、金銀通用等、可成丈承糺、以後御役人被遣候節、困窮申立之證據さ不成様役儀を不相立、手輕に勘辨仕、諸事承糺候様可仕旨、被仰渡候に付、家中幷町人百姓等不心附様承糺、廻村之節及見聞候趣等、左に奉申上候、
一對馬國東西幅五里位より三四里程、南北竪三十五里程、
淺海さ中入海大船越村に而、船路幅十間計嚴を切拔、二た島に罷成候、
二郡　上縣郡、下縣郡
八鄕　豆酘鄕、佐須鄕、與良鄕、仁位鄕、三根鄕、伊奈鄕、佐護鄕、豐崎鄕、
村數百二十四ヶ村内三ヶ村名目計に而村居無之
一從佐須奈村、朝鮮國釜山浦和館亥に向、從鰐浦同斷戌亥に向、海上四十八里、
一府中城下湊より諸國海路、
壹岐勝本に四十八里、肥前平戸に六十六里、肥前唐津に八十里、肥前長崎に九十五里、筑前福岡博多に八十里、筑前若松に九十五里、長門赤間關に百四里、播磨室津に二百十二里、攝津大坂に二百三十八里、
一府中者對馬國南東之端にて、湊口打開き荒津にて、十町計入波戸矢來石積有之、船付町家に而上陸仕、五六町過、家老其外武家屋敷、城之大手西之山方

に相見、國主之屋形者十五六町も登り別所に而、阿川浦迄山手を相越、侍屋敷町家共凡惣長二十町計、雙方山岸に而、幅五六町も有之候、川二筋流れ、塲狭之所に御座候、市中町數二十六町有之、

宮谷上町、同下町、天道茂町、同淵町、富町、丸山町、富元町、新中町、新上町、同下町、大橋上下町、船屋町、今屋敷町、横町、中須賀中町、同東町、同西町、十王北町、十王南町、濱北町、同南町、國分町、大町、久田道町、恵比須町、裏町、神社七ヶ所、寺菴三十八ヶ所、

右城下町袖振山、有明山に而取廻し、有明山絶頂者茅山に而、麓迺共外山々、椴樫松雜木悉く生茂り、無透間、斧鎌入候儀無之躰、併大木良材も不相見、嶋山故成長不仕由に御座候、

一町家に而鄽商ひ仕候躰少く、酒造十四五軒、幷醤油油糀等家中之用を達、其外他國廻船荷物出入之商ひおもに相見申候、紙、糸、草履、疊、莚、柄杓其外家財日用之品々建具等迄大坂仕入、赤間關博多邊より廻船にて交易仕、米、大小豆多分共、國主朝鮮交易之穀物相用、又者諸廻船よりも買入候、百石積位之海船十艘程、町屋に所持仕、大船者無之、國主朝鮮渡隼船之類、漁船通用小船計相見、大坂上下飛船等迄、他國より入來候船を雇ひ相用候由、此度私共渡海之船も、當參勤之用意三貫五百目に而、長州宮市船雇ひ置候處、不用に相成候に付、迎船に差越候由御座候、

一市中分限宜き者も無御座候、銀四五十貫目取廻之梅屋と申酒造屋第一に而、其外者二十三十貫目取廻候者五六人を宜身帶と申程にて御座候、併至て困窮之體にも不相見、前々繁華有之候餘慶に御座候哉、表町通家居等瓦葺白壁、裏町通者板屋石葺にて、相應之住居に相見え申候、近年國主困窮に付、下々暮方難儀仕候由、一同に申之候、

一金銀通用之儀、國主朝鮮交易之品々者、京都大坂に問屋有之取捌、海漁、干鰯、鹽肴、或在々山稼之板、材木、薪等は廻船之出入に商賣仕候、府中に而通用之致方は銀遣にて、當用者重に錢遣ひに仕、金者通用少く御座候、諸相場左之通御座候、

一金壹兩　銀六拾七匁替　但一匁錢七拾四文

一同　錢五貫貳百文替

一米壹石　代七拾五匁　但壹匁錢六拾文
一麥壹石　代三拾三匁　同斷
一大豆壹石　代五拾匁　同斷

銀壹匁に錢六拾文通用

文銀相場上方高下に隨ひ、所々に而は賣物高下仕候而者、直段六ヶ敷御座候故、壹匁を六拾文と定置候、世上相場之銀取引は、正文銀と唱、時之相場相用申候、

壹匁に錢九拾文通用

右銀相場右同斷、高下に不拘、九拾文と相立申候、

町人家數七百三十七軒、但竈數九百九十一竈人別不相知候得共、凡三千人餘之積に御座候、

一武家屋敷、家老者長屋門居宅瓦葺、平士住居板屋根石葺石垣塀に而御座候、對州之岩石者、長短厚薄恰好宜割れ候土地に御座候故、町在共石垣塀多御座候、國主屋敷之樣子は不相知候得共、上段御調臺も有之住居之由、一體家中在中共に、竹木澤山なる所柄に付、住居者宜敷璧羽目に而、柱敷居松杉、屋根板も松すぎ板に而御座候、檜栂等之上木無御座、梻楠椎之類小道具に遣ひ申候、諸士之儀、筑前、肥前領知有之節より、召仕候ものを舊家と唱、對州以來抱候ものを新家と唱、町人之内にも六十人由緒之もの有之、在々にも給人と號し、朝鮮陣以來之者家筋之郷侍有之候、他國出會見苦敷儀仕間敷旨申付有之、惣體武家町家共吳服を飾候に付、輕き充行之者難儀仕候由、家老朝鮮ゟ大禮之使に罷越候節は布衣着用、侍者素袍着仕、府中新宮八幡祭禮に當り候侍さへ、素袍着用相勤、在々之給人、府中ゟ正月禮式罷出候節者、長上下着用仕候由、近年困窮に付儉約申付、年始中元之外、家中相互に禮式無御座候、七月十四日中元之祝儀、諸侍太刀折紙に而禮式相勤候由、右馬代、家老は銀壹匁六分程、其以下三分貳分まて、役格に應し差出、渡り物之內差引に仕候由、朝鮮交易方銀山出方前々繁榮之節は、奢侈有之候風にて候哉、右體相飾候儀遺風有之候、家中諸役人共、外國家と違ひ、世上事馴、物每功者に取扱申候、町家之者も在町之人品に者無之、江戶、大坂等他國仕候に付、萬事物馴候風俗に御座候、交易之土地柄に付、質素儉約に心を用、細かなる風儀に者無

御座候、國主不如意之次第者、參勤之乘船造替も及延引、其外近年息女方京都ゟ婚姻、十七ヶ年延引有之候由、當春江戸屋敷類燒に付、市中田舍とも用金申付、凡金千兩程出來、市中に而銀貳拾貫目程差出、問屋一人前銀三拾目程充割合候由、其餘は在方より差出候由御座候、

一見聞書留仕候趣に而申上候ては、次第亂雜仕候に付、去る丑年（按するに、こは明和六年をいふなるへし、）願書之箇條に引合せ、左に奉申上候、

（朱書）對州者一躰山國に而、海中之小島故、土地甚少く、田地は一向無御座候、畠計之所に而、畠も多くは山畠に而候故、出來方薄く、凶年勝に有之、其上鹿荒强く、年々鹿狩仕候に付、百姓共勞費不輕候、

對州百二十ヶ村餘之分、大概海邊濱付にて、海を離れ候村方僅十ヶ村餘に御座候、國中に平地無之、惣島廻荒磯に而淺海と申、瀬戸入海に而御座候、谷々山々とも悉く雜木茂り、楠、いす、櫻、松、椵、樫、椎、杉、椿、楸、椚、槻、桂、胡桃、栗、漆、梨、柿等生立大木も無之、柴山小木立多御座候、材木は尺板以下之品、薪類者府中又は他國へも賣出候由、先年炭燒新伐出、茯苓なと他國より入こみ請負候處、仕當に合不申、何れも中途に而相止候由、田畑之耕地海邊入込候谷々少し充、一村之平地に而、定作二毛取之畑に而、麥作取候跡へ粟、稗、大小豆、大角豆、麻、木綿、胡麻、土芋等作申候、別而唐芋は近年作覺、風難無之品故、多分に作り粮食に仕候、田方之儀、田地無之由に候得共、多分田作不仕村方も無御座、尤皆畑之村も御座候得共數少く御座候、佐護郷、佐須鄕、豆酘鄕は、山も寛に山上迄畑地有之、耕地も廣く田方多分有之、外國々之作方に似寄候場所に御座候、全體取箇之儀、二百年以前之仕法之由に而、石免合と申儀無御座、村高何間何尺何寸と仕壽、何石何斗之位附、上中下田畑とも上畑廻し物成を附、麥納に仕村方に而、寛文年中相定候物成帳一覽仕候處、田方茶共に麥之物成に廻し有之候、其外村方に寄、籾に而納め、又は麥相場代銀に而納め候も有之候、全體村々物成に引競へ、田之耕地廣く御座候付、承糺候處、在々給人府中諸侍町人等入用を出し、しめ切新開等仕候類に御座候、知行有之者は、

新開之分年貢銀と申を相納め候由、百姓町人之取立候は、定之通物成相納候由御座候、

(下ヶ札)本文炭燒仕入候、京都に而朝鮮千牛丸商賣仕候三柄屋彌太郎と申者、質屋に而有之候處、調達通銀滯多候に付、右代り山を取、伏見に能在候梓茨木屋長右衞門儀材木商賣仕候者、對州江相越、炭燒一軒仕入候處、仕當に合不申候旨、相止候よし御座候、

田方凡反別二百六十町歩程（村方申口、古田物成帳に有之分、并新開侍知行、給人知行、寺社領等町歩見積り、前々秋石と唱、物成帳に有之田方等入は銀納、百姓方より相納候分、）

内三百一石六斗餘

取箇之儀、交易方繁昌之節、山方里方共に收納に不心附、仕來之儘差置候癖不相直、畑方定作仕候分は平地に而、田成可仕場所多御座候、何れも村居之近邊川筋有之、用水揚方自由成場所之分をも畠作仕候、山畑之分者木庭と唱別段に而、野畑刈畑之類切替作に御座候、鹿狩之儀は、春正二月比、村々農業間に仕、近年は少々相減候由、是亦外國々にも山方には有之儀、別段に勞費と可申立筋無御座候、物成上納之譯は、村々にて百姓共承合、廻村不仕村々は、最寄之村方、又者其所之者江承合候、一躰之村柄隣郷江一里も隔有之、峠三ヶ所程つヽ打越候嶮岨に而、國々中央者悉く高山に而、村居も無御座、一ヶ村限に浦附磯邊又は谷間平地に經營仕、二三ヶ所續候處者、稀成土地に御座候、有明山に者牧場有之候、

(朱書)朝鮮交易之所務、中古以來漸々相衰、三十年以來皆無と相成、此銀千四百八拾四貫目餘、四つ物成にして六萬千八百三拾七石餘、年々損削と相成候事、

交易取合之書面に委細申上候通に御座候、中古以來相衰候と申者、前々者交易方年々之勘定合も無之、任繁昌無頓着、不足之節に至、古來之諸勘定、年年之仕上致見候樣子に御座候、千四百八拾四貫目之利潤に相當候、年々勘定帳者無御座候、貞享年中、壹萬貫餘利潤有之節に引合、段々相減候に付、元入銀等夥しく借入手段仕候得共、時節相違いたし候處に不心附候故、可立歸樣無之、只今に而者、交易之品を直に元入銀之方江引當、防候儀與相開

申候、皆無與相成候と申上候共、送使與貿易之外、私貿易之內七萬斤之銅者、木綿、米に代へ候段申上候、是は年々買入方大坂銅座ゟ御屆申上候事故難取隱儀、其外少々充之儀とも は一向無之形に申立候、旣獻上人參撰殘相拂候而も、利潤二千兩程有之儀、是等も交易之內に御座候、且又市中之者相願、勝手宜品を買受候に者、譬者綿一反に三十目位、運上同樣相納買受候由、外之品も右に准し候由御座候、去る丑年相願候鑄錢銅之儀、寅年者定數之外多分買入候得共、交易仕候と相聞え申候、然共差渡不申候由申立、無利潤人參取寄せ候積之由申聞候、內內は勝手宜拂方も可仕哉、米千俵取寄候利潤さへ五割は有之儀に御座候、右之品々取組有之候得共、皆無與者難申立筋に奉存候、前々交易之品、對州に而者不相拂、京都深江屋仁兵衛方ゟ遣し候由申聞候、然處當春大坂表に而承合候得者、朝鮮產物引受候問屋長堀町島屋清兵衛、播磨屋手兵衛、竹屋元右衛門、和泉屋利兵衛、玉造橋邊佐野屋嘉助與申者、對馬問屋と稱へ、人參商賣手掛而問屋ゟ立合候もの、道頓町田邊屋清兵衛、菱屋喜兵衛、紀伊國屋吉兵衛、大和屋嘉兵衛、近江屋忠右衛門、淡路町日野屋喜兵衛、綿屋庄五郎、平野町伏見屋半兵衛、高麗橋綷屋久右衛門、本靭町日野屋武右衛門與申者共商賣仕、人參幷藥種唐物之次、和產之上に遣ひ、右問屋仲買とも取扱候由に御座候、

(下ヶ札)本文人參之儀、大坂表に而承合候處、當表五斤登り候以後多分に相登り候由、江戶火事沙汰捌兼、當春一斤に付銀二十貫目程仕候處、此節は十一貫目程仕候由御座候、外藥種黃芩餘程相登り、其外之品當年は登り不申候由に御座候、

(朱書)水牛角、胡椒、丹木、明礬、近年買元高直に而、不輕銀高損銀相成候、

利潤有之與申立候直段、水牛角一本十匁、明礬百斤二十五匁、胡椒百斤百三十匁、銅百斤百十八匁與有之候、右直段長崎に無之安直段に而御座候、何方に而調候哉相尋候處、其節之儀不相分候よし、役人申聞候、若長崎に而水牛角明礬胡椒者、元代に歩銀を掛け相除候直段にも可有御座哉、銅者前々泉屋吉左衛門方にて直買仕候由、いつれも三十年以前之直段與申儀に付、右者古銀之節之直段を以當

時に引競へ、損失申立候儀にも可有之哉、品物者時時相場年々不同等者御座候儀、世上一統之儀に御座候、損失之申立に不相成、殊に是迄年々長崎除之品、大坂銅座共直段合者、役人共逸々承知得心に而、年々買受來候儀に御座候得共、損失與可申立筋無御座候、

（朱書）所務相成御役儀之用費不足仕、數十年他借を以相償候借金高、

借金筋之儀、京、江戸、大坂共、奉行所ゟ十五口出訴、切金等に罷成候も有之、當時内濟に被仰付、五口程残り有之由、勝手向差支候に付而者、他借之手段相働候ものは、輕き者大小姓馬廻りに被取立候類有之候、此節京江戸大坂其外長崎町人等、手代を對州ゟ差越、設及催促、自身能越居候ものも有之候由、京都、上田理兵衛、大坂酢屋孫四郎與申者は、自分金に而無之、此節金主より千二百貫目餘之出入、可及公訴樣子之由に御座候、惣躰通入方、朝鮮より人參等者次第入札致させ、借銀代り高札之者ゟ品に而相渡候仕方に御座候、長崎に而買受候胡蘇木代、同所町人讃岐屋源蔵、入來屋利右衞門引請相約、其外調達之銀子四百貫目程有之由に而、當時右兩人方ゟ今魚町田中伊三郎、新橋町萬平次、東濱町儀助與申者を差渡し、右品々船に積持參附居申候、其筋々銀高之儀、一々に者不相知候得共、是迄手段を以、借入候借金夥敷儀に相聞、右之内に者國主之用立に相成候借入之諸雜費遣捨に、諸國在留之内、役人之奢侈に費、國主之爲に成候者少き儀與相聞申候、

（下ヶ札）本文借銀筋之儀、京都大坂に而承合候處、上田理兵衛與申ものは京都用達に而、酢屋孫四郎與申者大坂淡路町藥屋に而、朝鮮藥種を引受、銀調達致し候處、段々差滯、當時及難儀候由御座候、

一先年大坂元革屋町三谷三九郎與申者爲替引請候處、對州借銀夥しく、荷物等に而之通入相滯及潰候に付、銀主大勢損失仕候由、近來人參箱入封之儘質入等仕候得共、惣躰掛合候者無御座、當時大坂屋敷質入之相談も有之、京都屋敷之半分借地に可仕相談有之候由御座候、

（朱書）獻上人參六百七斤、萬治以來、凡銀五千四

百六十三貫目、

獻上之品を代銀申上候段、乍憚不敬至極奉存候、右銀高を人參六百七斤に而割合候得者、一斤に付九貫目に相當申候、當時獻上人參買入候一斤之代五貫二百五十目にて御座候に付、右斤數に掛候得者、三千百八十六貫七百五十目與相成、差引二千二百七十六貫二百五十目之差ひ多分に書出申候、其上座寳人人參鈎合に而相考へ候へは、延寳天和之比、其座寳人參に付百四十目、享保之比、一斤に付二貫五百六十目にて、尤是者上之人參直段に御座候得共、格別直段高直に相成候儀、左候得者、萬治與享保以前迄者、右二貫五百六十目より内に可相成儀に付、右之積よりも銀高少き筈に御座候、當時之直段に仕候而さへ、前書之通餘分に認出候儀、大造之入用銀高仕出可申趣意より、取拵候儀與相聞え申候、近年獻上人參之儀品位惡敷相成候、三十斤充買入、撰殘相拂候由、右拂代利潤積凡金二千兩餘者、却而德用有之儀に御座候、尤古き書物に獻上人參虎豹皮者、送使返物之內より撰出候由、相見え申候、

(朱書)信使渡海十一度、慶長より以來、銀八萬六

千五百四拾三貫四百目、

漂民入用と申は、長崎より請取朝鮮ゟ送遣候入用、幷右使者に相送候に可有御座候、對州より蘇木五拾斤、幷銀高貳百六拾四匁程之品、重箱鏡藥鑵筒等差遣、朝鮮より返物人參壹斤、虎豹皮紬布木綿筆墨席等差越候由、拂代凡八貫七百目程に相當り申候に付、差引三貫七百目程利潤之儀に御座候、右漂民乘來候船破船仕、對州之船に而相送候節者、船代として白米四十二俵充差越仕來之由に御座候、長崎に而漂民逗留中賄料之儀も、對州方に而仕出仕、代金會所より受取來候處、右者長崎聞役持高計に而、役料充行無之候由、長崎に而之風聞に御座候、尤古き書物に、金元祥と申朝鮮人、上下四十人漂流之節、入目拾貫目相懸候由、勿論人數に寄高下有之よし相見え申候、

(朱書)和漂民船數三拾五艘、寛永以來、銀五百貳拾五貫目、

右に準し銀高五百八拾貳匁程之品差遣、對州より長崎へ差送り候入用相掛り候儀、一度に拾五貫目充相掛り候と申儀に相聞え申候、右受取候使者歸

國之節、朝鮮より人參壹斤、虎皮布紬木綿席油紙筆墨等差越候に付、拂代凡八貫四百目程之品に御座候得者、中立候通相掛り候而も、七貫目餘之積に御座候、

（朱書）儉約筋之儀、御役儀に付手當之用費者相省候儀難仕、其外無殘處切詰能在候、

御役儀之手當と申は、藩屏備之儀、其外和館幷諸國在番等之儀に可有御座候處、第一府中城内朝鮮人對客廣間有之候處、到而大破仕候由、其外城内建坪次第に相減、當時館に而諸事相辨し候趣に御座候、對州佐須奈、鰐、網浦之番所詰人數之儀も申立こ違ひ、佐須奈浦に詰候人數、府中より馬廻り兩人、大小姓三人、所給二人に而番所相勤、其外足輕郷足輕等申立之人數よりは少く、其上鰐浦は平常明番所に而、九月より三月迄は、佐須奈より相分れ罷越勤番仕候由、一ヶ所分一ヶ年詰に而、兩浦之關所番役相濟候儀、網浦者漂着之備に御座候に付、馬廻一人、其外足輕郷足輕等相詰申候、朝鮮詰之儀者、馬廻り之者二本道具に而、其外人數も相撰み、充行も定之通相渡差遣候由、是者於彼地銘々贈答之品有之、歸國之上拂物等仕候得者、勝手にも罷成候儀に付、諸士相好み候由に御座候、國中浦々相廻候處、格別備も相見え不申、田舍給人郷士等之類者、定候地方充行有之儀、別段手當も無之様子御座候、國主身分儉約暮方等之儀者、前々之繁華と違ひ、困窮之趣一同に申之候、

（朱書）家中扶助三ヶ年以來、三百石より千石迄之者、五斗入白米一ヶ月二俵、二百石より二百九十石迄之ものは同一俵半、百石より百九十石迄は同一俵、七十石より九十石迄同四斗、大小姓は三斗餘、歩行は二斗餘相渡、當然之凌奉公取續難相成、山海を稼家内相育能在候、

此度應對仕候役人、二百石、百五十石位之者に御座候、當時高三分一に而、五十石、七十石位受取候由に御座候、大小姓と申者、外々之中小姓扶持方取之類に而御座候、是等者三斗充十ヶ月受取、一ヶ年に二ヶ月之家内扶持不足仕候に付、城下廻り山中に而樫之實を拾ひ粮に仕候由、右以下之者は暮し方困窮仕候體に御座候、千石之者一ヶ年米十二石に而者、一向暮方不相當に奉存候、右體中より上之者

共者、格別之儀も相見え不申候、此度長崎表ゟ迎使者五十石取候ものに御座候處、陸尺六人若黨兩人、其外家來共着服相飾候體、申立之充行に而者出來不仕儀と奉存候、山海をかせき候と申儀、海陸之儀者、田舍百姓方に而も聢と不仕、他國より漁業之者罷越候程之荒海之稼、平者之者不相成儀に御座候、月渡り之儀も、朝鮮米を相渡、廻り合無之節者、麥を割合相渡候由、雜穀木實之類、侍分之者食料に仕候と申儀者無之、酒食之好みは前々之遺風に而有之様子に而、其以下之者之儀に御座候、

(朱書)朝鮮國之西北、唐韃靼に連り、對州御備第一之要地に御座候故、先祖代々文武之兩道相省候儀無御座候、對州之强弱は、日本國中之安危に拘り、大切に御座候、

文武兩道不相省儀者對州に不限、平天下之御時節に而も、武門之常不珍儀に御座候、對州小學校有之由、様子承り候處、當世名家鴻儒才子と申も無之、學習之儀、四書五經朱學童蒙之素讀會讀之類に而、格別之文苑にも相聞え不申、武藝之儀是又名世豪雄之士も相見え不申候處、世上を不憚文談に御座候。

(朱書)分限不相應家中人數多く、減少可仕も軍役不足仕候、

重立候役人之分者大概相分候得共、諸侍人數者難相知候、家老六人之内江戸詰二人、中老三人内寺社掛一人、印判役一人、用役四人内江戸詰一人、隱居附之用人二人、物頭四人、目付三人内江戸詰一人、江戸留守居二人、町奉行一人、勘定奉行八人内朝鮮詰一人、京都大坂江戸一人充、添勘定一人、郡奉行三人、同助役一人、船奉行一人、朝鮮和館詰四人之由御座候、七月十四日十五日在國之家來例格に而、家老之外、馬廻大小姓迄不殘、國主之菩提寺ゟ參詣仕候節、銘々何れも持鑓を差出し、行列仕候古例之よし御座候、其節相算へさせ候處、凡二百筋程可有御座奉存候、

(朱書)朝鮮國に屋敷を構、人數千人程差置、對州口關所二百人程、其外高山十二ヶ所遠見番所、晝夜郷士を相附置候、

朝鮮和館者釜山浦湊海附に、三百間に二百間程之所構有之、濱付日本之方ゟ向候所門有之、朝鮮之方

ゟ向候門者表者、朝鮮人番を附、内者日本人番を仕、兩國役人出會之所を、内に在之候を東館、外に在之候を西館と唱、二ヶ所有之候由、和館之普請も朝鮮入用に而仕候處、朝鮮人之手際に出來不仕、日本之大工を頼建候由、朝鮮人館者、彼國之大工相建、右職人者日本之出家同様之ものに御座候由、塞門與申、日本人外出仕候場所に限り有之、一里程之道法に而、其邊者百姓耕地原も有之、其外ゟ者難出候儀不相成、春秋彼岸盆には古館と申、古來之和館ゟ墓參仕候節、朝鮮人警固仕相通し、全躰彼國より塞を建、取押候様子に相聞申候、在館役人三ヶ年相詰、上下人數七百人程御座候由、送使者百十日充、臨時漂民送り等之使者は五十五日充、右定之日數、水薪其外朝鮮より賄を仕、右日數藎候得者、自分賄に仕候由に御座候、對州渡ゟ佐須奈浦番所湊口出番所一間半に二間程、大番所、二間半に六間程、長屋門二間に六間程、外に詰所四間に六間程、いつれも瓦葺に而御座候、右詰所者人數餘り候得者、百姓家旅宿も仕候よし、詰所之園者生垣に而御座候、鰐浦番所二間半に五間程瓦葺、下番所一間に九尺、詰所四間に六間程一ヶ所、二間半に五間程一ヶ所、いつれも板屋根、惣園柴垣に而御座候、網湊口番所一間四方、大番所四間四方位有之候、人數之儀者、前書之通申立程に者無御座候、遠見番所之儀者、其所之郷足軽相守候由、府中上之番所者、平常出入之船見屆注進等仕候得共、外浦々は出入之船無之儀、屋夜勤番仕候儀も無之様子、鰐浦に而、遠見番所ゟ上り見可申與好み候處、道悪敷由強而差留申候、

（朱書）對州輪番五山之碩學長老、年中平常之用費不輕候、

府中湊町屋入口之山手、以酊菴與申所輪番寺に御座候、平常對州より役人并醫師等附置、朝鮮御目付與稱し、萬端丁寧に取扱客挨拶に而、合力一ヶ年現米百石宛宛行置、暑寒に人參其外晒布羽二重等相贈、右召連來候僧徒四人、若黨兩三人、中間二人ゟ夏晒布等、其外上下ともに折々進物遣之、國王年始等被相越、黄金一枚差遣候由御座候、

（朱書）對州者四方大洋を請候に付、海上之運上至而綿成儀御座候間、助力に不相成候、

浦々之儀、他國ゟ諸色直廻し不相成、府中湊ゟ持入

問屋ゟ相渡、他國ゟ買出候仕法に而、海附之村々、少し充漁業不仕村も無之候得共、干鰯鹽肴等右問屋ゟ持參買込、又者府中ゟ他國船參候節、右船ゟ府中より切手相渡候得者、是又府中ゟ持戻、品數に應し運上銀、湊番所に而荷物相改取立申候、近浦廻者、國主之御菜肴等、役に而差出候由、府中町人之內、以前者鯨獵仕候もの有之候處、近年損失仕相止、當時者壹岐勝本土肥市兵衛與申、分限宜しき者有之、對州廻り村々納屋を建置鯨を取申候、前々は一ヶ年二十四五本上り候由、せみ鯨一本に付運上銀一貫目に相極、其餘不同有之、年分に者二百兩程鯨運上取立候由御座候、二百年已前より由緒有之泉州佐野與申所之漁師、毎年罷越、浦々之內勝手宜敷所を、相願納屋立置鰯獵仕、其外一重村葦見村邊之沖に而小鯛を取、年々十四五反帆之船五艘程つゝ積歸り、荷物之品に應、府中湊に而運上取立、一艘に付凡銀一貫目程充差出候由、長州邊其外他國漁船海士等も入込獵仕、相應に運上差出候由、其外山々稼、薪材木板椎茸蜜等之品に御座候、播州邊之船、肥前田代之年貢米を積來、歸船之節、村々に而薪積歸候、十五反帆船一艘に、薪積高之運上銀二三百目充、府中に而取立候由御座候、煎海鼠干鮑之儀も、浦付村々幷他國海士も相稼、府中請方土田與平次與申者方ゟ、取集め候に付、浦々より直に相廻し候請方等無御座候、勿論取上高之內一割程充、無代に而國主に納させ、運上同樣に取扱候樣子御座候、右之通何品によらす、府中湊役番所ゟ引附相改、運上取立候に付、浦々より諸運上小物成之類は無御座候、尤府中に而、右之品々取立高、金にして凡六七百兩可有之積に御座候、

（朱書）交易方積書所務出入書付之內、

對州所務之分

一銀二百四貫百八十目

金に〆三千四百三兩現米に〆三千四百三石自注、一石に付六十目替、

四つ物成高八千五百七石五斗自注、麥計之所に御座候得共、米に直候積に御座候、

對州二郡八鄕百二十四ヶ村之內、此度浦附九十七ヶ村廻船仕、四ヶ村者通り筋に相當り、三ヶ村幷銀山鶴野町は當時相潰れ、十八ヶ村者最寄村役人、又

は其村々百姓共承合候處、上中下田畑其外茶木庭
共、上畠廻麥物成に而取立候由、一村限物成高等承
之、寄付候之處、左之通御座候、
家數二千八百八十九軒程 府中を除き、田舍村々の分、 人別一萬五
千三百八人程 右同斷、
是者在々給人百姓共家數人別、一村限承合候家數
之儀、大身帶之者も無御座、何れも同樣なる住居に
而、給人宅座敷六疊或者八疊、次四疊、勝手八疊位、
百姓家座敷六疊或には四疊、勝手八疊位、疊を敷惣
壁板羽目屋根葺者少く板屋多く、淺海邊は平石長
一間、厚一寸位、板之如くなる石にて、惣屋根を葺
住居仕、見苦き村方も無御座、相應之經營に相見え
申候、
物成高四千百六十石二斗餘
現米に直二千八十石一斗餘 國主物成帳畠廻に仕、諸作物麥納之分、
同六百三石二斗餘
現米に戻三百一石六斗餘 田方之分麥は籾石、代銀等に而納候分、
二口現米二千三百八十一石七斗餘
寛文年中、物成帳相渡候間高を以、村方より納
來候分、

四つ物成にメ五千九百五十四石二斗餘
外
現米五百石程 諸侍鄕士町人百姓等新開仕、米納者又者銀納之分、幷侍知行田方共、
田反別百二町步程
麥千五百二十六石程
現米に直七百六十三石程 鄕士三百十八人、足輕九十八人知行見積、
現米三百八十一石程 鄕士知行田方切開所持之分石積、
田反別六十九町步程
麥百二十石程
現米に直六十石程 寺社百十四ヶ所之內、寄附有之分見積、
現米百石程
田反別二十町餘 同斷田方多切開所持之分見積、
右五口現米千八百四石程
四つ物成四千五百石程
四つ物成 合一萬四百六十四石二斗餘
內千九百五十六石七斗餘
村方中口國主物成、幷塲所見積候鄕士知行寺社領等之分、且又百姓新開塲等之內、此分中立高より差引多え相見へ申候、
右之內田方三千二百六石五斗程 田地見及候分、
右者百姓方一村に承合、其外諸侍、鄕侍知行、寺
社領百姓新開見積仕候處、凡書面之通、對州一國地

方之物成に相見え申候、往古より國主同然に住居之郷侍等有之、知行寺社領等は田方多御座候、古來者質素之儀に而、主從差別も無之躰に御座候處、御治世以來、交易繁昌之節、府中も華美に罷成、右利潤多分に任せ、土地之收納に者不心入候故、新檢等も不仕、古來之取箇に仕置、田作を麥に而納候樣成仕法に御座候、百姓方之儀も、仕來に任せ取箇寛く候故、村方農業之作方、年貢粮食之手當のみ足候者、外に稼不申、是又他國江出入禁し候に付而者、世上之風俗見聞も不仕、其所限に年月を送り候手當に付、國主收納も、外國々に應し候而者、格別少き樣子に御座候、村々金銀通用無御座、錢に而取扱、相場等之儀無御座候、勿論村繼役還定り候里數無之、巡檢之節道筋、極り有之、前年より切開候由御座候、

一金壹兩に錢五貫四十文
一白米一石に付銀六十目、
右二品者、一向商賣無御座候、府中より取寄候直段之由、
一大麥一石に三拾三匁　一小麥一石に六十目
一大豆一石に四拾匁
右三品者、銀壹匁、錢六拾文替之積、

（朱書）肥前基肄養父領分所務、
一銀三百貳拾壹貫六百六拾目
金に〆五千三百六拾壹兩餘、現米に〆五千三百六拾壹石餘、
四つ物成高一萬三千四百二百七斗餘
田代領分之儀、基肄一郡、養父半郡に而、殘り半郡は佐賀領に而御座候、竪廣き所二里又者二里半程、横廣き所一里半又者二里程、但他領境入組、見通し候竪横之場所無御座候、
西南者、肥前佐賀領轟宿に而境、田代より道法半里餘、東南者筑後久留米領に而境、北者筑前福岡領原田宿に而境、田代より道法二里、田代より博多江八里、對州より之用向飛船等博多江着、田代江中越候、久留米江三里、
一村數三十五ヶ村、枝郷共内十四ヶ村中通り、村々二十一ヶ村、他領江相増候村々、肥前往還筋町立候村々者、家居も相應に而、其外村方も、村柄相應に相見え申候、
一田石盛上十五中十三下八、畑盛上中下不相知候得共、平均五つ程之由、田地乾地之分、兩毛作足入田、一毛作多御座候由、高免小物成打込八つ九つ位

之村方も有之、其外段々相劣候も有之候由、村方申口之通に仕候へは、二萬六千石程に相當候得共、左程收納有之間敷、一躰狹き土地に相見え、申立之通一萬三千四百石餘、大概相當に可有御座奉存候、

一農業之外口を多く作り、水車も有之、田代町方等に而、油蠟素麪等仕立、助成に仕候由、肥前往還通相掛り候白坂木山江、赤坂今町田代町等、本村離れ候出町も有之、田代村高五百石、外に田代町九十石に御座候由、白坂町は、城戸村高五百石之村內地下に御座候旨、惣體一村限高は相知不申候、尤蠟素麪等稼之品々相應之運上差出候由、

一右町々鹽肴、生魚等商買等、いつれも博多邊より差越、對州鹽肴冬之內廻候節者、格別直段宜敷、朝鮮鱈昆布等も相廻り、其外穀物諸色對州より相廻候品無御座、二十ヶ年程已前饑饉之節、朝鮮米相廻候儀有之候旨、田代米幷雜穀基肄郡水屋村と申所川岸場有之、筑後川江落候所迄持出、瀨取船に乘せ、久留米領住吉と申所に而元船に積、對州江相廻し、其外蠟素麪等上方江廻候品も、博多江出候而者、道法遠く候に付、水屋村江出申候、併海上大廻成、日數相掛候由御座候、

一水屋村之外船通ひ候川無御座、基肄養父領分水損所と申立に御座候得共、何れも用水惡水小石砂利川に而、一體地高故水落宜、堤川除有之川筋は無御座候、

一河內山と申筑前境に相越、二里程之林山有之、郡中薪を取、樫松等生立宜敷由に御座候、

一金壹兩　丁錢五貫三百貳拾文　一同銀七拾目

一米一石　代六十四匁五分　一麥一石　代二十匁

一蕎麥一石　代二十六匁六分六厘

一大豆一石　代六十三匁　一小豆一石　代八拾三匁壹分

（朱書）送使所務之分、

一銀三百貳拾四貫四百拾六匁

金に〆五千四百六兩餘　現米に〆五千四百六石餘

四つ物成高一萬三千五百十五石餘

此度交易方取台認出候節、送使銀高三百四拾五貫目程に相成候、右之仕法に仕金五千七百五拾兩、現米にして五千七百五十石に而、四つ物成一萬四

千三百七十石餘と相成、差引八百五十石餘、此書面不足に御座候、私貿易に、是迄不絶差渡候銅木綿米に相替候得共、此利潤も可有之儀に御座候得共、元代下直に積立置候に付難相分、鑄錢銅四分ほとは、交易人參代三萬斤無利潤に引替候、國主存寄之由、此趣意も不益之致方に相聞、米千俵一萬斤に引替候利潤差當八貫目、金にして百三拾壹兩餘、現米百三十一石、四つ物成にして三百二十七石餘に相成申候、

(朱書)朝鮮ゟ差遣候人數扶持方合力、幷諸色入用

人數千二十一人、

此入用書面寄附候得者、米二千五百十七石餘、銀貳百拾九貫七百目餘と相成申候、右は在番相勤候者ゟ承り候處、人數七百五十八人之由に御座候、右米銀一人當割合相掛候得者、米千五百石餘、銀百九拾貫目餘に相成申候、差引米五百五十七石餘、銀貳拾八貫八百目餘過に御座候、

(朱書)佐須奈浦、鰐浦、綱浦、三ヶ所之關所差置候

人數上下二百十八人、

此入用書面寄附候得者、米五百十八石餘、銀三拾壹貫四百目餘に相成申候、此度見分廻村之節、鰐浦關所に者、所之郷士兩人相詰罷在候に付、相尋候處、九月より佐須奈浦詰之もの相分、此所ゟ番人相詰、來三月より佐須奈浦ゟ相詰候に付、當時明番所之由申之、左候得共、鰐浦詰之分相除き、人數百七十三人と相成候、此米四百二十一石餘、銀二拾四貫三百目餘に相當申候、三口引米九十八石餘、銀七貫百目餘過に御座候、

(朱書)家中人數之覺

此儀者前書申上候通、分限帳等可有之候得共、外に而一覽難相成、承合候處、凡家中之人數千石より七十石迄之侍を馬廻りと唱、重き役儀者代る〳〵相勤、其外大小姓、徒、足輕、坊主、中間、夫等にいたるまて、千百七十七人程之由、妻子召仕等を入、凡五千人餘之人數と相聞え申候、

(朱書)諸方旅役覺

一京都藏屋敷詰役人、頭役一人、上下十三人、附人六人、下役三人、上下五人つゝ、附役九人、夫六人、馬飼候中間二人、入目銀貳拾六貫目餘、

京都三條姉小路通對州屋敷表通門長屋南西三十間

も打廻し、東二十間北十間程裏に而、町屋入込入川岸貸店濱地三十間に五間有之候、町名代堺町竹屋町上る町深江屋忠右衛門と申ものに而、當時相詰候留守居柴田小左衛門妻子召仕共六人、勘定方稲野市右衛門、下役稲野清兵衛、其外足輕十人程、門番所共に住居仕、内五人程は妻子持に而、申立之人數よりは格別少く、全體屋敷建坪も及破壞、貸地にも可仕相談有之候由、用達町人釜座下立賣下る町玉屋利右衛門、西洞院丸太町上田理兵衛、幷右深江屋方にて、對州より荷物差越候品取捌候由、近年者荷物大坂限に而取扱、京都に而拂直向無之由、不如意多借に而、當時相談に合もの無之由御座候、

(朱書)大坂藏屋敷詰人數入目共右同斷、

大坂樋上る十一丁目對州屋敷間口三十間程、裏行十五間程充、二た屋敷に而、中に道通有之、難波橋濱手之方は町借屋に致し、千牛丸、奇應丸、其外藥種油屋等有之、内通り長屋には仲使等住居仕、一屋敷者裏門共役人長屋有之候、屋鋪名代者船越屋幸助、家守今津屋吉右衛門と申候、留守居有田杢右衛門、役方都尾源左衛門、高井三平、幷に杢右衛門手代一人、書役一人、足輕體之者十一人、右家內召仕、男女共五十六人住居仕候よし御座候、

一對州より登り候藥種人參、黄芩、黄芪、山茱萸、五味子之類、登り高は年々定不申、外に鉛鹽肴類登り、前條申上候問屋方に而取捌、對州町人大坂住居仕、荷物支配人新平野町泉屋理兵衛、長堀清兵衛町竹屋元右衛門と申者、おもに引請取捌候由、欸冴岩錫扇子油紙木綿、其外小間もの共登り込候由、右兩人方に而取捌候由御座候、

(朱書)一肥前領田代屋敷、頭役二人、内一人者上下十五人、一人者十一人、附人六人、大小姓二人、上下五人宛、附人五人、徒士八人、人夫十人、入目銀四十貫目、

田代屋敷者宿中に有之、頭役平田又左衛門、佐役桊武左衛門、大小姓芳野翁助右三人、對州より相詰、其外地役人草野武右衛門、手代體之者岩屋三右衛門、外二人、附人夫之類、田代に而抱置、惣體人數三十人位も有之、諸用相勤候由、申立之人數八十人程御座候へとも、左程に者無之由、尤大小姓一人、徒十六人と申立候分、右徒を手代に而三人引之候而

も、五人多借出申候、右入用五貫目多相當、田畑川普請入目八貫七百目餘之儀も、用水多分は石堰に而御座候得者、年々入用可相掛樣も無之、其上小川に而堤さへ無之、漸少々之柵等有之候へとも、右入用可申立程之儀は相見不申候、

（朱書）一長崎藏屋敷、頭役一人、上下八人、附人四人、足輕三人、入目銀十五貫四百二十八匁、開役馬廻り島村彌次左衛門上下六人、外に用事有之節者、所に而雇入候由、通事一人、書役一人、其外除き役與申者有之、是は町人同前之ものに而御座候由、家内妻下女共兩人相暮、申立之手代四人分之入目五貫百二十目、足輕三人分二貫六百二十八匁之入用相掛不申候、居所借貸者、申立之通差出候由御座候、

（朱書）一筑前博多屋敷、頭役一人、上下七人、附人三人、大小姓一人、人夫五人、入目銀四貫三百目、博多町對馬小路と申所に而屋敷一ヶ所除き請持來候由、大小姓宮川左平太と申者相詰、附人二人、下働之もの二人、自分家來二人、〆七人程相詰、多用に而手廻兼候節者、田代詰より相加はり相勤候由申立候、頭役一人分銀七貫三百目餘者相懸り不申、居所之儀も、年々修理而已之儀に御座候由申之候、對州より用向飛船等博多江著、田代江相送候由御座候、

（朱書）一豐州勝本、大小姓一人、上下五人、附人二人、人夫二人、入目銀七貫目、

此處相詰候役人大塚五郎右衛門と申者、當時勤番仕候、惣躰三年詰、持高之外充行も無之由、五郎右衛門家内男女共上下十人程暮候由、其外附人下役躰之者無之由、客來入用夫之入用三貫目程之分者、一向不相掛筋、其年手當も書面之通に者無之趣に御座候、

一銀山鶴野町者、地所下原村山中に御座候間、□□出水多留山に相成、銀も出不申候由、前々者府中之者相稼、當時は一向拾ひ石之出方も無之由、所之もの申し候、

一被仰渡候御書付之内、朝鮮人參之儀、出方有無等相糺、勿論御好み無之趣を以、取扱候樣被仰渡候、當時交易之儀、人參之外、朝鮮産物利潤有之品無之候由に而候、最初より交易方之人參おもに取寄候

手段中間候、出方等之儀は、委細交易方書付に奉申上候、按するに、この書付所見なし、

本文銀山拾ひ石も無之よし御座候得共、大坂表ゟ、年々三千斤より一萬斤程も相廻候由、錢屋四郎兵衛手代筋之もの錢屋與兵衛、對州役人用達仕、屋敷ゟ常々出入仕候に付、四郎兵衛方ゟ差越候よし、少々つゝ鹽肴等之荷物積込差越候由、村方に而拾ひ石等仕、府中より内々相廻候哉之筋にも可有御座と奉存候、

右之通、對馬國柄土地之土產無之、浦付湊有之村方に而も、他國に直乘出入不相成、他國之船繋りも無之場所に而、國中ゟ他國之者出入相禁、輪番之長老さへ、府中之外ゟ者罷出儀不爲致樣子に付、浦々海漁等其所に而出精不仕、農業之儀も、他國之風俗見習之儀無之、往古之仕來に而、國主之取箇も相濟、當時世上之收納に引合候而者少く御座候、山方稼之儀も、府中ゟ薪材木伐出、或は他國船參候節、少少も賣出候迄に而、直に筑前肥前五島邊ゟ何品も遣候儀無御座候、山々相茂り、切畠等も二十ヶ年程も相休候と中位に而御座候、此上外國々之通に心附候は丶、少々宛も切開出來可仕、海邊も少々者附洲〆切等相成場所御座候得共、一躰土地嶮岨、海邊荒磯に而、多分之儀者出來仕間敷奉存候、當時田方之町歩も、餘程相見え候處、多くは諸侍鄕士之知行に而、取箇者麥廻しに而相納めさせ候仕法に御座候、朝鮮交易、其外信使來朝之節なと、金銀取扱有之諸役人共、町家之風俗に而、一時之利潤に賑ひ相立來候、國中土地之收納は、却而外物之樣に仕置、當時及困窮候儀と相聞え申候、年分家中之宛行、過半朝鮮米を相用候、是迄も異域之穀物此上渡來無之節者、差支眼前之儀に御座候、朝鮮交易之儀も、實事相顯し不申、御廻銀も差當、御用費之防、暮方之助けに而已相成候儀と相聞、朝鮮國より如前々諸品差越不申とのみ申立候、乍然彼地之樣子は、外より不相分儀に御座候、中古交易繁昌之節、多分之利潤有之候迚も、上下之奢侈賄ひに消、國主之實益無之、當時他借之儀も後年を相考へ、交易之元人をもに仕候筋に者無御座、當座之凌に仕、是迄中立候利潤六萬千八百石餘に可相當交易に可立通樣子に者無御座候、城地其外市中之人民十萬石之居所に

者狹く、三萬石位之土地に御座候間、收納高を元に立、不益之儀共相除き候はゝ、左程之困窮も有御座間敷處、交易繁榮之節、世上を取廣け、今更取縮方無之と申趣に御座候、書面之通、家中出會之節、又者市中町人在々廻村之時分、村方に而及見聞書面之趣奉申上候、以上、

辰九月　　佐久間甚八（近藤某所藏留書、）

通航一覽卷之百三十二終

# 通航一覽卷之百三十三

## 朝鮮國部百九

### ○變事注進幷慰問

寬永四丁卯年、韃人朝鮮の北邊を侵掠せるのよし、宗對馬守義成言上す、明年冬、義成賜暇のとき、大猷院殿老中等をして、義成に歸國あらは、速に使者をかの王城に遣はし、時勢を探らしめ、時宜により御援助あるへきのむね仰含めらる、よて義成國に歸り議して、玄方長老及ひ老臣杉村釆女を使者と定め、翌同己巳年閏二月、兩使出船して釜山浦に到る、かの執事等僉議し、上京を難すといへとも、玄方鈞命なれは必王城にいたらんと演ふ、かれ朝議を經て、遂にこれを許諾す、こゝにおいて兩使四月五日釜山を發す、同月廿三日漢陽城に到りて命を達し、同廿六日國王に謁す、のち禮曹より韃人敗軍、邊境やゝ靜まり、かつ前例なけれは、援兵は乞はさるよしを謝す、五月廿一日、兩使漢陽を發途し、六月十九日歸國復命す、即義成よりそのむね江戸に言上あり、

通航一覽巻之百三十二

朝鮮國部百八

目録

一 貿易 改製金銀通逹 對馬國交易傳逹浮用

倭人通用元銀復作寶字銀謂之八星下六星上 按するに元銀ハ元禄銀にして即ち元字銀なり寶字銀ハ寶永七年三月吹改めし所の銀なれは八星ハ寶字と同しくその後再び極印なと改めしなるへし 而吹錬驗品未信其計至是島酋載送新造八星銀請更通舊銀答書曰十餘年間三更銀貨毋論利害擧措顚倒朝廷寛大不較長短特循所請許用八星日後如或再行六星或混用寶字當絶通貨之路

方策新編截日鈔要攷

明和八辛卯年十二月朝鮮國貿易筋御尋之節長崎地役人二人ゟ馬場ニ差出候書付一人々持参安永元壬辰年二月其年ニ於て對馬守義暢ゟ御勘定奉行長崎奉行ニ書付出候

明和八年卯年十二月朔日御普請元〆佐久
間三五八九州筋隠被成御料所見分并対馬
国朝鮮交易偽造御用ニ被仰付
小十人佐久間家譜
安永元辰年六月
御勘定奉行
長崎奉行 江
近年朝鮮交易相絶困窮ニ及候ニ付中之
候ニ付去ル寅年 按するに明和七年 格別之為御手当
御足銀被成下備手元積交易相開候様ニ
被仰出候処交易ニ付長崎表ニ而唐阿蘭陀交
易仕方ヲモ承候而朝鮮交易相開候様
仕方聞も不相成ニ付唐紅毛交易方
為偽造長崎地下役人之内両人御普請役
一人差添対州江差遣候間家来共江
評議も有之候様可申渡候且去ル申年

御鍋も有之候 按するに去ル明和元年六月松平右近将監相渡を御書付といふ
之上方領海之而黄海荒干鮑仕入方之儀
土地之潤ニも可相成筋ニ付稼業仕立方等
右之趣共江為見覚又申渡候様家来共江
可被申付候
右之通宗対馬守江相達候間可被得其意候
六月
合條集

安永元年六月
御勘定奉行
長崎奉行 江
此度対州江被差越候者共長崎より対州迄
渡海為案内之従通共ニ案取可被差出候
委細之長崎奉行江被申談手配可被
心得候事
一 右被差越候者共対州在留中旅宿之儀ハ在

町々商賣人出場所ゟ手形ニ而被申付候
右諸々自分商ニ而罷越ケ間敷儀等被
仰付候事
一 右之趣共ゟ商賣等可相無用事
右之通宗對馬守ゟ相達候處可被仰出候
二月
天明集録
安永元年九月

對州之頂子國王收納之儀承合候節
申上候書付写
此度對州朝鮮交易爲一見國居阿蘭陀
商賣方役儀長崎地役人共爲遣候處
添として私共差遣候儀ニ交易之儀ニ
付對州之儀爲見届候而田細共え
米穀少々申立候得共數代之儀無之今
交易之利潤取相別之趣古來迄相

之外諸人共差之儀ニ付申上候處右交易
取儀之事ニ而國擬之頂子等定メ置候見分
ニ付國王收納之趣ニ付而可承儀等一々
相見候事手筈ニ而相致惣對役人之外
百姓町人等ゟも手通對談仕ニ付而相一
都之頂子取之對州之古地米穀有之民
家豊饒之都合銀通用等可成事取紀
候處諸人共差出候國元中立之様相
不申頂役儀も不相立手額之動弁仕候
事承紀候頂可仕旨被仰渡候付家中并
町人百姓等不相背頂承紀迄村々相及
見聞候趣等左ニ書申上候
一 對馬國 東西幅五里位より二拾里程
南北堅三拾五里程
濱海ゟ中入海大船越村ゟ船路幅拾
間計叢伐切接二ヶ所ニ而候
二郡

上縣郡　下縣郡

八郷

豆酘郷　佐須郷　與良郷　仁位郷

三根郷　伊奈郷　佐護郷　豊崎郷

村数百弐拾四ヶ村内二ヶ村名目計ニ而村

居無之

一従佐須奈村朝鮮国釜山浦和館亥ニ而

従鰐浦同所ゟ戌亥ニ而海上四拾八里

一府中城下湊ゟ西国海路

壹岐勝本ゟ四拾八里

肥前平戸ゟ六拾六里

肥前唐津ゟ八拾里

肥前長崎ゟ九拾五里

筑前 福岡 博多ゟ八拾里

筑前若松ゟ九拾五里

長門赤間関ゟ百四里

播磨室津ゟ弐百拾弐里

、摂津大坂ゟ弐百三拾八里

一府中之儀対馬国南東之端ニ而湊口北向き

并津ニ而拾町計入波戸矢来石積有之

和付町家ニ而上陸仕五六町之間家並之外

武家屋敷城之大手前之山方之者足軽其

之屋形ニ拾五六町も抱ゟ引続ニ而阿川

浦ゟ山手之者扨又侍屋敷町家共凡相長

弐拾町計双方山岸ニ而幅五六町も有之

川二筋流通場様之所ニ在之市中町

数弐拾六町有之

宮谷上町　同下町　天道茂町

同瀬町　富町　桟山町

當元町　新中町　新上町

同下町　大橋上下町　和屋町

今屋敷町　横町　中須賀中町

同東町　同西町　十王小町
十王南町　浜小町　同南町
玉分町　大町　久田道町
恵比須町　裏町
神社七ヶ所　寺庵之拾八ヶ所
右城下町神振山有明山ニ而北西丁有明山
絶頂ニ者葉山ニ而樹茂通之外山々椴櫻松雑
木等生茂り無透間所繁入候儀ニ
樹従大木良材も不相見為山故成長不
仕由ニ御座候
一町家ニ而鄭商ひ仕候　漸少ク酒造拾四五軒
并醤油油糀等家中ニ用ひ之外他国
江船荷抱出入ニ商ひ相見不申候　紙
筆之類其外抱之外家財日用之品々　達
其等之大坂仕入茶等実博多辺より已
船ニ交易仕　米大豆之分之玉之朝鮮

交易ニ穀抱相用又者諸品船より買入候
百石積位之渡船拾艘程所在之所ニ仕
大船ニ而無之国之朝鮮渡海船ニ類似
船通用小船計相見大坂より下売船等
之儀玉より入津候船ニ而相用候由ニ候
然船共渡海之船も商売勤之用ニ無之
不而同ニ而長浜宮市船座候五候家不
用ニ相成候付遠船之数候由ニ御座候
一市中分限重キ者も無之候　銀四五拾貫
目程已下梅屋ニ而中　酒造屋等一ニ而之外
弐拾之拾貫目程己候者及二人も之豊富ニ而
中程ニ而御座候　依而国鄙ニ雖ニ而も不
相見茅之葺茸有之候所家之御座候　表
町通家屋等瓦葺白壁裏町通者板屋
石葺ニ而相見え之住居ニ相見え申候　近年
玉之国窮ニ付市中ニ業方難成仕候由一同ニ

候事

一 金銀通用之儀、並ニ朝鮮交易之取ニ付
京都大坂之問屋与り之為替、海漁干鰯塩
肴或ハ山稼之板材木薪等を廻船ニ而
入込商売仕候、府中ニ而通用之歩ニ而銀壱
ニ而当用等之重宝之銭を以て仕、金子通用少く
御座候、諸相場左之通御座候

一 金壱両　銀六拾七匁替　但壱匁銭七拾四文

一 同　銭四貫弐百文替

一 米壱石　代七拾匁　但壱匁銭六拾文

一 麦壱石　代三拾匁　同断

一 大豆壱石　代四拾匁　同断

銀壱匁ニ銭六拾文通用

文銀相場ニ高下之随ひ訴ニ而
売物ニ而仕候而、壱朱御座
候故壱匁ニ付六拾文与定置候、然とも

相場之銀元引ハ正文銀ニ唱候得共
相場相用申候

壱匁ニ銭九拾文通用

古銀相場右同断ニ而高下ニ不拘九拾
文与相定申候

一 町人家数七百三拾七軒　但竈数九百九拾壱竈
人別不相知候得共凡三千人余ニ相積ニ御座候

一 武家屋敷家並ハ長屋門居宅屋葺平士
住居板屋根石葺石垣塀ニ而御座候、対馬
之岩石ハ長短厚薄恰好宜割易ク土地之
形ニ根子ハ不相知候得共上段ゟ潤色ニ
有之、住居之儀一躰家中在中共ニ竹木
沢山ニ無所柄ニ付住居ニ多分瓦葺
柾葺居松板屋根板も松を用板ニ而御座候
檜梅等之上木ハ無御座、楓楠椎之類小道

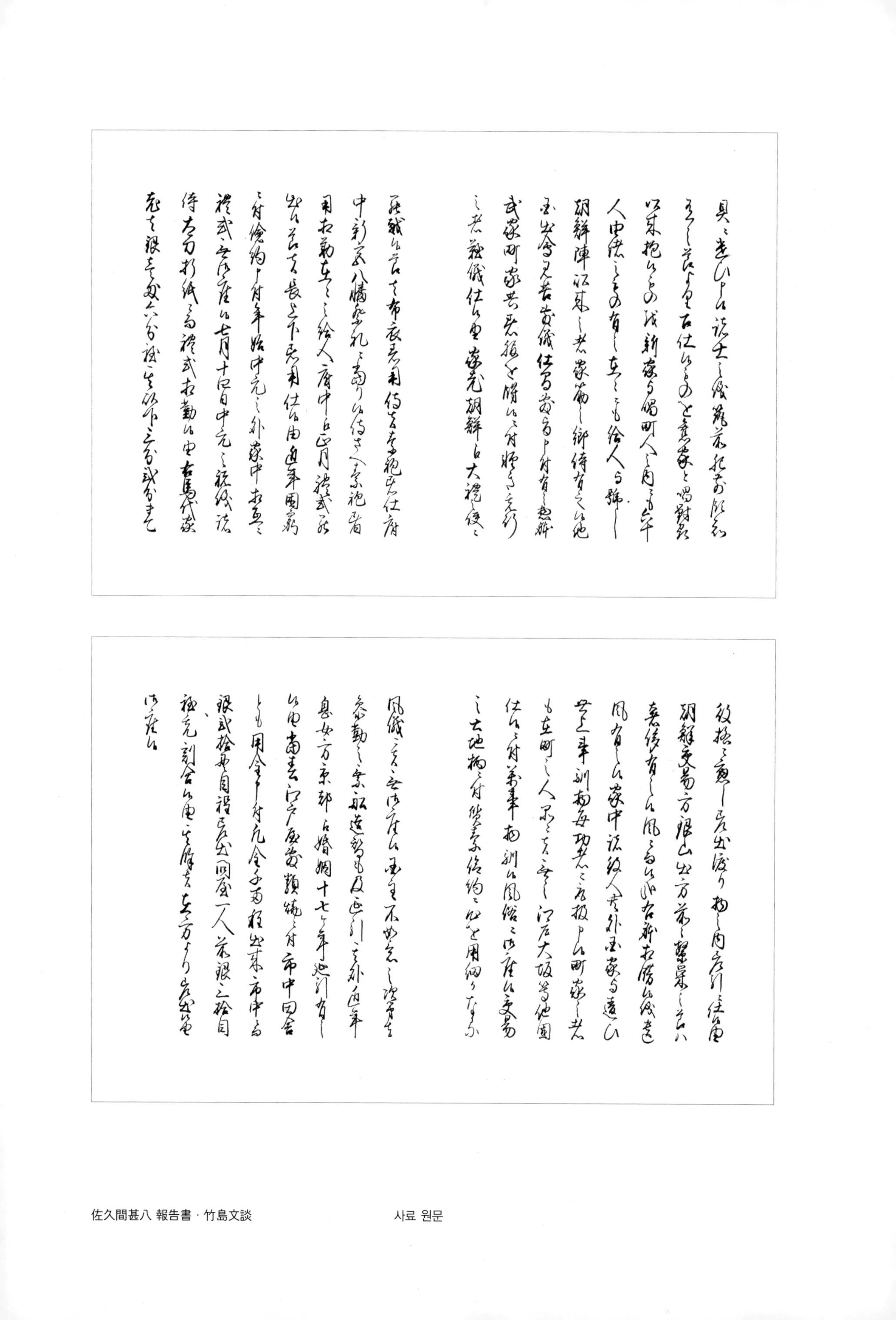

一見聞書留仕候義ニ而ハ無之候得共　追年乱雑
仕候ニ付去ル丑年（樹木之儀ハ去ル明和六年ゟ心得可申）　親書ニ
並條ニ引合せ左ニ書申上候

朱書
對州之儀一躰山國ニ而海中之小嶋故土地ニ応
少く田地ハ一向無御座候畠計之所ニ而畠も
多くハ山畠ニ而候故出来方薄く凶年稼ニ
有之候上唐荒浅く年ニ麻稍仕候ニ付百姓
共労費不軽候

對州百弐拾ケ村御座候大概海邊須
候ニ而海辺之離レ候村方僅拾ケ村御座候
御座候國中ニ平地無之悪毛巴荒残
ニ而浅海之中瀬戸入海ニ而御座候谷々
山之ニも悪く雑木茂り楠以て桜松椴
樫椎杉樫槻欅楡胡桃栗漆梨柿
等生立大木も無之宋山ハ小木立多く御座候
枝木ニて天ノ板以下と不彰類之府中

又ハ他國人も賣出候而先年炭焼薪
伐出茶荅取ニ而他国より入込ミ諸貢
候處仕前之合不申何もても中途ニ而相止
候而田畑之耕地漸遠ク入込候ニ付少し
荒一村限之平地ニ而麦作二毛作之畑
ニ而麦作ハ稀ニ候人粟稗大小豆大角豆
麻木綿胡麻大芋唐芋等作りニ相成ニ而
唐芋ハ近年作覚風雑ニ無之品故多分

ニ作り程合之仕候処方之儀田地ハ無之中
ニ而御座候多分田作不仕村方も無御座
皆畑之村も御座候御座候数少く御座候
佐渡郷佐須郷豆酘郷ハ山も寛ニ山
之上細地有之耕地も廣く田方多分
有之外之作方ニ似寄候場所ニ御座候
全躰之義之儀二百年以前之仕法之
中ニ而石免合ヲ中儀ニ無御座村ニ而何ニ而

何人何千石仕府何石何斗之位迄
中下田畑ニ至迄上畑ニ而も物成を附被納る
仕村方ニ而寛文年中御定之物成帳一
冊仕候而又田方米并ニ麦之物成ニ而
有之候其外村方ニ而穀ニ而納め又ハ麦
相場代銀ニ而納め候も有之候全躰村々
物成之儀ハ田之耕地広く有之候ニ付
取納候而も其余ニ給人座中諸役所へ等
入用を出し其外切新開等仕候類御座候
新田有之并ニ新開之分年貢銀ニ而
を相納め候由百姓町人ニ而承候ハ定之
通相成相納候由御座候

下ケ札

本文炭焼候人ハ候京都ニ而朝鮮干
牛丸高売仕候三橋屋源右衛門ニ而
貸屋ニ而有之候ニ付銀調達通銀済

候ニ付右代り山銭を使ひ候て取上ケ候故
薪木座長右衛門儀材木商売仕候処
当別ニ相減炭焼一渡仕入候而又仕当ニ
合不申候而相止候由御座候

村方ニ而古田物成帳ニ
有之分并新開仕候分ハ
給人へ納当時頃等町
出見積り
前ニより相定り候物成
帳ニ有之田方等入銀納
百姓方より相納候分

田方九反別弐百六拾町歩程

内

三百弐拾石六斗余

右畑之儀ハ畑方畑高之分ニ而山方里方
共ニ収納之不申附仕来之儀ニ御座候ニ付不
相定畑方定作仕候分ハ平地ニ而田成ニ
仕場所多く御座候何連も村落之近辺川
筋有之用水揚方自由成場所之分ニ而
畠作仕候山畑之分ハ本庄ニ而焼畑と唱
畑刈畑之類切替作之御座候處村之儀ニ
去巳二月法村々農業見分仕候年八分

相減候由是亦外国之ても山方ニも有之
候所段々労費ニて申立筋無之候ニ付相
詮ニ納之訳ニ付而ハ百姓共取合巳村
不仕村ニも有之交易し村方又ハ其所ニ而
取合候ニ付候之村柄藩郷ニ一里も隔有之
候二ヶ所極く古戦場ニ而後泥ニ而困し中
共ニ之患ニ而山ニ而村柄も無之候ニ付村
限之浦浜被免又ハ谷間平地之纔ニ仕
二ニヶ所続候ニ付新成土地ニ候處ニ有
明山ニ而牧場有之候

朱書
朝鮮交易之所務中古以来断之相衰之
十年以来為無之相成此銀千四百八拾四貫
目余四ヶ相成申候ニ付六万千八百三拾七石余
年々損割ニ相成候事
交易元分之書面之委細申上候通候處ニ
中古以来相衰候ニ付申候ニ前々之交易方

年々之勤定分も無之候難渋之至極ニ
不足之儀ニ付古来之諸勤之年々ニ仕
上候儀ニ付相手ニ渡候ニ付千四百八拾四貫目
之利潤ニ相当候年々勤之之候處無年々
負之事年中壱万両目余利潤之ニ候ニ
付合候ニ相減候ニ付元入銀等難しく
借入年候仕候ニ付共時ニ相遠ひ之候之
不得止儀ニ付方之趣ニ無之候只今ニ而者交
易之品も速ニ元入銀之方ニ付為防候ニ
ニ而も候申候皆無ニ而相成候ニ付申上候得共
送使ニ而貿易之外私貿易之内七万斤之
銅之本綿米之代ニ候候ニ付申上是ハ年々
買入方大坂銅座ニ而請取申上候事故殊
元隠候ニ無之外ニ而之元之候ニも八一向無之
形ニ申立候脱銀之人参撰拵相掛候事
利潤弐千両程有之候是ニ而も交易之内

ニ御座候、且又市中ニ而若干歩銀備置
罷成貫文ニ而其外之歩合之拾
目位運上同様相納貫文ニ而外ニ而も
右之通ニ御座候、去ル丑年相始候
銭銅之儀高年々定数之外多分買入
ニ而其交易仕候ニ付相成申候無益之
儀ニ而御座候ニ付利潤人参之減少申候
積之内ニも御座候間、八歩ヶ通掛方も不仕
米千俵程ニ而利潤之分割八分ニ成
御座候右之米ニ而組合ニ而共皆無
之儀中ニ而第之年存候茶之交易之米
高只之分之不相掛京都深江屋仁兵衛
方ニ差上ニ而申付候紙ニ而商売大坂
表ニ而取合ニ而相之朝鮮産物引受ニ
同屋長堀町亀屋清兵衛播磨屋平
兵衛竹屋元右衛門和泉屋利兵衛

右之通播磨佐野屋与助与申者対馬
同屋と称へ人参商売手掛而同屋ニ
立合ニ而其道修町田中屋清兵衛菱
屋嘉兵衛紀伊国屋吉兵衛大和屋嘉
兵衛伊丹屋忠右衛門淡路町日野屋
善兵衛綿屋庄五郎平野町伏見屋
半兵衛高麗橋絆屋久右衛門本輪町
日野屋武右衛門与申者共商売仕合

一 薬種唐物之儀和産之上手立而右同
屋仲買ニも及欠相成申之儀ニ御座候

下ケ札

右人参之儀大坂表ニ而取合ニ而
商売及行出りニ而以後多分之相程
ニ而其江戸大半御当用薬商売之行
之有銀弐拾貫目程仕ニ而受取候ニ付八拾貫
貫目程仕ニ而其御座候外薬種買候

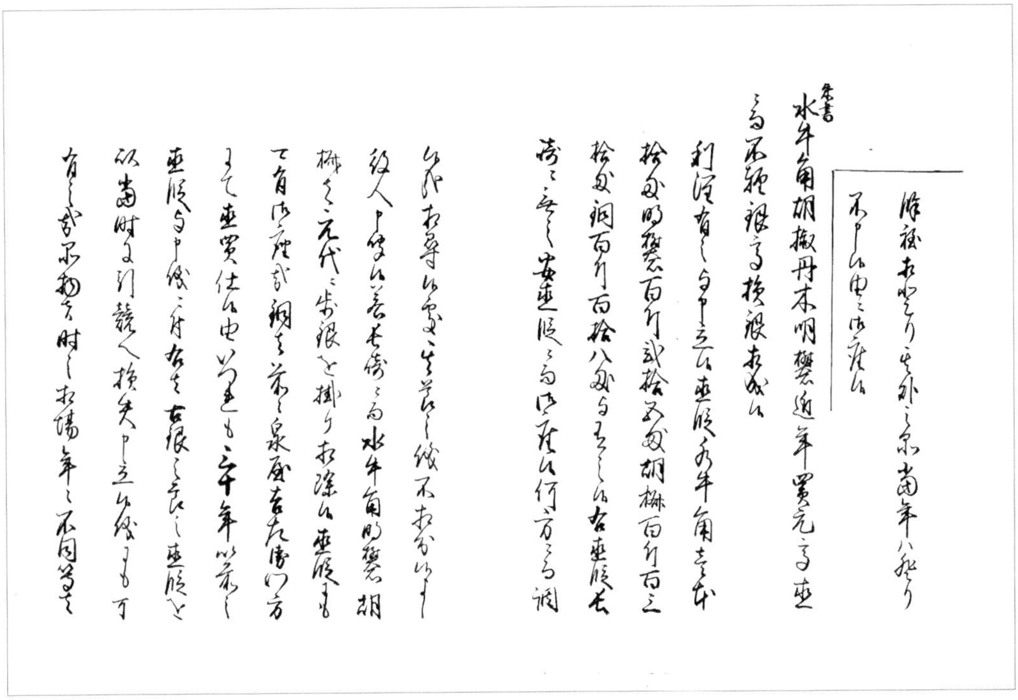

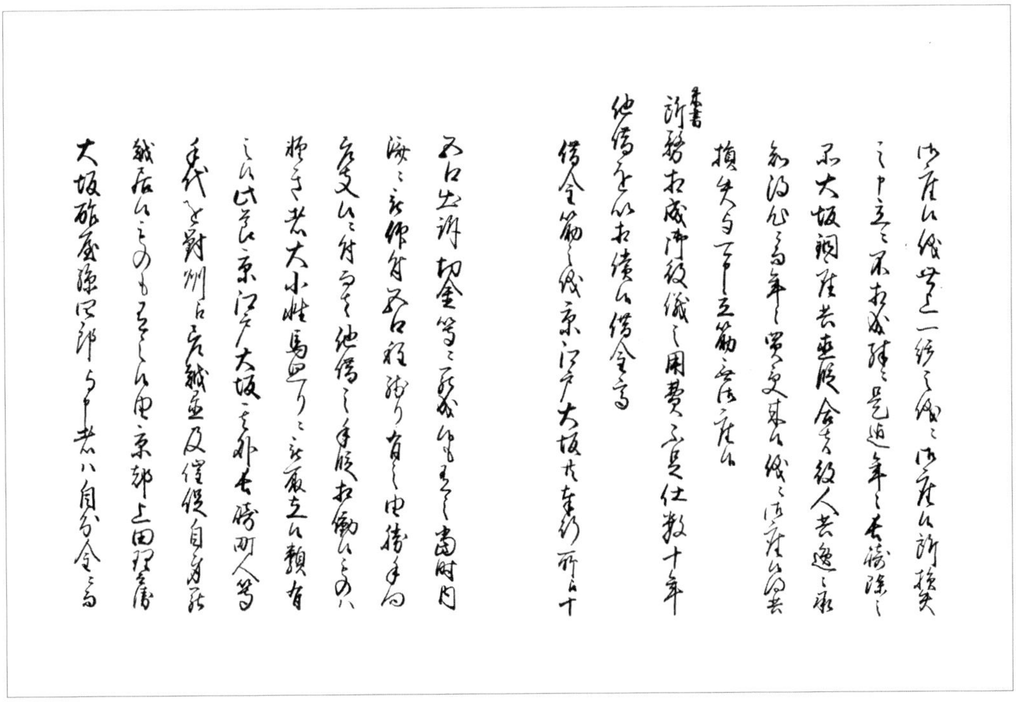

無之、此元金主より弐百貫目借り出入
に及、頭取手代之申候ニ付、惣而通入方
朝鮮より人参等売渡シ入札致させ
借銀代りニ為札ニ差出候ニ付、仕方ハ
候得共ニ付、為買受候於極薬蘇木代因
所町人讀波屋源蔵入札屋利右衛門
汀請取納之外調達之銀子四百貫目
程ニ申之当時右両人方より今…

田中伊之助新橋町萬年次東濱町
借勝手者を召使し右…
附届ニ付、右節ニ銀高之儀一ニ不相…
ニ付右是を手段を以借入候得共…
儀ニ相成候之内ニ…
成候ニ付借入之諸雑費并捨ニ而…
当之内役人之差図ニ而貴国…
ニ…相成候

下ケ札

右文借銀節ハ京都大坂ニ而取組
上田理兵衛与申之者へ京都両替町萬屋
亀屋孫四郎与申者大坂淡路町薬屋
之為朝鮮薬種を引受銀調達致し
候由申候之処当時及難儀候由申候ニ付
一 先年大坂元薬屋町之若九郎与申
者為差引請候由對州借銀致し

荷物等之通入ニ而滞及候ニ付銀
之大勢損失仕候由通事人参等入
射し候借入等仕候由惣而掛合其
当時大坂屋吉質入ニ相成候
有之京都屋敷之米借地ニ仕候
之由申候ニ付

覚書
一 献上人参六百七斤 萬治以来凡銀子四百
六拾之貫目

誂上ニ而ハ代銀上ニ候段不埒不敬至極
奉存候右銀高ハ人参六百七斤ニ割合
候得ハ壱斤ニ付九貫目ニ相当申候当時
誂上人参壱貫入ハ壱斤之代弐貫弐百五拾
目ニ而御座候ニ付右斤数ニ掛候得ハ二千
百八拾六貫七百五拾目ニ相成候而弐千
弐百七拾六貫弐百五拾目ニ而差引多分之
書出シ候儀上申貫人参勧会ニ而相考ヘ

候ヘハ延売ニ而も差支人参ニ付
弐百四拾目宛享保之比壱斤ニ付弐貫五百
六拾目ニ而御免之上ニ人参座御座候
候得共相判座賃ニ而差支ニ相成候儀右候得者
御沙汰享保以来迄も右弐貫五百六拾
目より内ニて相成儀ニ付右之様ニも銀
高ニ相成候得ハ当時之座賃ニ仕候而
差入不申書ニ通勝手ニ取出シ候儀大造ニし

入用銀高仕出シ申様ニ当時より段々被仰候而
相成候ニ付近年誂上人参之儀不足
受取候而相成候ニ付三拾斤充買入撰出相掛
候ニ付右掛代利潤積凡金弐千両程も掛り
続用来之儀ニ候得共右之書物ニ載
人参御筋段々送使渡ヲ以ても撰出
候由相成候由ニ候

朱書
信使渡海十一度其長より以来銀八万六千五

百四拾三貫四百目

右之入用ハ長崎より請取朝鮮ニ
送遣候入用並右使者を相送候者共入
用一被下相成五貫目相掛候儀ニ不有御座候
対馬より蘇木五拾斤並銀高弐百六拾
四匁程ニ而不申并焼物煙草等差遣
朝鮮より返物人参壱斤虎豹皮細布
木綿茶碗席等差越候由掛代凡金

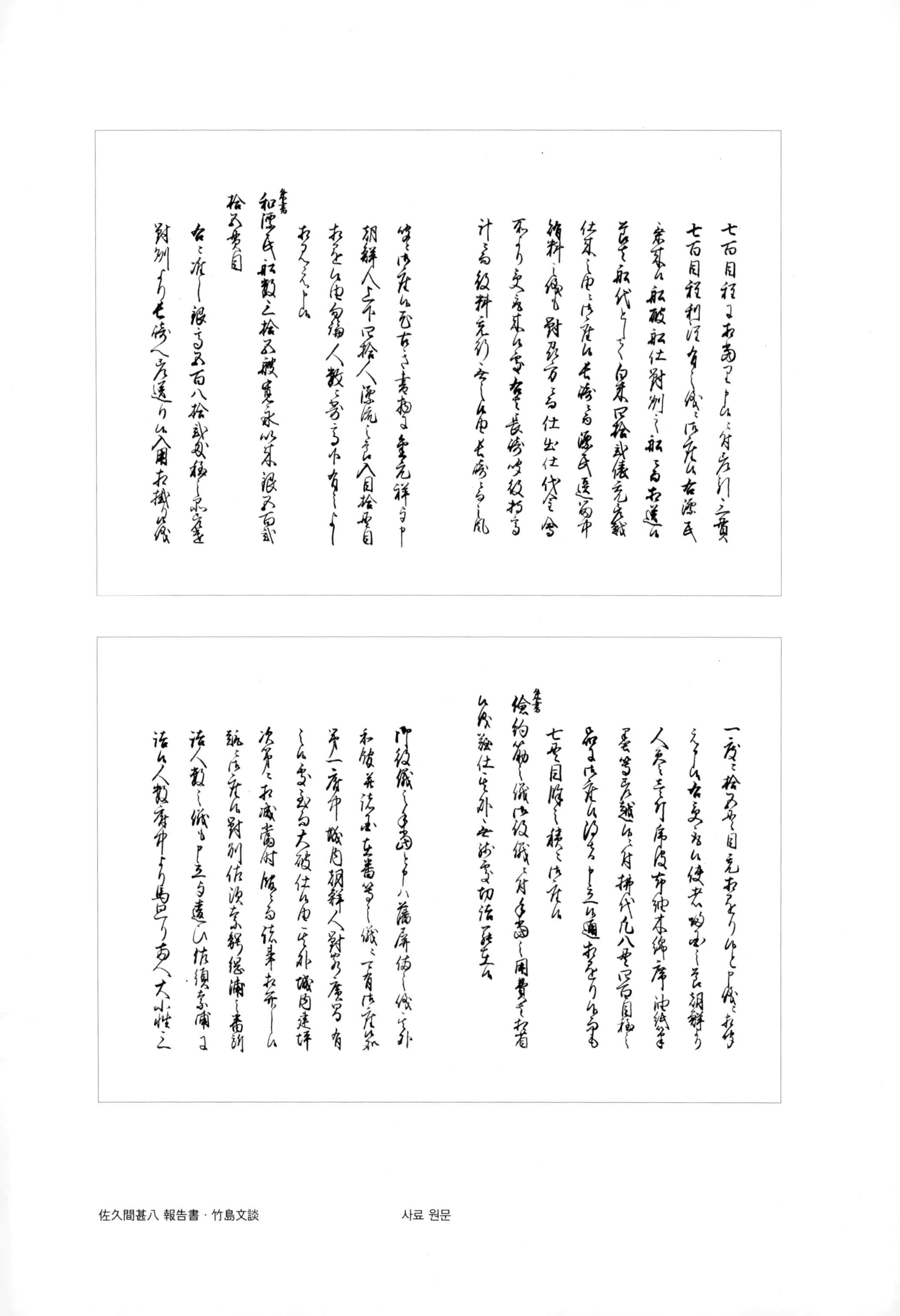

人足給二人ニ而番所相勤不外足軽御
足軽無之候人数[illegible]
浦ハ平常ハ番所ニ而九月より三月迄ハ
佐須奈より相分り[illegible]番仕候而一ヶ
所分ニ一ヶ年詰ニ而右浦ニ関所番役相
[illegible]浦を[illegible]ニ依ニ御座候[illegible]
[illegible]人ニ足外足軽御足軽共相詰[illegible]
[illegible]詰ニ候を馬廻り[illegible]二組道具[illegible]

外人数も[illegible]
[illegible]

壱ヶ国分ニ[illegible]申之候

家中[illegible]三ヶ年以来[illegible]百石より[illegible]石迄ニ
[illegible]
[illegible]

壱石之者一ヶ年米拾弐石ニ而者一向無方
不相済候ニ付家業之外船中より上り候者
有之掟有之候得共、是又之子ニ而漁獲長
済表白遠使去又捨石無行申候ニ付
或陸人之人共寄意無人ハ一之非常業之儀
無役相勝ニ船中立之気乞ニ無之者出来
不仕候旨申達候ニ付山海渡世有之成
海陸之儀ハ田舎百姓ニ方ニ而も難相成仕
他国より漁業之者入込候ニ付荒海之稼平
者之者ニ不相成候ニ付先年月渡り之儀も朝鮮米
を相渡置り合申之節ニ者麦を割合相渡候由
雑穀不實之類候分之者会料ニ仕候と
申候ニ付常之酒会之好ミハ荒之遠風ニ而
有之様子ニ而定候上之者之儀ニ付御座候
朱書
朝鮮國之西小唐韃靼ニ連り對州ハ僅少一
之要地ニ御座候故先祖代々文武之両道相者

候處ニ御座候對州之儀ハ日本國中之安
危ニ拘り大切ニ御座候
文武両道ハ不相替候而對州ニ不限平天
下之儀時節ニ而も武門之常不限候得
御座候對州小学校ニ而根子取り候而
当世名家詩儒者子と申も有之学問
之儀四書五経漢学者家之素読会
読之類ニ而格別之文苑ニ而も相成不申
武藝之儀是又名世豪雄之士も有之候へ共不
申候處當時之儀不得文談ニ御座候
朱書
分限不相應家中人數多く減少可仕も
単役不足仕候
事ニ立候役人之分ハ大概相当り候而諸役
人數を減相勤候家老六人之内江戸詰
弐人中老六人内年寄壱人取判役
壱人用役四人内江戸詰壱人隠居附

〻用人弐人、都合四人、同附ニ六人内、江戸詰
壱人、江戸留守居弐人、町奉行壱人、勘定
奉行八人内、朝鮮詰壱人、京都大坂江
戸壱人、元〆勘定壱人、郡奉行三人
同助役壱人、船奉行壱人、朝鮮和館詰
四人ニ而御座候、七月十四日、右壱人ニ
家来例格高家老之外馬廻大小姓を
之外国主之並挌寺ニ而采詰仕候様ニ
何も古格を定置し役列仕候、右例ニよ
御座候ニ付、右之者共人数ニ而凡二百箇
程可有御座候事

（添書）
朝鮮国ニ而城郭を構入数千人程居置、対州
渡り候而二百人程ニ而外ニ而十二ヶ所ニ見
番所居置、郷士を相附置申候
朝鮮和館ハ今山浦湊海沿ニ三百間ニ弐
百間程之所構有之、濱附日本之方ニ向

ひ東門有之、朝鮮之方ニ向ひ門を表ニ而朝
鮮人番を附、内ニ日本人番を仕、支配役
人出會之所、改内ニ而東ニ而も東館外ニ而
東ニ而も西館ニ而偶々弐ヶ所有之、右和館
之普請ハ朝鮮入用ニ而仕候、朝鮮人ニ
手傳ニ而出来不仕日本之大工ニ而建候而
朝鮮人館を彼国之大工ニ而建、右職人を
日本之出家同様ニいたし御座候
門ゟ中日本人外出仕候場所ニ而限り有之
一里程之道法ニ而、右門外を百姓耕地原
も有之、右外ニ者穀物作不相成麦秋
彼岸迄ニ八右館ゟ中右東之和館ゟ差
采仕候、朝鮮人難渋仕相願し今新
館ゟ塞を建、構押置候様子ニ相成
ニ而右館役人三ヶ年相詰、上下人数七
百人程御座候而、送使も百十日充滞留

渡海遂ケ候様ニ使者を以申付候旨右
定之日数水薪ニ其外朝鮮より賄等仕
右日数過候得は自分賄ニ仕候ニ付而
対馬渡口佐須奈浦番所湊口出番所
有之候半ニ成間敷大番所武右衛門ニ而候輪
右壱ケ所武右衛門ニ而附程外ニ諸所四五ケ所ニ而
御関所ニ迄ハ船番ニ而御座候而右諸所ニ
人数附置候而百姓家族等迄も仕候処

諸所之御国ニ出入之者御座候而鰐浦番所
武右衛門ニ而御関所船番所有之候而大人
諸所四五ケ所ニ御関所有之ニ而武右衛門ニ而
船有之所々ニ迄ハ板屋根惣囲等堅ク
仕置候而従湊口番所有之候而四方大番所
四方往来之人数ニ成候而番書ニ通し申上
程之ニ無御座候而有之番所ニ成候ニ付所
之御足軽相勤申候府中より番所ニ

平生出入之船又ハ通道等仕候其外
浦々ハ出入之船無之候得共勤番仕候
ハ無之候手鰐浦之番之人番所ニ上り
見ノ役ニ船を附ケ以来道筋をも改候而見
届申候

朱書
対州輪番之山之碩学長老年中ニ而
府中慶町庵入院ニ而以酊庵ニ而
用費ハ不被下候

諸輪番寺之儀御座候而平常対州より役人
并番所等附遣朝鮮江目付為致し公儀
竹嶋之儀殿様被相勤為合力一ケ年現米
百石宛御定江并番之人数之外賄方
猶二番等相務右之通ニ而候朝鮮之人居
宴方之人中間二人ニ而夏賄方等之外ニ
小ともとも引請候而国元より年始等
相勤其余ニ有之候而申候

朱書
對州之儀四方大洋を請候ニ付海上之運送ニ
相當繁ク成候ニ付先年ゟ助力ニ不相成候
浦々ニ成他国ゟ渡海無之ニ付相成府
中湊ゟ指入問屋ゟ相渡他国ゟ買出候
仕法ニ而海陸之材木ニ付先漁業不仕
村ゟ承之候得者干鰯塩青苔等右問屋ゟ
相求買込又者府中ゟ代物取来候ニ付
右船ゟ府中より切手相渡候得者先又
府中ゟ指戻不致ニ而ハ運送之様(?)
所ニ而荷物相改ニ而者入込浦迄(?)
ニ付茶青苔等殊ニ而出候由府中町人
ニ而以前者繁昌仕候由ニ付近年
極少仕相止申候其外大ニ(?)
湊ゟ中分限之者有之對馬国之村々
納屋を建直繁栄を申候八ケ年二
十日及ニ付繁一ケ付運送

船之事同ニ相極ル候茶同有之年分を
弐百両程繁運上相立候由先年ゟ二百年
已来ゟ由然有之泉州佐野与申所之
漁師毎年罷越浦々ニ目論ミ申所
を相領納屋を建鰯網仕候外一重村
見村迄之沖ニ而小網を先年ニ拾四五反
帆之船五艘程ツゝ積帰リ荷物之不ニ而
府中湊ニ而運上取立一艘ニ付凡銀壱貫
目程先出候由其外見合ニ付外他国漁船
海士等も入込漁仕相應ニ運上差出候由
其外山ニ而薪材木板楮葺瓦等ニ而不
ニ付差出候播州迄之船紀州田代之年貢
米なを積来帰船ニ而諸村ニ而薪積廻し候
拾五反帆船之艘ニ薪積ミ候ニ運上銀弐
三百目充府中ニ而相立候由差出候薬治(?)
鼠干鮑之類も浦付村々其他所海士も

右様府中諸方去酉年迄凡壱万石余
集め候ニ付浦々より連々相渡し候諸方数年
賃取候勿論数多之内一割程宛之代り
運上ニ納させ運上同様之取扱候様子賃取候処
之通何れとも候府中湊役所ニ而相改
改運上之取立候ニ付浦々より諸運上小物成之
類ハ合賃取候府中之者共之不之取立之
全として凡六七百両も有之候様之賃取候

朱書
交易方積書所務出入書付之内

対州所務之分

一 銀弐百貫目百八拾目

金二メ三千両之由

現米二メ三千石之石 自江戸表石ニ付 六拾目替

写物成 高八千五百七石五斗 自江表計之所ニ賃取候 御出来之分積之賃取候

対馬二郡八郷百弐拾四ヶ村之内此度浦
附九拾七ヶ村見取仕候ヶ村之通り御座候

右之内り三ケ村并銀山鷺野町ハ当時右
渡之拾八ケ村之高寄村役人又ハ三村之
百姓共取合候処上中下田畑之外菜木
座共之島田麦物成高之取立候由一村限物
成高ニ当取之寄付候分之を通賃取候
家数弐千八百八拾九軒程 府中を除き 田舎村之分
人別壱万五千三百八人程 右同断
是を右之給人百姓共家数人別一村

限取合候家数之儀大方第之者共
賃取候何も同様之住居之給人之
屋敷ハ五六間も或ハ八間も次第ニ横手八間
位百姓家ハ屋敷ハ大畳ほど四間も横手
八間位畳敷無之板羽目屋根葺
至而板屋多く浅海島之六年石長
壱尺厚さ壱寸位之板之如く石ニ而
無之屋根ニ葺位居仕又其他材方も

右高本惣之 諸蔵之 物成之中ニ而

物成高四千六百六拾石弐斗余　国之物成帳面ニ仕
現米ニ直弐千八拾壱石壱斗余　諸作物麦納之分
同六百三石弐斗余
現米ニ直三百壱石六斗余　田方之分麦又ハ粟石 代限等之者納候分
二口現米弐千三百八拾壱石七斗余
寛文年中物成帳相渡候ニ付以村方々納来候分
四ツ物成之メ
五千九百五拾四石弐斗余

外

現米五百石程
田反別百弐町歩程　諸侍御士町人百姓等新開仕米納又ハ銀納之分并侍知行田方共
麦千五百弐拾六石程
現米ニ直七百六拾三石程　御士二百拾八人是迄九拾八人知行見積
現米三百八拾壱石程
田反別六拾九町歩程　御士知行田方切開有之分石積
麦百弐拾石程
現米ニ直六拾石程　寺社百拾四ヶ所之内并附寺之分見積
現米百石程
田反別弐拾町余　国々田方多切開所持之分見積

右五口現米千八百四石程
四ツ物成
四千五百拾石程
四ツ物成
合壱万四百六拾四石弐斗余
内
千九百五拾六石七斗余　村方ニ而国之物成并場所之積ニ而御士知行寺社領等之分并又百姓新開場等之内ニ而御座候 大分ニ而御座候
右之内
田方三千弐百六石五斗程　田地之反ニ而候分
右者百姓方一村限ニ取合ニ而外諸侍御士知行寺社領百姓新開見積仕候之覚書

右之通琉球一国地方之物成ニ相見へ申候
往古より右之国廻之任務ニ御座候得共
知行寺社領等ハ田方多御座候古来之
儀ニ而候故ニ而御座候得共
以来法治世可被成候様ニ而御座候
兼而之御取納任世之地ニ
収納ニ不心入候故新検等も不仕古来
之通ニ仕置田地ニ麦ニ而納候様成仕

法ニ依テ候ハ百姓方之儀も往来之仕せ取
並宜く候故村方農業之作方年貢粮
合之手当のみ足ハ候ニ付稼不申也又
他国江出入禁之候ニ付年季ニ出ニ風俗又
国も不仕ニ付所限之年月を送り候ニ手当
其国之収納も外ニ無之候ニ付相例
物ニ付手ニ依テ候ハ村之金銀通用等ニ付
残る者扱相場等之儀ハ依テ候ハ向編

村継飛脚定り候里数ハ無之近接し道
筋極り無之前年より切開候由ニ依テ候ハ

一　金壱両ニ付銭五貫四拾文

一　白米壱石ニ付銀六拾目

右二品ハ一向商売ニ無之依テ候ハ府中より取
寄候由ニ承

一　大麦壱石ニ付三拾五匁

一　小麦壱石ニ付六拾目

一　大豆壱石ニ付四拾弐匁

右之品々銀壱匁ニ付銭六拾文替之積

朱書
肥前基肆養父領分所務

一　銀ニ而弐拾壱貫六百六拾目

合メ米弐万五百六拾壱両余

現米ニ〆米弐万五百六拾壱石余

四拾蔵
高壱万之千四百弐石七斗余

田代領分之儀ハ基肆一郡養父半郡ニ而
此半郡ハ佐賀領ニ而依テ候ハ

堅之廣サ所弐里又ハ弐里半程
横之廣サ所壱里半又ハ弐里程　但　他領境入組之通り候
里横之端ニ而ハ無之依テ候

西南ハ肥前佐賀領東北ハ筑前之境田代より道
法半里余

東南ハ筑後久留米領之境

北ハ筑前福岡領東田島ニ而境田代より
道法弐里

田代より　博多江八里対州より之用向飛船等博多江
着田代江ハ中越ニ而久留米江三里

一 村数三拾五ヶ村枝郷共ニ　拾弐ヶ村中通り村ニ而拾
壱ヶ村池領ニ相成候村々
御示継還勤罷在候村々ニ家屋も相應ニ有
ニ之外村方ハ村柄相應ニ相見へ申候
一 田石盛上十五中十三下八細盛上中下不
相分候得共平均五ツ程ニ而田地乾地ニ分
ケ毛作足入田一毛作多津座候而高免小
物成等込八ツ九ツ位ニ村方も有之候外
皆ニ相当候而も其余ハ右村方ハ不足ニ通仕
候ニ八ハ弐万六千石程ニ相当候得共右程
収納有之候得ハ一躰之土地ニ相見へ
申ニ通ニ七方二千四百石余大概相当ニ
可有御座哉奉存候
一 農業之外□ニと多く作り水車も有之田
代町方等ニ而油絞素麺等仕立助成仕
候由紀府継還通相掛り候白坂本ニ而
森坂今町田代町等本村数年人出町も

有之田代村高五百石外ニ田代町九拾石
余在候由白坂町ハ城下村高五百石之村
内地下ニ御座候旨惣躰一村限高ハ相知
不申候由油絞素麺等稼之余慶相應之邑
之居候由
一 右町之儀青少魚等高買等出入有之博
多表より居続対馬儀青魚之内廻候
品之格別並ニ朝鮮鍋昆布類
相廻り候外穀物諸色対州へ相廻候
品無御座二十ヶ年程已前
朝鮮米相廻候儀有之候而田代米朝鮮
穀奉肆郡水屋村より新川岸場有之
筑後川ニ落候新道掛り瀬高船ニ而
久留米領往来仕候新道ニ而元船横着
州ニ而相廻り候外油素麺等上方江廻候
不有博多ニ出候而も道法遠く候上有水

居村ゟ出府ニ付往返之大凡日数相掛
候由申候

一 右居村之外新通ひ候川ハ安倍川壹里餘茂
父從分水損所ゟ立ニ申候ゟ者何れも
用水悪水小石砂利川ニ而一等地ゟ取水
落ち堤川除有之川筋ハ安倍川ニ候

一 河内山ゟ之流荒堤ニ相成武里程之林
山有之 郡中薪木材松等生立居

右之申候ニ

一 金壱両　丁銭五貫三百弐拾文

一 同　銀七拾目

一 米壱石　代六拾四匁五分

一 麦壱石　代弐拾匁

一 蕎麦壱石　代弐拾六匁六分六厘

一 大豆壱石　代六拾三匁

一 小豆壱石　代八拾三匁壱分

覚書
送使所勢之分

一 銀三百弐拾四貫四百拾六匁

金ニメ五千四百六両餘

現米ニメ五千四百六石餘

ロツ相場

高壱万三千五百拾五石餘

此度交易方取合見候ハゝ送使銀高
三百四拾五貫目程ニ相成候ニ付仕法
金五千七百五拾両現米ニして五千七百
五拾石ニ而ロツ相成壱万四千三百七拾石
勝ゟ相成候ニ付八百五拾石餘此書面不
足ニ申候私共交易之儀造ニ候後見渡候ニ所
本締共ニ相勤候得共此利潤も有之様
申候得共元代下直ニ積立在候ニ付雑
相分候銭潤四分余ニハ交易人参代之
万行ニ利潤之仕様候而も定為其ニ申上候
銭之も不益し致方ニ相定米千俵当壱

万竹之川船ニ付渡候高八斗目合ニて
百三拾壱両残銀米百三拾壱石ニ相成
ニしく三百弐拾七石残之相成申候

覚書
朝鮮江差渡候人数扶持方合力并諸入用
人数千弐拾壱人
此入用書面之通ニ付米弐千五拾七石
代銀弐百拾九貫七百目餘之相成申候右ハ
五番相勤候者与取り候人数七百五
拾人之内之渡候右米銀壱人当割合
相応ニ付之米千五百石代銀百九拾貫
九百目餘之相成申候右米五百五拾七石
代銀弐拾八貫八百目餘之渡候

覚書
佐須奈浦鰐浦綱浦三ケ所之関所在番
人数上下弐百拾八人
此入用書面之通ニ付米五百拾八石代
銀三拾壱貫目餘之相成申候此方見

分已村之御鰐浦関所与申所ニ御士
壱人相詰罷在候ニ付相止候而九月より
佐須奈浦詰之者相分此所ニ番人相
詰来候月より佐須奈浦ニ相詰候ニ付
当時ハ番所ニ申付候右之内去鰐浦
詰番人引取ニ不相成候ニ付漂出之鰐浦詰
之分相除き人数百七拾三人と相成候此
米四百弐拾壱石代銀弐拾四貫三百目餘之
相当申候之口ハ米九拾八石代銀七貫
百目餘之渡候

覚書
家中人数之覚
此儀ハ前書申上候通分限帳之有之
候得共外ニ而一統相成候而家
中之人数千石より七拾石迄之役馬
四十と唱申候役儀ハ代々相勤候
外大小姓徒足軽坊主中間支配有り

いろ而て千百七拾七人程之内妻子召
仕者共入凡男子人ル之人数ニ成候処也

朱書
諸方諸役覚

一京都藩屋鋪諸役人并役者之人上下拾三人
頭人共人下役三人上下男人ル頭役九人支
共人馬個は中間弐人入目銀弐拾五貫目位
京都三條柳小路通對州屋鋪表通門長
屋南西之拾間も有之一東弐拾間北拾間
程裏ニ而町屋入込入川岸貸店借地之拾
間之處間有之候町屋代堀町竹屋町より
深江屋也右衛門ニ申ヒめ而當時相借候
留守居紫田弥右衛門妻子召仕共人
勘定方并聽市右衛門小役楢服清兵衛
其外足軽拾人程之番所ニ罷在仕内
男人程八妻子持ニ而下之之人数より
程ニ而其外全部屋鋪建坪も及破壊候

地ニも可仕相候ニ付用達町人余
下立貴下ん町玉屋利右衛門西洞院
寺町上西理兵衛并右深江屋方ニて
對州より荷物并銭は不足抑は其年
ニ荷物大坂限ニ而元掛京都ニ而掛直
白共ニ申不足之分借ニ而當時相渡ス
介ニ致共之由ニ侯

朱書
大坂藩屋鋪諸人数入目共右同断

大坂樋上町拾壱丁目對州屋鋪間口三拾
間程裏行拾五間程有之二ヶ屋鋪ニ而中ニ
道通有之難波橋筋之方八町借屋
除之千外九寺惠丸之外並柿油屋等
有之内通りも屋八仲使等罷在仕一
屋鋪ニ表門共役人長屋有之ニ而屋補
名代之取裁屋幸助家ニ付令津屋右右
衛門ニ申ニ而留守居有田木工右衛門役方

部若源左衛門高井ニ年番本土左衛門
手代壱人書役壱人足軽仲間拾壱人
合家内百住男女共五十六人住居仕候ニ
御座候

一 對州より相渡り候薬種人参黄芩黄芪
山茱萸五味子之類其外ニ高八年々定
不申外ニ紅焼青類登り荷物ニ上ル罷
方ニ而相渡對州両人大坂住居仕荷物

支配人新平野町泉屋理兵衛長崎
清兵衛町伴屋元左衛門ゟ申者相場ニ付
請取相候由数海苔鶏冠子油紙木綿
其外小間ニの品々登り込候由大坂人方ニ而
売捌候由御座候

朱書
一 肥前領田代屋敷役役弐人内壱人ハ上下
拾五人壱人ハ拾壱人附人六人大小姓弐人
上下五人充附人五人徒士八人足軽拾人入目

銀四拾貫目
田代屋敷ハ當中ニ御座候役人平田又左
衛門佐役秦武左衛門大小姓芳野翁助
右三人對州より相詰其外地役人並野
武左衛門手代郷士共岩屋三左衛門外弐人
附人足ニ類田代ニ而抱置惣郷人数ニ拾
人住居ニ而諸用相勤候由ニ御座候人数
八拾人程御座候内ニも在役之方無之由承

大小姓壱人徒士十六人ニ而立合右役之
手代ニ而三人江ニ付候も五人多書ニ候
右入用五貫目程ニ相営田細川普請
入目八貫七百目修ニ成候用水多分八石
堰ニ而御座候得共年々入用ニ相様ニも
無之ニ付小川ニ而境ニ而無之渕御座候
之構ニ有之候へとも右入用不申立候ニ
付ハ相見不申候

（朱書）
一 長崎荒屋敷御役壱人上下八人附人四人是
押之人入目銀拾五貫目但百弐拾八匁
闕役馬廻り高村孫次右衛門上下六人
外ニ用事有之節ハ右之所ニ而庭入候由定
壱人書役壱人右外隣之役与申者有之
是ハ町人罷出候而相勤候由 家内
妻子女共五人相籠申候是之代四人分ニ
入目五貫目百弐拾目是ハ押之人分弐貫目六百
弐拾八匁之入用相掛不申候 右所借銀之
申立ニ而通り出し候由ニ御座候
（朱書）
一 筑前博多屋敷御役壱人上下七人附人
三人大小姓壱人支五人入目銀拾四貫目之内
目
博多町対馬小路与申所ニ屋敷一ヶ所
隣ニ請持有之由 大小姓安川左平与申
者相詰附人弐人下働之者弐人自分

家来弐人〆七人相詰用事相勤申候由
兼而節之田代詰より相加ハり相勤候由
申立候御役壱人分銀七貫目之内目勝手
相勤り不申所ニ而も年々修理是
ニ成候而御座候由申立候 対馬より用向罷
越博多ニ而田代ニ相通候由御座候
（朱書）
一 壱岐勝本大小姓壱人上下五人附人弐人
支弐人入目銀七貫目
此者相詰候役人大塚五郎左衛門与申者商用
勤番仕候 惣而之年詰替り候 外ニ免
由五郎右衛門家内男女共上下十人相籠候由
右外附人下役共ニ而申候由 家来入用足し
入用之貫目程ニ而も一ヶ年之
左様ニ書面ニ通り之定ニ難ニ御座候
一 銀山鉛町ニ地所小原村山中ニ有之
候由 □ 出水多く当山ニ而も相成銀ニ出不

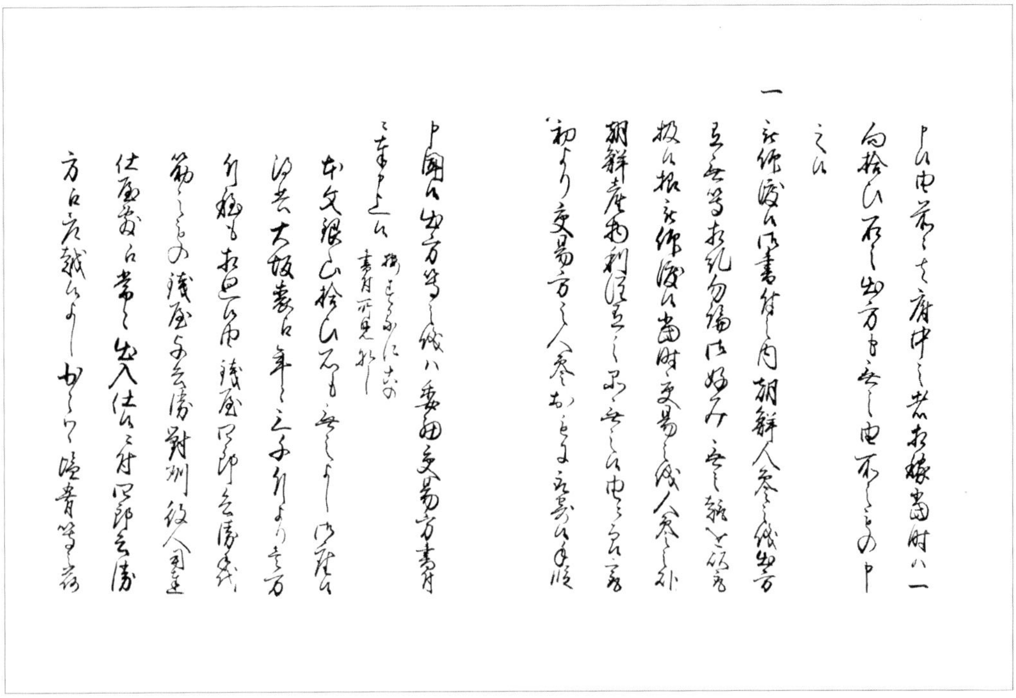

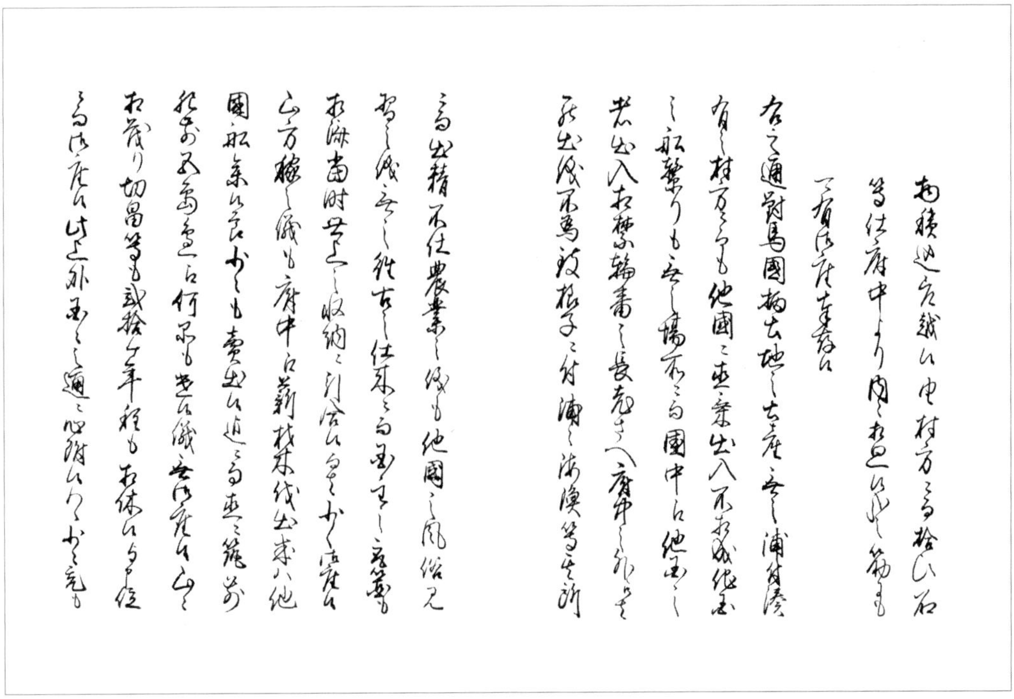

切開出来可仕候ニも承候浦洲ノ切目可
相成場所ニ御座候ニ付一躰右地除浪泊ニ相成
候ニ而無之ニ付出来仕候ニ而東辺ニ当時
四方之所出も随相見え候ニ付至而八諸侯
御世之船行ニ而尤無之変更之而相納候
させ候仕法ニ御座候朝鮮交易之外往復
来朝之品々金銀売投有之諸役人共
町家之風俗ニ而一時之利潤ニ服し相立来候

領土中右地之収納ハ却而外国之根ニ付候
当時御国窮候ニ付御倹約ニ候年々家
中之充行之米朝鮮米ニ相用候旨追而も
矣域之穀物式ニ渡来之節ニ而尤文
船荷之儀ニ御座候朝鮮交易之儀も莫大
相成候不申候得共当御利益之防害
方之助けニも相成候儀ニ付朝鮮国
より如斯之往来相成不申候のみ申上候

然彼地之根子ハ外より不相分儀ニ御座候
中古交易禁止之節多分之利潤有之候
迹も之有之喜悦繕候之節実ハ益無
之当時他借之儀も後年ニ至相成候へ交易之
元入相成仕候節ニ至ニ金子共当座之凌ニ
仕置候ニ付候利潤六万千八百石程ニ相当
交易之方ニ通根子ニ而ニ御座候城地之外
市中之人民拾万石之在所ニ而残く之万

石位之右地ニ御座候ニ而収納之代元ニ立不
並之儀共相続候而右程之困窮も有
御座候処交易禁止之節以来之困窮
今又拾万之余之者ニ而御座候書面之
通家中出入之節又ハ市中町人共之四村之
財分村方ニ而及見候書面之趣奉申上候以上

佐久間甚八

辰
九月

近藤家所蔵写書

위
1 : 208,000
0
5km
10km
N
国道 382 号線
県道など
町の境界線
三ツ島
海栗島
鰐浦
豊
大浦
泉
古里
河内
比田勝
西泊
比田勝港
佐須奈湾
西津屋
棹崎公園
千俵蒔山
佐須奈
玖須
網代
浜久須
富ケ浦
唐舟志
湊
井口
大増
佐護
恵古
舟志
舟志湾
仁田ノ内
五根緒
上県町
上対馬町
御岳
茂木
志多留
田の浜
伊奈
琴
越高
瀬田
御園
仁田湾
樫滝
芦見
犬ケ浦
飼所
一重
鹿見
小鹿
382
久原
女連
志越
峰町
津柳
三根
大久保
志多賀
青海
海神神社
佐賀
木坂
狩尾
賀佐
佐賀浦
吉田
銘
田
網島
大綱

和多都美神社
和板
浦底
烏帽子岳
糸瀬
濃部
賀谷
382
廻
貝口
唐洲
加藤
佐志賀
嵯峨
貝鮒
赤島
芦ヶ浦
小船越
浅茅湾
鴨居瀬
美津島町
昼ヶ浦
大山
島山
犬吠
尾崎
吹崎
城山
竹敷
玉調
黒島
万関橋
黒瀬
久須保
今里
加志
箕形
対馬空港
緒方
樽ヶ浜
大船越
洲藻
白岳
阿連
鶏知
厳原町
根緒
小茂田
382
曲
椎根
下原
床屋
南室
樫根
小浦
阿須
土富
有明山
厳原
日掛
厳原港
上槻
矢立山
久田
久根田舎
久根浜
尾浦
内山
瀬
竜良山
安神
豆酘
久和
浅藻
内院
1 : 208,000
0
5km
10km
神崎

下縣郡

〈겐로쿠쓰시마쿠니에즈(元祿對馬國繪圖)〉

|출전| 九州國立博物館 · 長崎県立対馬歴史民俗資料館編, 『日朝交流の軌跡』, 瞬報社, 2012.

# 竹島文談

# 죽도문담

# 해제

『죽도문담(竹島文談)』이란 에도시대 쓰시마의 번사 스야마 쇼에몬(陶山庄右衛門)이 1695년 동료 번사 가시마 효스케(賀島兵助)와 주고받은 서한이다.

스야마 쇼에몬(1657~1732)은 유학자이자 농정가(農政家)이다. 이름은 나가로우(存), 자(字)는 시도(士道), 별호는 도츠안(訥庵), 돈오(鈍翁), 통칭은 쇼에몬(庄右衛門)이다. 저작에는 『농정문답(農政問答)』, 『노농유어(老農類語)』 등이 있다. 쓰시마 후추(府中: 현재 이즈하라)에서 유의(儒醫)의 아들로 태어났다. 에도로 가서 유학자 기노시타 준안(木下順庵)의 문하생이 되어 주자학을 사사받았고, 교토 등지에서 유학(遊學)하다 1680년 가독(家督)을 계승했다.

가시마 효스케(1645~1697)도 쓰시마 번사로, 1675년 부대관(副代官)으로서 규슈(九州) 사가현(佐賀県)에 위치한 쓰시마번의 영지 다시로(田代)령에서 식림(植林), 치수, 양잠 등을 추진했다. 1687년 오메쓰케(大目付)가 되었으나 번청에 제출한 의견서가 번주의 노여움을 사는 바람에 유폐되었다.

스야마는 가독을 계승한 후 쓰시마번을 위해 진력했다. 그는 1681년, 변이표(卞爾標)와 한후원(韓後瑗)이 이끄는 문위행(問慰行: 도해역관사) 일행을 쓰시마까지 호행하기 위해 조선에 갔다. 1685년, 번청의 지시를 받아 히라타 나오에몬(平田直右衛門), 가노 고노스케(加納幸之助)와 함께 『종씨가보(宗氏家譜)』의 편찬 작업에 종사했다. 『종씨가보』란 중세에서 근세 초기까지 쓰시마의 영주였던 소씨(宗氏)의 계보를 정리한 것으로 1686년에 성립되었다. 스야마는 조선과 쓰시마 사이에서 1693년부터 진행되던 '울릉도쟁계(鬱陵島爭界)'에서 쓰시마의 행동 방향을 전환시키는 데 기여했고, 1699년부터 1708년까지 고오리부교(郡奉行)를 역임하여 고오리(郡)의 서정(庶政)을 관장하기도 했다.

이 책에서 『죽도문담』을 소개하는 이유는 여기에 '울릉도쟁계'에 관한 스야마의 견해가 수록되어 있기 때문이다. 울릉도쟁계는 1693년 돗토리(鳥取)번 상인 오야(大谷)씨 가문의 선원들이 안용복(安龍福)과 박어둔(朴於屯) 두 사람을 울릉도에서 돗토리번으로 연행해 가면서 시작되었다. 이 사건을 계기로 조선과 일본 양국 간에는 쓰시마를 매개로 한 외교교섭이 시작되었고, 울릉도의 영속(領屬) 여부가 외교 문제로 부상하게 되었다. 조선에서는 이 사건을 '울릉도쟁계'라 불렀고, 울릉도를 죽도(竹島)라 지칭하던 전근대 일본에서는 이 사건을 '다케시마잇켄(竹島一件)' 또는 '겐로쿠다케시마잇켄(元祿竹島一件)'이라 칭했다.

조선인이 연행되어 온 사실을 보고받은 돗토리번은 막부를 상대로 '종래와 같이 요나고 상인이 竹島(울릉도)산 전복을 배타적으로 확보하여 막부에 계속 헌상하기 위해서는 앞으로 조선인이 竹島에 오지 못하게 해야 한다'고 주장했다. 막부는 이를 인정하여 5월 로주(老中) 쓰치야 마사나오(土屋政直)가 쓰시마번에게 '돗토리번으로 연행된 조선인 두 명은 나가사키부교쇼(長崎奉行所)로 보내 쓰시마가 인수하고, 금후 조선인의 竹島 출입을 금하도록 조선정부에 전하라'고 명했다.

1693년 9월 쓰시마 번청에서는 '다시는 竹島에 조선인이 오지 않도록 조선정부에 전하라'는 막부의 명령을 놓고 논의가 행해졌다. 이 시점에 쓰시마 번주는 소 요시쓰구(宗義倫)였지만, 실제로 번정을 주도하고 있던 인물은 전(前) 번주이자 요시쓰구의 부친인 소 요시자네(宗義眞)였다. 그런데 그 논의에서 중의(衆議)를 차지한 견해는 '막부의 의향이라는 점을 전면에 내세워 임하면 교섭이 어렵지 않게 풀릴 테니 참판사(임시사절)를 파견하자'는 쪽으로 기울어졌다.

조선인을 송환하라는 막부의 지시를 받은 쓰시마는 과거 조선통교의 경험에 비추어 막부가 언급한 '竹島'가 조선의 영토인 '울릉도'일 가능성을 의심했고, 왜관을 통해 독자적으로 확인 작업을 추진하기도 했다. 그러나 쓰시마는 일도이명(一島二名), 즉 일본에서 竹島라 부르는 섬이 조선의 울릉도라는 사실을 막부에 상신하지 않은 채 조선과의 교섭을 개시했다. 당초 막부의 지시는 '竹島에 조선인의 도항을 금지하라는 뜻을 조선정부에 전하라'는 것이었는데, 쓰시마는 '일본의 竹島에 조선인이 도항하는 것을 금지해 달라'라는 내용의 외교문서를 조선에 제출했다. 쓰시마는 조선으로부터 '竹島가 일본의 영토'라고 인정하는 내용의 공식문서를 받아내고자 했던 것이다.

이에 쓰시마의 번사 다다 요자에몬(多田與右衛門)이 1693년, 1694년 두 번에 걸쳐 조선에 건너와 교섭을 진행했다. 그러나 최종적으로 조선정부가 발급한 회답 서계에는 '竹島는 울릉도의 다른 명칭이며 울릉도는 조선의 영역이니, 일본의 어민들이 경계를 넘어 침범해 와서 울릉도에 간 조선의 어민들을 잡아간 것이야말로 잘못된 행위'라는 점이 명확하게 언급되어 있었다.

조선의 답서 내용에 불만을 품은 쓰시마는 1695년 5월 재판(裁判) 다카세 하치에몬(高勢八右衛門), 스야마 쇼에몬, 아비루 소헤이(阿比留惣兵衛) 등을 조선에 파견하여 동래부사 앞으로 조선의 답서에 관한 4개조의 항의문을 제출했다. 또한 조선 답서의 내용이 적절하지 않다는 이유로 6월 말 가로(家老) 스기무라 우네메(杉村采女)를 정사(正使)로 하는 임시사절을 조선에 파견하기로 결정했으나 이 사행은 7월이 되어 연기되었다.

이 사행이 연기된 배경에는 또다시 조선과 교섭을 재개하기 전에 일단 막부와 논의하여 지침을 받을 필요가 있다는 의견이 번론(藩論)을 움직였기 때문이다. 이러한 의견을 주도한 것은 스야마 쇼에몬을 비롯하여 히라타 모자에몬(平田茂左衛門), 가로 스기무라 우네메 등이었고, 결국 번청은 당초의 방침을 바꾸어 그간의 대조선 교섭 경과를 막부에 보고한 뒤 막부의 지시를 받아 행동하기로 결정했다.

1695년 10월 에도에 도착한 전 번주 소 요시자네는 로주 아베 마사타케에게 그간 조선과 주고받은 서계 4통의 사본과 『여지승람』·『지봉유설』의 발췌서, 본인의 진술서를 제출하고, 차후의 교섭 방향에 관해 막부의 의향을 구했다. 이때 요시자네가 제출한 진술서(11월 25일부·28일부)에는 그간 조선과의 교섭 경위, 특히 조선 답서의 문언 및 그에 대해 쓰시마가 항의해 온 과정이 서술되어 있었다.

아마도 막부는 이 시점에서 지난 수십 년간 돗토리번 요나고의 주민들이 도항해 온 竹島가 조선의 섬일 수 있다는 사실을 알게 되었을 것이다. 왜냐하면 곧 막부의 로주 아베 마사타케가 돗토리번에 질의서를 보내 竹島(울릉도)와 松島(독도)의 소속에 관해 문의했기 때문이다. 그러자 돗토리번은 '竹島는 이나바(因幡), 호키(伯耆)에 속하지 않는다. (중략) 竹島(울릉도), 松島(독도) 그 외 兩國(이나바, 호키)에 부속된 섬은 없다'고 회답했다. 이 회답이 竹島에 관한 막부의 의사를 결정짓는 요인으로 작용했다.

竹島에 일본인이 거주했다는 사실이 없고 일본이 지배했다는 증거도 없다고 판단한 막부는 이듬해인 1696년 1월, 돗토리 번주 이케다 쓰나키요(池田綱淸)에게 '죽도 도해 금지'를 명했다. 이로써 그간 약 70년 동안 울릉도에 도항하여 어획 활동을 해 온 돗토리번의 두 가문(오야·무라카와)은 더 이상 울릉도 도항을 할 수 없게 되었다. 또한 쓰시마번에게는 막부가 돗토리번에 '죽도 도해 금지' 명령을 내렸다는 사실을 조선정부에 통보하도록 했다.

울릉도를 둘러싼 외교교섭은 막부가 먼저 쓰시마에게 지시한 사안이라는 점에서 조선 후기 조일관계에서는 매우 드문 케이스였다. 그런 만큼 쓰시마에게 이 교섭이 지니는 의미는 컸고, 이 기회에 조선정부로부터 울릉도를 일본의 영역으로 인정하는 공식 문서를 받아내서 막부에 공적을 세워 보려는 공명심이 작용했을 가능성이 높다.

하지만 쓰시마는 막부의 지시에서 비롯된 이 중요한 교섭에서 당초 의도한 결과를 끝내 얻어내지 못했다. 단순히 얻어내지 못한 정도가 아니라 햇수로 4년의 세월을 소모한 끝에, 자신들이 처음 내뱉은 주장과 정반대되는 막부의 결정 내용을 직접 조선에 전달해야 하는 처지가 된 것이다. 원하는 바를 조선이 수락해 주지 않으면 왜관에 체류하는 기간을 질질 끌어 조선의 경제적 부담(사신 접대비용)을 증대시키거나, 집단으로 왜관을 뛰쳐나와 동래부에 가서 항의하는 등 갖가지 방법으로 조선을 압박해서 차선책의 동의라도 이끌어내는 경우가 많았던 쓰시마에게 이것은 치명적인 외교 실패이자 위신의 추락이었다. 울릉도쟁계의 결과는 실제로 그 이후의 조선–쓰시마 관계에 영향을 미친 듯하다. 각종 교섭의 장에서 쓰시마를 대하는 조선의 태도가 쟁계 이전에 비해 훨씬 강경해지고, 종래 유효했던 쓰시마의 위협적인 태도가 효력을 잃었음을 그들 자신이 피부로 느낄 정도였다.

조선이 쓰시마가 요청하는 식의 외교문서 발급을 완강하게 거부하며 교섭이 교착상태에 빠지자 1695년, 쓰시마 번내에서는 울릉도쟁계에 관해 강경론과 현실론 두 개의 노선을 놓고 그 대책이 검토되기에 이르렀다. 스야마는 울릉도의 상황을 에도 막부가 올바르게 인지하도록 보고한 후 다시 교섭해야 한다고 주장했는데, 그가 당시 유폐 중이던 번사 가시마와 울릉도쟁계에 관해 상의하며 주고받은 서한이 바로 『죽도문담』이다.

실제로 1695년 前 번주 요시자네가 막부에 그간의 교섭 과정을 보고하고 난 뒤 울릉도쟁계는 국면 전환을 맞게 되었는데, 스야마는 쓰시마가 번론(藩論)을 전환하여 일단 막부에 보고하도록 기여한 번사의 일원이었다. 스야마가 그러한 주장을 펼친 데에는 2년 이상의 기간을 소비한 대조선 교섭이 현실적으로 패착한 것이나 다름없는 상황에서, 막부에 사실대로 보고하는 편이 향후 쓰시마로 향할 수 있는 막부의 질책과 추궁을 최소화할 수 있다는 판단이 작용했을 것이다.

또한 무엇보다도 竹島가 곧 울릉도임을 잘 알고 있으면서 쓰시마가 사실관계를 교묘하게 왜곡해 교섭을 강행하는 것 자체가 '이치에 맞지 않는다(理不成)'는 생각이 크게 작용한 듯하다. "竹島는 조선의 섬이 분명한데, 그 섬을 영원히 일본의 속도(屬島)로 만드는 일은 다른 나라의 섬을 억지로 취하여 일본의 막부에 바치는 것이기 때문에 불의(不義)이지 충공(忠功)은 아니다", "조선으로부터 역대 당주님들은 은혜를 입은 셈이니 억지로 그들의 섬을 취하여 일본에 부속시키는 것은 실로 불인불의(不仁不義)한 일이다"라는 본문의 구절은 스야먀의 핵심적인 견해로 보인다.

1695년, 스야마는 드디어 막부에 보고하기 위해 前 번주 요시자네와 함께 에도로 향했으나 도중 병을 칭해 교토에 체류하고 에도까지 수행하지는 못했다. 그런데 에도에 도착한 요시자네가 막부 로주에게 보고한 내용은 이전 쓰시마가 조선에 제출했던 '4개조의 항의문'과 크게 바뀐 바가 없었다. 즉 막부에 사건의 내막과 교섭 경과를 '있는 그대로' 보고할 것을 건의했던 스야마의 의견이 100퍼센트 관철되지는 않았던 것이다.

『죽도문담』에는 이와 같은 스야마의 의견, 울릉도를 일본의 영토로 만들 수 있는 절호의 기회라고 본 쓰시마번 고위 중신들, 그리고 울릉도의 상황에 관해 사전지식이 거의 없던 막부, 이 삼자의 모습이 적나라하게 묘사되어 있다. 독자들은 이 사료를 통해 조선통교에 임하는 쓰시마

번사들의 다양한 시각뿐만 아니라 실제로 대조선 교섭의 방향이나 과정이 쓰시마 내에서 어떤 식으로 논의되고 결정되었는지, 그 일례를 엿볼 수 있을 것이다.

이 책에서 사용한 『죽도문담』은 타키모토 세이이치(瀧本誠一) 편, 『일본경제총서(日本經濟叢書)』 권13(日本経済叢書刊行会, 1915)에 수록된 것을 저본으로 했다. 『일본경제총서』에 수록된 『죽도문담』은 탈초 과정을 거친 활자체이나, 번역하는 과정에서 구두점(,)과 병렬점(·)의 기재에 오류가 의심되는 부분이 다수 발견되었다. 따라서 이 책에서는 『일본경제총서』에 수록된 활자체 문장을 그대로 옮기되 역자의 판단에 따라 구두점(,)과 병렬점(·)을 수정하여 기재하고, 역자가 수정한 부분은 밑줄을 그어 표시해 두었다.

# 본문

**竹島一件に付, 加島・陶山兩氏往復書狀寫**

爲心殿事, 貞享二乙丑正月二十四日配所へ被ㇾ遣候事, 七拾石之知行豊田藤兵衛と云人にて, 大浦權太夫時代御賄役之由に候處, 如何之譯に候哉, 於ニ江戶表ㇾ出走有ㇾ之, 二十三年振に御屋敷へ被ニ立歸ㇾ候處, 江戶より直に御國へ被ニ差送ㇾ, 船揚伊奈鄕越高村へ流罪被ニ仰付ㇾ候人にて, 加島・陶山別懇之人之由也. 但出走之內剃髮して爲心と改名にて, 御屋鋪へ立歸り, 田舍へ流人之節も爲心と有ㇾ之也. 娘兩人有ㇾ之由にて, 壹人は小磯何某, 壹人は藤松方へ嫁し有ㇾ之候由也. 且つ落合與兵衛實母より聞傳へ, 尤も右之人者與兵衛母緣類之人と相聞.

죽도일건에 관하여 가시마(賀島)·스야마(陶山) 두 사람이 주고받은 서한의 사본

이신(爲心)님이 조쿄(貞享)[1]2 을축년(乙丑年, 1685) 정월 24일 유배지로 보내진 상황에 관해서이

1 조쿄(貞享) : 일본의 연호. 1684~1688년 사이에 사용되었다.

다. 그는 70석(石)의 지행(知行)[2]을 하사받은 도요다 도베에(豊田藤兵衛)라는 사람으로, 오우라 곤다유(大浦權太夫)[3] 시절 마카나이야쿠(賄役)[4]를 맡았는데, 어찌 된 연유인지 에도(江戶)에서 무단으로 이탈하였다. 23년 만에 저택으로 돌아왔으나, 에도에서 바로 쓰시마(對馬)[5]로 송환되어 선착장인 이나고(伊奈鄕)[6] 고시타카무라(越高村)로 유배에 처해진 사람으로, 가시마·스야마와 절친한 사이라고 한다. 한편 달아났을 때 삭발하여 이신이라 개명하였는데, 에도 저택으로 돌아와 시골로 유배되었을 때도 이신이라고 하였다. 딸이 둘 있었다고 하는데, 한 사람은 고이소(小礒) 아무개에게, 다른 한 사람은 후지마쓰(藤松) 가문 쪽으로 시집갔다고 한다. 게다가 오치아이 요헤이(落合與兵衛)의 모친으로부터 전해 듣기로는 이 사람은 요헤이 모친의 인척이라고 한다.

### 竹島文談

爲心殿御下りに付呈㆓一簡㆒候. 此程其許より之御左右御座候處, 尊公御無異被㆑成㆓御座㆒, 小源治殿御様子も少々御快御座候由承及致㆓欣悅㆒候.某儀昨七日江戸御供被㆓仰付㆒御請申上, 罷登候筈に御座候. 采女殿朝鮮の御渡海, 江戸御參勤以後之御

---

2 지행(知行) : 일본 전근대 토지지배에 대한 개념으로, 에도시대에 막부 · 번이 가신에게 봉록으로 토지를 지급하는 것, 혹은 지급된 토지 자체를 의미하기도 한다.(『日本國語大辭典』)

3 오우라 곤다유(大浦權太夫, ?~1665) : 에도시대 쓰시마번의 무사. 본명은 나리토모(成友). 1660년 번주 소 요시자네에게 발탁되어 4년간 재정 개혁에 종사했다. 쓰시마 전역의 검지(檢地)를 실시하였으며 토지의 공령화, 녹제(祿制) 개혁 등을 추진했으나, 번 무사들의 끊임없는 반발로 인해 죄를 얻어 1665년에 처형되었다.(『日本人名大辭典』)

4 마카나이야쿠(賄役) : 에도시대 막부 · 번의 역직 중 하나로, 쇼군 · 다이묘가 거주하는 성에 식료품 공급을 담당했다.(『日本國語大辭典』)

5 전근대 일본의 행정구역인 '구니(國)'라는 개념을 기반으로 에도시대에는 다이묘(大名)의 영지를 '오쿠니(御國)' 혹은 '구니모토(國元 · 國許)'라고 불렀다. 본 사료에 등장하는 '오쿠니'는 쓰시마이기에 이하 '쓰시마'로 번역했다.

6 이나고(伊奈鄕) : 나가사키현(長崎縣) 쓰시마시(對馬市) 가미아가타군(上縣郡)에 있었던 옛 지명으로, 쓰시마번의 행정단위인 8고(鄕)의 하나였다.(『日本歷史地名大系』) 가시마의 유배지이다.

一左右御待被レ成候筈に御座候. 某にも其節致ニ歸鄕一, 朝鮮へ罷渡候にて可レ有ニ御座一候. 然共病體未レ得ニ全癒一, 海陸之長途を經致ニ往來一儀に御座候故, 病氣致ニ再發一儀も可レ有ニ御座一と存候得共, 兎角は君命に任せ申身に御座候間, 一言之辭退も不ニ申上一候.

## 죽도문담

이신님이 내려가시는데 그 편에 서한을 보냅니다.[7] 최근 그쪽의 소식을 듣기로는 귀하(가시마)께서도 무탈하시며 고겐지(小源治)[8]님의 건강도 점차 나아진다고 하니 매우 기쁩니다. 저는 어제 7일 [前 번주님[9]의] 에도행을 수행하기를 청원하여 상경하게 될 것입니다. 우네메(采女)[10]님

---

7 여기서부터가 스야마가 가시마에게 보낸 서한이다.

8 고겐지(小源治) : 상세히 알 수 없으나, 가시마가 유배지에서 간병에 힘쓰고 있다고 하는 내용을 보아 그의 아들로 추측된다.

9 본 사료에서 존칭의 대상이 되는 것은 당시 은거한 前 번주 소 요시자네(宗義眞, 1639~1702, 번주 재직 1657~1692)로, 사료상에서는 '고인쿄사마(御隱居樣)'라고 불리고 있다. 이하 요시자네를 칭하는 '고인쿄사마'는 '전 번주님'으로 번역하며, 또한 문장 내에 생략된 경우에도 필요에 따라 기입하겠다. 에도시대 쓰시마번 3대 번주 소 요시자네는 아명이 히코만(彦滿)이었으며, 1655년 종4위하(從四位下) 하리마노카미(播磨守)를, 그리고 1657년 번주에 취임함과 동시에 종4위하 지주(侍從)·쓰시마노카미(對馬守)의 직을 하사받았다. 번주 취임 후 회계에 능통한 오우라 곤다유를 등용해 번정개혁(藩政改革)을 단행하였으나, 번 내의 반발에 부딪히기도 했다. 요시자네의 치세는 번 내의 은광 개발 및 조선 무역의 성행(특히 인삼 무역)으로 쓰시마번이 전성기를 맞이하던 시대였다. 이를 기반으로 소 가문의 가격(家格)을 2만 석 격에서 10만 석 이상 격으로 공인받고자 하였으며, 유능한 유학자들을 등용하는 등 다방면에서 체제 정비가 이루어졌다. 이후 1692년이 되면 요시자네는 번주 직을 아들 소 요시쓰구(宗義倫)에게 물려주고 은거한 뒤 교부타유(刑部大輔)라고 칭했다. 하지만 얼마 뒤 겐로쿠다케시마잇켄(元祿竹島一件)이 한창이었던 1694년에 요시쓰구가 사거한 뒤, 요시자네의 다른 아들인 소 요시미치(宗義方)가 어린 나이에 번주 자리를 잇자 조선 통교 등 번의 중대사는 다시금 요시자네가 관할하게 되었다. 한편 요시자네의 만년에 이르면 막부의 겐로쿠은(元祿銀) 주조 정책으로 조선 무역은 타격을 입었으며, 게다가 은광 또한 고갈되기 시작해 쓰시마번의 재정은 쇠퇴하기 시작했다.(『國史大辭典』)

10 우네메(采女) : 쓰시마번 가로(家老) 스기무라 우네메(杉村采女, ?~1702)로, 「覺書」에는 본명이 사네아키(眞顯)로 되어 있으나 조선 측 사료에서는 다이라노 사네나가(平眞長)라는 이름으로 등장한다. 1669년에 성인식[元服]을 치렀으며 처음에는 이오리(伊職)라 칭했으나 1690년에 우네메로, 이후 1699년에는 다시 지카라(主稅)로 개명했다. 1675년부터 번의 발급 문서 전체

의 조선 도해는 에도 참근(參勤)[11] 이후의 결과를 기다려서 이루어질 것입니다. 저도 그때 쓰시마로 돌아와 조선으로 건너갈 것입니다. 허나 병이 아직 완쾌되지 않아서, 해륙의 긴 여정을 거쳐 왕래하는 일에 병이 재발할 우려가 있지만 어찌 되었든 주군의 명을 받은 몸이므로 사퇴 의사를 한마디도 표하지 않았습니다.

一. 某を御供被二仰付一候主意は, 此一件を公儀へ御伺被レ成候て後, 御改之御使者被二差渡一候儀, 十全之策と被二思召一候により, 某を被二召連一公儀へ御伺之節被二差出一候,—御年寄衆へ被二差添一候爲と承候. 然共江戸にて之御様子は如何變じ可レ申も難レ量候. 四月九日某を初而被二召出一候節, 與左衛門殿御誘引被レ成, 御首尾之御相談にて其後貳參度罷出候上, 與左衛門殿御誘引御相談大概相濟み, 此

---

에 날인할 자격을 얻어 가로가 되었다.(鈴木棠三 편, 「覺書」) 겐로쿠다케시마잇켄 때에는 조선인이 향후 죽도에 건너오지 않게끔 조선 측에 전하라는 막부의 지시를 처음으로 받은 뒤, 조선의 섬인 울릉도와 죽도가 같은 섬이 아닌지 알아보는 등 신중히 접근하고자 하는 자세를 취하였으나, 일단 막부의 지시대로 조선에 전하고자 하는 다른 가로들의 중론을 막지는 못했다. 이후 죽도 도해 금지 요청을 위해 조선에 건너간 다다 요자에몬(多田與左衛門)이 회답 서계의 내용 수정 교섭에 실패한 뒤, 다시금 동일 사항을 요청하는 사절로 우네메가 조선에 파견될 예정이었으나(스야마 또한 동행할 예정이었다), 막부 방침의 전환으로 도해가 취소되었다. 그는 겐로쿠다케시마잇켄의 처리에 관해 다키 로쿠로에몬(瀧六郎右衛門) 등 강경파의 의견을 논파할 기회를 달라고 한 스야마의 요청을 받아들여 논쟁의 자리를 마련함으로써 번의 중론을 움직이는 계기를 만들었다. 그는 번 무사들의 의견을 듣도록 요시자네에게 청원하여 스야마 · 다키 등의 의견서를 수합해 읽어보는 등 논쟁에서는 조정자의 위치에 서 있었으나, 실제로는 스야마의 의견에 동조 · 지지하고 있었던 것으로 보인다.(池内敏, 「竹島一件の再検討」)

11 참근(參勤) : 산킨코타이(參勤交代)는 에도시대 다이묘들에게 부과한 의무의 하나로, 일정 기간 동안 영지를 떠나 에도의 저택에 거주하게 한 제도이다. 이전에는 다이묘들의 에도 거주를 장려하는 정도였으나, 막부는 1635년의 부케쇼핫토(武家諸法度) 조문에 산킨코타이 제도를 명문화하였으며, 1642년에는 그 대상을 후다이다이묘(譜代大名)까지 확대하여 전 다이묘를 대상으로 일반화하였다. 단 도쿠가와 고산케(德川御三家)의 하나인 미토번주(水戸藩主)와 막부의 역직을 담당한 다이묘들은 에도에 상주하는 것이 원칙이었다. 산킨코타이 제도하에 다이묘들은 원칙적으로 격년으로 에도와 영지를 오갔으나, 1722년에 막부는 다이묘들의 재정 궁핍을 타개하기 위해 에도 체류 기간을 줄이는 등 일시적으로 제도를 완화했으나, 얼마 지나지 않아 다시 복귀시켰다.(『國史大辭典』)

一件之存寄無㆑憚申上候得と御意を蒙り候故, 四月十五日此一件之全體公儀へ被㆓仰上㆒候上にて,朝鮮之方を御極め被㆑遊候段第一之策に御座候. 全體を御窺被㆑遊段御遠慮に被㆓思召㆒, 前以御伺不㆑被㆑遊候て不㆑叶時分兩度迄缺居候を, 御氣遣被㆑遊儀に御座候得共,其段御誤に不㆑被㆑成樣被㆓仰分㆒候,—存寄段々御座候間,—致㆓書載㆒差上可㆑申候.

一. 저의 동행을 명하신 [前 번주님의] 의도는 이번 사건을 막부에 보고한 뒤 새로운 사자를 도해시키는 것이 상책이라고 생각하시어, 저를 데려가 막부에 보고할 때 출석할 가로(家老)[12]들과 동행시키기 위해서라고 들었습니다. 그렇지만 에도의 정황이 어떻게 바뀔지 헤아리기 어렵습니다. 4월 9일 저를 처음으로 부르셨을 때 요자에몬(與左衛門)[13]님을 불러 일 처리에 대해 의논하고,[14] 이후 두세 차례 참석해 요자에몬님도 함께한 의논이 어느 정도 끝나자 이

12 본문의 표기는 '도시요리(年寄)'이나, 이하 '가로'로 해석하겠다.

13 요자에몬(與左衛門) : 쓰시마번 가로 다다 요자에몬(多田與左衛門, ?~1697)으로 「覺書」에 따르면 본명은 사네마사(眞昌)이나, 조선의 사료에서는 다치바나 사네시게(橘眞重)라는 이름으로 등장한다. 안용복의 피랍 이후 막부가 죽도에 조선인의 도해를 금해 줄 것을 조선에 통보하라는 지시를 쓰시마에 내리자 이를 전하기 위해 사신으로 파견되었다. 그러나 조선의 회답 서계에 '우리나라의 경계인 울릉도(弊境之蔚陵島)'라는 내용이 적혀 있어 이를 부적절한 내용이라 하며 수정해 줄 것을 요청했지만 받아들여지지 않아 일시 귀국했다.

이후 서계의 내용 수정을 위해 재차 도일해 수정한 회답 서계를 수령했지만, 그 내용은 '죽도와 울릉도는 하나의 섬이자 조선 땅이므로 조선인의 도해 금지를 요구하는 것은 양국의 성신에 어긋난다'는 내용이었다. 더욱이 먼저 서계의 초본을 확인한 뒤 내용의 조정을 거치던 전례와는 달리, 구두로만 전달된 채 사전 개봉하지 말고 그대로 서계를 수령해 가라는 대답을 들었다. 이러한 결과로 인해 다다는 요시자네로부터 심한 질책을 받았으며 회답 서계의 초본을 수령해 오기 전에는 귀국을 금지한다는 지시를 받았다.

이후 다다는 새로운 회답 서계의 내용에 관하여 요시자네가 의문스럽게 생각하는 점에 관해 대답을 들은 뒤 귀국하도록 지시받았으며, 요시자네가 보낸 의문사항을 바탕으로 일명 '4개조의 항의문'을 작성해 조선 측에 제출했다.

14 본 사료, 즉 스야마와 가시마가 편지를 주고받은 시기는 1695년이나, 동년 4월에 다다는 이미 회답 서계 수정을 요청하기 위해 재차 조선에 도해해 있었다. 따라서 이하 등장하는 4월의 시점은 다다가 일시 귀국한 뒤 쓰시마에 체류 중인 시기, 즉 가시마

사건에 대한 의견을 거리낌 없이 아뢰라고 하셨습니다. 그래서 4월 15일에 "이 일의 전말을 막부에 아뢰어 조선의 일을 마무리 짓도록 하는 것이 첫 번째 방책입니다. 일의 전체를 아뢰는 것을 꺼리셔서 사전에 보고해야 했음에도 두 번이나 빠뜨린 것은 우려할 만하지만, 이러한 조치가 잘못이 아니라고 막부가 판단하게 할 수 있는 생각이 여러모로 있어서 이를 적어 올리겠습니다.

御覧被㆑遊埒明候と被㆓思召㆒候はゞ, 先公儀を御極め被㆑遊候得かしと申上, 第二策は某を朝鮮へ被㆓差渡㆒, 與左衛門殿を御引せ不㆑被㆑成, 與左衛門殿を以て此一件御極め被㆑遊候へかし. 朝鮮國より日本との絶交を可㆑被㆑致とさへ不㆑被㆑存候はゞ, 此方より申懸候仕懸を以て, 公儀へ被㆓仰上㆒候程之御返簡には必定改り可㆑申と被㆑存候. 萬一彼方無㆓分別㆒候て改不㆑被㆑申候はゞ, 與左衛門殿は肅拜所の邊にて御切腹被㆑成候にて可㆑有㆓御座㆒,某儀も與左衛門殿之御相談之爲に被㆓差渡㆒候上は, 與左衛門殿之御相伴可㆑仕, 左樣に被㆑成候上にて只今之御返翰を公儀へ被㆓差上㆒,御不首尾に罷成候義有㆑之間敷と奉㆑存候由,其子細一々申上, 翌十六日にも右之第一策之儀を何卒御決斷被㆑遊候

보시고 해답을 얻으셨다 생각되시면 우선 막부와의 사안을 마무리 지어 주시기 바랍니다."라고 말씀드렸습니다. "두 번째 방책은 저를 조선으로 보내어 요자에몬님을 귀국시키지 않고 요자에몬님을 통해 이 사건을 마무리 지었으면 합니다. 조선에서 일본과 절교하겠다는 생각만 하지 않으면 우리가 문제를 제기해 막부에 올릴 수 있을 정도의 회답 서계로 필시 고쳐질 수 있으리라 생각합니다. 만약 조선 측이 분별없이 고쳐주지 않으면, 요자에몬님은 숙

와 스야마가 서한을 주고받기 1년 전인 1694년으로 보인다.(池内敏, 「竹島一件の再検討」)

배소(肅拜所)[15] 부근에서 할복해야 하며, 저도 요자에몬님에게 자문하기 위해 도해한 이상 요자에몬님과 함께 해야 할 것입니다. 이렇게 한 뒤에 현재의 회답 서계를 막부에 올려 막부의 신임을 잃는 일이 있어서는 안 된다고 생각합니다."[16]라고 자세한 내용을 하나하나 아뢰었으며, 다음 날인 16일에도 앞서 언급한 첫 번째 방책으로 부디 결단하시게끔

へかしと随分申上候得共,御信用不ㇾ被ㇾ遊候.ケ樣之段々筆頭に難ニ申上ㇾ, 曲折數々に御座候. 大概を申上候ては御心得被ㇾ成間敷と奉ㇾ存候得共, 責て右之程成共可ニ申上ㇾと存じ如ㇾ斯御座候. 先日朝鮮より罷歸り候以後にも第一策之儀申上, 被ニ仰上ㇾ之趣書載仕差上候得と被ニ仰付ㇾ, 河內益右衛門殿を書手之用に御附被ㇾ成, 數日私宅へ被ㇾ來, 右之下書昨日致ニ出來ㇾ候. 采女殿渡海被ニ差延ㇾ候事, 某儀東行に極候事, 皆段々曲折御座候.

적극 말씀드렸지만 받아들이지 않으셨습니다. 이러한 일들은 글로는 설명하기 어렵고 복잡한 사정이 많습니다. 대체적인 내용만 말씀드려서는 이해하지 못하시리라 여겨지지만, 적어도 이 정도라도 말씀드리는 것이 옳다고 여겨 이렇게 적습니다. 일전에 조선에서 돌아온 이후[17]에도 첫 번째 방책을 말씀드렸더니, 아뢰고자 하는 취지를 적어서 올리라고 분부하시

15 숙배소(肅拜所) : 왜관 바깥에 세워진 연향대청(宴享大廳)에 속한 건물로, 외대청(外大廳)이라고도 불렀다. 숙배소에는 조선국왕을 상징하는 전패(殿牌)가 세워져 있었다. 조선 후기, 왜관에 도착한 쓰시마의 사신들은 한양에 상경할 수 없었으므로 숙배소에 안치된 전패를 향해 절하는 것으로 조선국왕에 대한 진하를 대신했다. 이 의례를 봉진연(封進宴)이라고 한다.(田代和生,『新・倭館 – 鎖國時代の日本人町 – 』)

16 스야마의 두 번째 방책은 '사신인 다다 요자에몬이 조선에게 답서를 수정해 달라고 청원하여도 그것이 받아들여지지 않으니, 다다가 자신의 억울함을 증명하고자 할복한 뒤 이러한 상황을 전면에 내세워 사건의 책임은 조선 측에 있으며 쓰시마번은 무고하다'는 점을 막부에 탄원하자는 것이었다.

17 이 시점은 앞의 내용과는 달리, 재차 조선에 건너간 다다의 교섭을 지원하기 위해 스야마가 도해한 뒤, 함께 귀국한 1695년 6

고 가와치 마스에몬(河内益右衛門)님을 서기로 붙여주셔서, 수일간 저희 집에 와 글의 초고를 어제 완성했습니다. 우네메님의 도해가 연기되었다는 사실, 그리고 저의 에도행이 결정되었다는 사실 등이 그간의 경위입니다.

一. 今度某朝鮮へ罷渡,彼方と往復之書付眞文・和文共に十三通致二進覽一掛二御目一候.此十三通は某方に別に控無レ之候間, 二・三日御覽被レ成候はゞ, 慥成る飛脚便にて此方へ御送登せ可レ被レ下候. 此程采女殿へ申入候は, 西山寺・加納幸之助殿・瀧六郎右衛門殿・平田茂左衛門殿文才も有レ之, 朝鮮之事をも被レ存たる儀に御座候間,右四人之存寄書付させ御覽被レ成,御用に立ち可レ申儀に御座候はゞ,被二仰聞一被レ下候へかしと御賴被レ成候得, 此一件心易く相濟候存寄有レ之候由六郎右衛門殿・茂左衛門殿と被レ申候由,方々にて承事に御座候.六郎

右衛門殿は竹島今度日本之島に極申候樣成行被レ遊方可レ有レ之事に候.公事者日本十分之御勝公事と申儀を度々某にも被レ申,近來も彌左樣被レ申候と之儀方々にて承り申事に御座候得共, 某見識にては尊公御使者に御渡被レ成候而も,竹島を日本之島に極たる返翰御座被レ成候儀は, 決て不二相成一儀にて, 假令成申勢にても, 此方より左樣之不理成儀被二仰掛一間敷儀にて御座候. 彼國之理も立, 日本之理も立候御返簡を御心を被レ盡御取歸被レ成候ても, 不レ宜返翰など.

---

월 17일 이후이다.

一. 이번에 제가 조선으로 건너가 그들과 주고받은 한문 · 일문 도합 13통의 서한들을 보내드리니 읽어보시기 바랍니다. 이 13통은 제게 별도의 사본이 없으니, 2~3일간 읽어보신 뒤 믿을 만한 파발을 통해 이쪽으로 보내주시기 바랍니다. 근래 제가 우네메님께 "'세이잔지(西山寺)[18] 주지 · 가노 고노스케(加納幸之助) · 다키 로쿠로에몬(瀧六郎右衛門)[19] · 히라타 모자에몬(平田茂左衛門)이 문장에도 능통하고 조선의 사정도 잘 알고 있으므로, 이 네 사람에게 의견을 써내게 하여 읽어보고, 채택할 만한 것이 있다면 보고해 달라.'고 [前 번주님께서 우네메님께] 부탁하시고, '이 사건을 순조롭게 마무리 지을 의견을 지니고 있는 자는 로쿠로에몬 · 모자에몬'이라고 말씀하셨다는 사실을 주변에서 들었습니다. 로쿠로에몬님은 죽도(竹島: 울릉도)를 이번에 일본의 섬으로 확정지어야 한다는 의견인 것 같습니다. 분쟁은 일본이 충분히 이길 만한 분쟁이라고 때때로 제게도 말했으며, 근래에도 더욱 그렇게 말하고 다닌다고 여기저기에서 들었습니다. 그러나 제 견식으로는 공께서 사신으로 [조선에] 건너간다고 해도 죽도를 일본의 섬으로 확정한다는 [조선의] 답서를 받는 일은 결코 성사될 수 없으며, 설령 성사될 만한 형국이더라도 우리 쪽에서 그처럼 이치에 맞지 않는 주장을 해서는 안 됩니다. 조선의 이치에도 맞고 일본의 이치에도 맞는 회답 서계를 귀하께서 최선을 다해 받아오신다고 해도, 부적절한 답서라는 식의

---

18 세이잔지(西山寺) : 쓰시마 후추(府中)에 있었던 사원. 본래 종파는 진언종(眞言宗)이었으나, 무로마치(室町) 시대 후기부터 임제종(臨濟宗) 사원이 되었다. 조선에 보낼 국서 작성의 자문을 위해 교토 오산(京都 五山)에서 파견된 승려가 머무르는 사원이었던 이테이안(以酊庵)이 1732년 후추의 화재로 소실된 뒤에 세이잔지로 이테이안 승려의 거소를 옮겼다. 이테이안 승려가 국서 작성을 계기로 조일외교에 관여했던 것과 마찬가지로, 세이잔지의 주지도 종종 국서 작성에 관해 자문을 수행하였다. 이처럼 외교적 경험이 있는 존재였기 때문에 울릉도쟁계의 처리와 관련하여 세이잔지 주지의 의견 또한 수렴하도록 지시가 내려진 것으로 보인다.

19 다키 로쿠로에몬(瀧六郎右衛門) : 쓰시마번의 무사로, 1716년에 문위행(問慰行)을 호행하기 위해 조선에 도해했을 때에는 다이라노 미치스케(平方相)라고 칭했다. 울릉도쟁계에서는 죽도(울릉도)를 일본 땅으로 편입할 승산이 충분히 있으니 이를 추진할 것을 끊임없이 주장한 강경파의 대표적 인물로, 스야마와는 의견이 대립해 논쟁을 벌였다. 이후 1709년 무렵에는 번의 재정을 담당하는 간조카타야쿠닌(勘定方役人)을 역임했으며, 당시 쓰시마번에 닥쳐온 재정난을 타개하는 방편으로써 교역의 이익이 군비의 충실과 직결됨을 근거로 들어 막부에 은 수출량 증액을 청원하도록 가로들에게 건의하기도 했다.(田代和生, 『日朝交易と對馬藩』)

申候沙汰御座候ては，某には少も構不レ申候得共，尊公之御苦勞之功少き樣成行申候段如何と奉レ存候．殊に國中之智を御盡させ被レ成候段，御用之御爲にて御座候間，右四人之儀御賴被レ成候へ，竹島を丸取に仕る見識被ニ申出一候はゞ，其議論之相手には某可ニ罷成一候と申，采女殿御得心被レ成右之通被ニ仰上一，五・六日以來四人之內幸之助殿は不ニ罷出一，外之三人被ニ罷出一，某今度朝鮮にて調候書付之趣甚不レ宜由を被レ申，ケ樣に仕成し候上は，存寄御座候て申上候ても無益之ことゝ被レ申候由，御近習衆御語にて承り候．某申候は，其不レ宜次第一々書付させ御覽被レ成候て，某へ返答書を被ニ仰付一被レ下候得，何時にても其開きは某可ニ申上一と申置候．

사단이라도 발생한다면, 저는 조금도 거리낄 게 없지만 공께서 고생한 보람이 줄어들게 되는 결과가 되니 걱정스럽습니다. 특히 쓰시마 내에서 지혜를 모은 것은 조선 관계의 임무[20]를 위해서이므로, 위 네 사람이 [前 번주님의] 부탁을 받아 죽도를 통째로 취하려는 의견을 개진한다면 그 논쟁 상대는 제가 되어야 할 것입니다."라고 말씀드렸습니다. 그랬더니 우네메님께서 동의하시고 그렇게 [前 번주님께] 아뢰셨습니다. 5~6일 후 네 사람 중 고노스케님은 나오지 않고 다른 세 사람은 나와, 제가 이번에 조선에서 작성한 서한의 취지가 몹시 부적절하다고 하며 "그렇게 조치한 한에는 의견이 있어 아뢰더라도 도움이 되지 못한다."라고 했다는 긴주(近習)[21]들의 말을 들었습니다. 저는 [前 번주님께] "그 부적절한 바를 하나하나 적게 하여 보신 뒤 제게 그에 대한 답변을 작성하도록 분부해 주시기 바라며, 언제든 제 의견서를 열어보실 때 제가 옆에서 아뢰겠습니다."라고 말씀드렸습니다.

---

20 사료상에는 '어용(御用)'이라고 되어 있다. 이는 쓰시마번이 막부로부터 일임받은 조선 관계의 제반 업무를 가리킨다.

21 주군을 측근에서 모시는 신하.

然共いまだ書付も不レ仕, 只三人毎日被二罷出一, 某書付置候次第之不レ宜所を被レ申迄と相見申候. 然共其趣上には御信用被レ成たる様子共相見へ不レ申候. 某仕置候事之内にて不同意に被レ存候第一之ことは, 御返翰之注文を彼方に爲レ知たる事にて候と承り候. 六郎右衛門殿見識は竹島丸取に仕る見識にて御座候故, 彼注文甚心に叶不レ申筈にて御座候. 彼注文に付某所存段々有レ之事に御座候. 注文を彼方に遣し候儀, 後日公儀に被レ遊二御聞一御咎を被レ蒙候時,天下之御執政・諸執政を相手に仕候而も可二申開一と存居申候故,六郎右衛殿右之通被レ申候ても,左様之理も可レ有レ之哉とも存不レ申, 某心には天下執政之批判より尊公之御一言を重んじ恐れ申事に御座候間, 右之注文仕たる儀不レ宜と思召候所は, 其元より飛脚御立被レ成候便に御示教可レ被レ下候. 六郎右衛門殿心に叶不レ申と被レ申候所は, 皆某心に大節と存候所にて御座候.

그러나 [제 실책을] 적어내지도 않은 채, 지금 세 사람이 매일 나와 제가 쓴 문서의 부적절함만을 언급하는 듯합니다. 하지만 이런 상황에서는 [제 의견이] 수용될 조짐 또한 보이지 않습니다. 제가 처리한 일 중에서 가장 동의를 얻지 못한 것은 회답 서계의 주문서[22]를 조선 측에 알리는 것이라고 들었습니다. 로쿠로에몬님은 죽도를 통째로 취하려는 입장이기 때문에 그 내용이 몹시 마음에 거슬릴 겁니다. 그 주문서에 관해 저는 여러모로 의견을 갖고 있습니다. 주문서를 조선으로 보내는 건은 후일 막부에 아뢰어 추궁을 받을 때 막부의 로주(老中)[23]

22 조선 측에 회답 서계를 요청하는 쓰시마의 서한으로 추정된다.

23 로주(老中) : 에도 막부가 상치한 역직으로, 쇼군에게 직속해 막부의 정무 전반 및 다이묘 관계의 사항까지도 관할했다. 막부 초기에는 통칭 '도시요리슈(年寄衆)'라고 불렸으며, 간에이(寛永, 1624~1644) 시기 무렵부터 '로주'라는 명칭이 사용되었다. 정원은 4~5인이었으며, 대체로 영지 3만 석~12만 석 정도의 후다이다이묘(譜代大名) 중에서 취임하는 것이 일반적이었다. 때로는 쇼군의 후계자나 은거한 전 쇼군에게 부속된 로주도 있었다. 또한 로주의 상위에는 다이로(大老)가 있어 로주의 임무를 보다 전체적으로 통할하였으나, 상시직은 아니었다.(『國史大辭典』)

들을 상대로 해서 공개할 수 있으니, 로쿠로에몬님이 위와 같이 말해도 그 이치가 합당한지는 알지 못하겠습니다. 저는 막부 중신들의 비판보다 귀하의 말씀 한마디를 중히 여기고 있으니, 앞에서 말한 주문서를 조선에 보내는 일에 관해 부적절하다고 생각하시는 점이 있으면 그곳에서 [제게] 파발을 보내실 때 그 편에 알려주시기 바랍니다. 로쿠로에몬님이 마음에 거슬려 하는 점을 저도 진심으로 중요하다고 생각합니다.

竹島と蔚陵島二島に仕るこそ能く候に, 一島に仕たる注文惡敷と被レ申, 只今之返翰を不二取歸一乚館守に預け置申段惡敷と被レ申, 彼島を古の朝鮮に屬したると此方より許し候所も惡敷と被レ申候由承り候. 是皆此一件之大節にて御座候處, ケ樣に被レ申候段, 誠に某見識とは黑白之違にて御座候. 尊公之御心にも右之段々某申所惡しくと被二思召一候はば乚必可レ被二仰下一候. 今度之東行は公儀に御伺之節, 某を豊後守樣御用人へ御逢はせ被レ成候儀も可レ有二御座一候間,只今までの存寄甚惡敷事にて御座候はゞ, 豊後守樣之御用人へ對し申述候事にも,定て惡敷事可レ有二御座一候間乚愼み控可レ申候.

죽도와 울릉도를 두 개의 섬이라고 했어야 하는데 하나의 섬이라고 한 주문서가 잘못되었다 하고, 이번 답서를 받아 돌아오지 않고 [왜관] 관수(館守)에게 맡겨준 게 잘못되었다고 하며, 그 섬을 예로부터 조선에 속한 것이라고 이쪽에서 인정한 것도 잘못되었다고 하는 것을 들었습니다. 이는 모두 이번 일의 중대함 때문인데, 이렇게들 평하는 게 실로 제 생각과는 흑백이 다르듯이 상반됩니다. 귀하가 판단하기에도 이러한 저의 주장이 옳지 않다고 여기신다면 반드시 말씀해 주십시오. 이번 에도행은 막부에 보고할 때 저를 분고노카미(豊後守)[24]님의 가신들과 만

**24** 분고노카미(豊後守) : 에도시대 중기의 로주 아베 마사타케(阿部正武, 1649~1704, 로주 재직 1681~1704). 무사시노쿠니(武

나게 하시려는 의도도 있으니, 지금까지 말씀드린 의견에 심히 잘못된 부분이 있다면 분고노카미님의 가신들과 만나 얘기할 내용에도 분명 잘못이 생길 터라 삼가 꺼리는 것입니다.

右之趣尊公之御批判を受申度奉レ存心入にて, 如レ斯數通之書物を懸二御目一候. 尊公之御一言を神明之如く奉レ存罷在候間, 必御隔心なく大概之御批判承度奉レ存候. 右數通之書物之內, 枝葉之處は不レ宜儀如何程も可レ有二御座一候得共, 其段不レ被二仰聞一候ても不レ苦, 只右申上候大綱之處之是非は, 御心入之大意を承度奉レ存候. 竹島之儀日本之地を去る事百六拾四里, 朝鮮之地よりは樹木磯際迄相見へ, 誠に朝鮮に屬候段, 地圖_・書籍之考,_言語辨論之勞無く相知申たる事に御座候.三度之漂民を被二送還一候時之付屆無レ之候と申所を言立, 初度之返翰に貴界竹島と書き付被レ申たる所を言立にして, 彼島を永く日本之屬島と極め候樣仕度と被レ申候段, 假令其事成り候ても, 日本之公儀に他邦之島を無理に取りて被二差上一たるにて候故不義とは申候而も,_忠功とは被レ申間敷候.朝鮮よりは御先祖樣以來恩遇を御受被レ成たる事に御座候處, 無理に彼方之島を御取被レ成,日本に御附被レ成候段誠に不仁不義なる事にて可レ有二御座一と存候.

---

藏國) 오시번(忍藩) 8만 석(이후 10만 석)의 번주였다. 다이로 홋타 마사토시(堀田正俊, 1634~1684) 사후 그에 이어서 '조선 어용로주(朝鮮御用老中)'를 맡아 조선 통교를 수행하는 쓰시마번에게 자문 및 막부의 지시를 하달하는 역할을 수행하였다. 울릉도쟁계에 관해서는 초기에 돗토리번(鳥取藩)의 청원을 받아들여 조선인의 죽도 도해 금지를 요청하도록 쓰시마번에 지시했다. 그러나 교섭 경과를 쓰시마번으로부터 보고받은 뒤, 다시금 돗토리번에 물어서 죽도가 일본 땅으로 편입된 이력이 없음을 확인한 후에는 일본인의 죽도 도해를 금하는 쪽으로 막부 방침을 선회하였다. 이 사실을 조선에 전하게끔 쓰시마번에게 지시한 것도 아베이다.

이와 같은 취지에 대한 귀하의 비판을 듣고 싶은 심정에서 이렇게 몇 통의 서한을 보여드립니다. 귀하의 한마디를 신명(神明)과 같이 받아들이고자 하니 필히 격의 없이 전체적인 비판을 해주십시오. 위 몇 통의 서한 중 지엽적인 사항에는 잘못된 바가 꽤나 있겠으나, 그것에 관해 언급하지 않으셔도 상관없지만 앞에서 말씀드린 근본적인 사안들의 옳고 그름에 관해서는 진심어린 의견을 듣고 싶습니다. 죽도는 일본 땅에서 164리(里) 떨어져 있지만 조선 땅에서는 나무와 해변까지 보이니, 실로 조선에 속한 땅이라는 사실은 지도·서적의 고찰이나 말로 변론하는 수고 없이도 알 수 있습니다. 세 차례 표류민을 송환할 때 신고가 없었다는 점을 강조하고,[25] 첫 번째 답장에서 '귀국의 경계인 죽도(貴界竹島)'라고 기재했던 것[26]을 구실로 삼아 그 섬을 영원히 일본의 속도(屬島)로 만들려는 것은 설령 그 일이 성사되더라도 다른 나라의 섬을

---

25 '세 차례 표류민을 송환할 때 신고가 없었다'는 것은 1965년 5월 재판 다카세 하치에몬(高勢八右衛門)이 조선에 제출한 '4개조의 항의문'과 연관된다. 조선이 두 번째 회답 서계를 다다에게 발급하고 강경한 태도로 일관하자, 재판 다카세는 동래부사에게 '4개조의 항의문'을 제출했는데 이 4개조는 모두 그간 울릉도에 관한 조선의 외교적 대응의 문제점을 지적한 것이었다.
그중 표류민 송환과 관련해서는 '죽도에 가서 고기잡이를 하다 조선에 표착한 일본 백성들을, 조선 예조가 서신과 함께 쓰시마를 통해 돌려보낸 사례가 과거 세 차례(1618년, 1637년, 1666년)나 된다. 과거 그 세 차례의 서신에서는 일본 백성이 조선의 경계를 침범했다는 뜻을 언급하지 않았으면서 어째서 이번에는 조선의 국경을 침범했다고 주장하는가'라는 내용이다. 다카세가 이 항의서를 조선에 제출했을 때 스야마는 다카세의 부관으로 함께 조선에 건너가 있었기 때문에 '4개 조항'의 내용을 잘 파악하고 있었을 것이다.(윤유숙, 『근세 조일관계와 울릉도』)

26 조선이 1693년 다다 요자에몬에게 발급한 첫 번째 답서를 의미한다. 여기에 '귀국의 경계인 죽도(貴界竹島)'라는 구절이 있었다. 회답 서계의 내용은 다음과 같다.

> (전략) 우리나라는 해상의 금령이 지극히 엄격하여 바닷가에 사는 어민들이 먼바다에 나가지 못하도록 단속하고 있습니다. 비록 우리나라 경계 안의 울릉도(蔚陵島)라 해도 까마득히 멀리 있다는 이유로 마음대로 왕래하는 것을 일절 허락하지 않고 있는데, 하물며 그 밖이겠습니까? 지금 이 어선이 감히 귀국의 경계에 있는 죽도(竹島)에 들어가 번거롭게 거느려 보내도록 하고 멀리서 고생스럽게 서신으로 알리게 하였으니, 이웃 나라의 호의에 대하여 실로 고맙게 여기는 바입니다. 바닷가에 사는 백성은 고기를 잡아서 생계를 꾸리므로, 간혹 풍랑을 만나 표류하는 일이 없는 것은 아니지만 그래도 국경을 넘어 깊이 들어가서 난잡하게 고기를 잡은 것에 대해서는 법으로 마땅히 엄중하게 징계해야 할 것입니다. 지금 이 죄인들은 형률에 따라 죄를 과하게 하고, 이후에는 연해(沿海) 등의 지역에 대한 규례 조목을 엄격하게 제정하여 각별히 잘 타일러 경계하겠습니다. (후략) (宗家記錄『竹島紀事本末』, 국사편찬위원회 소장, 기록류 No.6583, 癸酉年[1693] 十二月日 서계)

억지로 취하여 일본의 막부에 바치는 것이기 때문에 불의(不義)라고 할 수 있지만 충공(忠功)이라고는 할 수 없습니다. 조선으로부터 역대 당주님들은 은혜를 입은 셈이니 억지로 그들의 섬을 취하여 일본에 부속시키는 것은 실로 불인불의(不仁不義)한 일이라고 생각합니다.

日本之公儀は彼島之來歷少しも御知り不レ被レ成候故, 去々年御國へ之被ニ仰付一に, 重て朝鮮人彼島に不ニ罷越一樣に被ニ申付一候得之旨, 急度申渡候へとの御事に御座候. 其節御國より彼島之儀を公儀へ可レ被ニ仰上一事と, 心有る人は皆々申候得共, 執事之心に同意無レ之, 公命之趣を以て直に朝鮮へ被ニ仰掛一候. 朝鮮よりの御返簡到來之節公儀へ被ニ仰出一, 御同意を御受被レ成思召入を被ニ仰上一候て, 其上にて如何樣共可レ被レ成儀と心有人皆々申候得共, 執事之心に同意無レ之, また直に彼御返翰を被ニ差返一, 朝鮮の勢變じ候て, 只今の返翰は大に日本を咎めたる紙面にて御座候. 只日本を咎めたる所を除けさせ, 日本より重て朝鮮人彼島に越さゞる樣被ニ仰付一候得との返答, 無禮成儀さへ無ニ御座一候はゞ, 彼方之島と申來歷を如何程書候ても不レ苦儀と存候. 公儀へ其趣を御屆被レ成候はゞ,
必彼島御返し被レ成にて可レ有ニ御座一奉レ察候. 六郎右衛門殿申分には, 彼島朝鮮之地に極り, 日本より御返被レ成候樣に成行候ては, 口惜き事に候と某と對談之節も度々被レ申候. 誠に難ニ心得一儀と存候.

일본의 막부는 그 섬의 내력을 조금도 알지 못하기 때문에 재작년에 쓰시마에 지시하여 다시는 조선인이 그 섬에 넘어오지 않도록 [조선 정부에] 단호히 전하라고 한 적이 있었습니다. 그때 쓰시마에서 그 섬의 일은 막부에 아뢰어야 할 사항이라고 분별 있는 사람들 모두 이야기했지만,[27] 담당 가로(家老)[28]는 동의하지 않고 막부가 지시한 취지를 그대로 조선에 주장했습니다. 조선으로부터 회답 서계가 도착했을 때 막부에 제출하여 동의를 얻고 생각하시는 바를 아뢰며, 그러고 난 뒤에 어떻게든 해야 한다고 분별 있는 사람들은 모두 말했지만, 담당 가로는 동의하지 않고 또다시 바로 그 회답 서계를 [조선에] 반송했는데, 조선의 형세가 바뀌어 이번 답장은 크게 일본을 추궁하는 내용이었습니다.[29] 다만 일본을 추궁하는 내용

---

27 1693년 5월 처음 막부의 지시를 받은 쓰시마는 여러 통로로 얻은 정보를 통해 죽도=울릉도일 가능성을 충분히 의심하고 있었다. 우선 쓰시마의 에도가로 다지마 쥬로베(田嶋十郎兵衛)가 막부의 결정을 쓰시마에 알리는 서한에 '죽도는 호키노카미(돗토리 번주)님의 영내(領内)에 있지 않고, 이나바(因幡: 돗토리)에서 160리 정도 떨어진 곳에 있다'라고 알렸다.
또한 1693년 9월 번청에서 '다시는 죽도에 조선인이 오지 않도록 조선정부에 전하라'는 막부의 명령을 놓고 논의가 진행되었는데, 전 번주 소 요시자네는 과거에 막부의 명령으로 울릉도에서 이소다케 야자에몬(磯竹弥左衛門)·진자에몬(仁左衛門) 두 사람을 체포했던 일을 떠올리며, '그때 막부가 죽도를 조선의 영토라고 판단했기 때문에 돗토리번이 아닌 쓰시마번에 체포명령을 내린 것'이라는 결론을 이끌어냈다. 즉 과거의 사건으로 미루어 죽도가 울릉도의 이칭(異稱)이자 조선의 섬일 가능성이 있으므로 이 점을 막부에 재차 확인한 후 교섭에 임하자는 의견이었다. 그러나 최종적으로는 '막부의 의향이라는 점을 전면에 내세워 임하면 교섭이 어렵지 않게 풀릴 테니 사절을 파견하자'는 가로들의 주장이 채택되어, 쓰시마는 죽도=울릉도의 가능성을 막부에 상신하지 않은 채 조선 교섭을 시작했다.(윤유숙, 『근세 조일관계와 울릉도』)

28 본문에는 '執事'라고 되어 있으나, 가로를 뜻하는 것으로 보인다. 여기서 스야마는 조선인의 죽도 도해 금지를 전달하도록 지시받았을 때 사정을 막부에 자세히 보고해야 했으나 그러지 않았고, 또한 조선에서 첫 번째 회답 서계가 도착했을 때에도 막부에 사정을 설명했어야 했으나 그러지 않았던, 번 당국이 내린 두 차례의 경솔한 판단을 지적하고 있다.
첫 번째 지적한 내용과 관련하여 쓰시마 내에서 막부의 지시사항에 관해 석연치 않은 점을 재고하여 막부에 되묻지 않고 그대로 조선에 전달할 것을 결정한 것은 1693년 9월 4일로, 당일 출사한 가로는 후루카와 하야노스케(古川隼之助)·히라타 하야토(平田隼人)·히구치 마고자에몬(樋口孫右衛門)·히라타 나오에몬(平田直右衛門)이었다.(池内敏, 「竹島一件の再検討」)
두 번째 잘못으로 스야마가 지적한 내용은 다음과 같다. '우리나라의 경계인 울릉도(弊境之鬱陵島)'라는, 향후 문제가 될 만한 내용이 적힌 첫 번째 회답 서계를 조선 측이 사신 다다 요자에몬에게 보였을 때, 처음 쓰시마의 가로들은 다다에게 '일단 서계를 수령하여 귀국하라'고 지시했다. 그러나 이 방침은 얼마 지나지 않아 철회되어, 조선에 '울릉도' 세 글자를 삭제한 회답 서계를 다시 발급해 달라는 방침으로 바뀌었으나 다다의 요청에 조선은 응하지 않았다.
한편 이후에 이어지는 가시마 발신 서한의 내용을 보면, 가시마는 요시자네가 스야마의 의견에 따르기로 결정했지만 마고자에몬과 나오에몬의 이야기에 따라 방침을 철회할지도 모른다고 우려하고 있다. 이와 같은 사실로 미루어 보아 쓰시마번의 가로들 중 적어도 히구치 마고자에몬과 히라타 나오에몬 두 사람은 울릉도쟁계에 관하여 강경론자였다고 생각된다.

29 1964년 윤5월, 2차로 왜관에 건너간 다다 요자에몬은 조선에 '울릉도' 세 글자를 삭제한 회답 서계를 다시 써 달라고 끈질기게

을 삭제하게 하고, 일본에서 '다시는 조선인이 그 섬으로 넘어오지 말도록 전하라'고 한 것에 대한 답변, 그리고 무례한 내용만 없다면 [죽도가] 조선의 섬이라는 내력을 어느 정도 기재해도 괜찮다고 생각합니다. 막부에 이러한 취지를 보고한다면 반드시 그 섬을 돌려줄 것이라고 생각합니다. 로쿠로에몬님이 말씀하시길, "그 섬을 조선의 땅으로 확정지어 일본이 돌려주는 건 억울하다."고 저와 대담할 때에도 종종 말씀하셨습니다. 실로 동의하기 어렵습니다.

一. 此一件此度掛＝御目－候十三通之書付にても, 某心底之趣如何と被＝思召－候所も可㆑有＝御座－候得共, 委細は不氣力其上公事不㆑得＝閑隙－候て申上候事不＝相成－候. 然共段々之書付と此書狀とにて, 某此一件に處し候大概之趣は御推察可㆑被㆑成と奉㆑存候. ケ樣之時分尊公御不幸にて田舍に被㆑成＝御座－候段, 實は國家之大不幸と奉㆑存候. 某體之者此一件之御相談に加はり, 何角と申上候段誠に無＝心元－事に御座候得共, 六郎右衛門殿之見識などを御信用被㆑成候に比し候ては, 某を少し成共御信用被㆑成候が增にて可㆑有㆑之と存候.

一. 이번에 보여드리는 13통의 서한으로도 제가 생각하는 취지가 무엇인지 알게 되실 테지만, 자세한 내용은 기력도 없고 게다가 논쟁으로 인해 여유가 없어 말씀드리지 못했습니다. 그러나 각각의 서한과 이 편지로 제가 이번 건에 대처하는 대체적인 취지는 짐작하셨을 거라

---

요청했다. 그러나 조선정부가 그해에 2차로 발급한 회답 서계에는 오히려 '竹島는 울릉도의 다른 명칭이며 일본의 어민들이 경계를 넘어 침범해 와서 조선의 울릉도에 간 조선 어민들을 잡아간 것이야말로 잘못된 행위'라는 구절이 명기되어 있었다. 본문에 있는 '크게 일본을 추궁하는 내용'이란 이것을 의미한다.

조선이 다다의 1차 교섭 때 '조선의 울릉도', '일본의 죽도'라는 식으로 해서 이중적인 수사(修辭)를 사용했던 태도와는 사뭇 달라진 것인데, 2차 교섭에서 조선의 대응이 일변한 이유로 조선정부 내 정치세력의 변화가 거론되기도 한다. 다다가 파견되었을 무렵 조선정부에서는 갑술옥사(甲戌獄事)가 일어나 노론 정치세력을 대신하여 소론 정권이 들어섰고, 이들 소론 세력에 의해 대일정책이 강경책으로 전환되었기 때문이라는 풀이이다.(윤유숙, 『근세 조일관계와 울릉도』)

고 생각합니다. 이런 때에 귀하가 불행히도 시골에 계시니 실로 나라의 큰 불행입니다. 저 같은 사람이 이런 논의에 참가하여 여러모로 의견을 내고 있는 상황이 실로 우려스러운 바이지만, 전 번주님께서 로쿠로에몬님의 의견 따위를 신용하시는 것에 비한다면 저를 조금이라도 신용하시는 편이 더 나을 거라고 생각합니다.

此段不遜成申事と可㆑被㆓思召㆒候得共, 思情を直に申上候上は,別て控へ可㆑申事とも不㆑存如㆑此申上候.此一件は畢竟日本・朝鮮之公儀を論し奉り, 兩國首尾能相濟候樣仕候事は安く, 御隱居樣及御年寄衆中迄を論し奉り,此一件を宜敷樣御裁判被㆑成候に仕る事は難しと奉㆑存候.只今迚も此一件之落着如何御取行可㆑被㆑成哉と千萬無㆓心元㆒存候所多く御座候.何事も運命有㆑之事と相見候故, 某は此事に處し随分心力を盡し御奉公申上, 成否は天命に任せ罷在候.

一. 今度朝鮮筆六柄進呈仕候. 聊表㆓寸志㆒候. 申上度事無㆑限御座候得共筆紙に難㆑盡, 爲心殿御物語にて, 此許之樣子御聞可㆑被㆑成候. 東行無異に致㆓歸國㆒, 得㆓再會㆒度奉㆑存候. 出船以後歸家之節迄は, 以㆓書中㆒申上得間鋪存候間, 此書狀を御暇乞と奉㆑存候. 随分御保養可㆑被㆑成候. 數通之書物御返被㆑下候便に, 上方へ之御用御座候はゞ可㆑被㆓仰下㆒候. 委細は爲心殿へ申入置候. 恐惶謹言.

七月八日　　　　陶山庄右衛門

賀島兵助樣 拜呈

이러한 말이 불손하다고 생각하시겠지만, 생각을 있는 그대로 말씀드리는 한에는 따로 꺼릴 만한 일이라고 생각되지 않아 이와 같이 말씀드립니다. 이 사건은 필경 일본이 마부와 조선의 조정을 설득하여 양국 간에 좋은 결과로 정리되게끔 하는 것은 쉬우나, 前 번주님과 가로들까지 설득하여 이 사건을 적합하게 마무리 짓도록 하는 것은 어렵다고 생각됩니다. 지금 몹시도 이 사건의 결말이 어떻게 될지 여러모로 염려되는 바가 많습니다. 어떠한 일이든 운명이 있다고 생각되니, 저는 이 일에 당면하여 가능한 한 심력을 다하여 봉공(奉公)하고 성패는 천명(天命)에 맡길 뿐입니다.

一. 이번에 조선 붓 여섯 자루를 보내드립니다. 작은 성의의 표시입니다. 하고 싶은 말은 한이 없지만 글로는 다하기 어려우니, 이신님의 이야기로 이쪽의 정황을 들으실 수 있을 것입니다. 에도에서 무사히 돌아와 재회하고 싶습니다. 출발한 후 귀가할 때까지는 서찰을 보내드리기 어려울 것 같아, 이 서찰로 고별인사를 올립니다. 모쪼록 건강을 지키십시오. 서찰을 몇 통 보내주시는 편으로 교토[30]에 용무가 있으시면 말씀해 주시기 바랍니다. 자세한 것은 이신님에게 일러두었습니다. 이만 줄이겠습니다.

7월 8일 스야마 쇼에몬(陶山庄右衛門)

가시마 효스케(賀島兵助)님 배정(拜呈)[31]

今八日之貴簡黄毛筆六管十日晝落手令ニ拜受ㇾ候.貴樣益御清勝御勤仕被ㇾ成候由承致ニ欣悅ㇾ候. 御繁多之中筆迄被ㇾ下忝く奉ㇾ存候.

이번 8일에 귀하가 보내신 서찰과 황모필 여섯 자루는 10일 낮에 도착해 감사히 받았습니다. 귀하께서 더욱 건강한 모습으로 직무에 종사하고 계시다니 몹시 기쁩니다. 바쁘신 중에 붓까지 보내주시어 매우 감사합니다.[32]

30 사료상의 표현은 '가미가타(上方)'로, 천황이 있었던 교토 인근, 나아가 기나이(畿內) 지방을 가리킨다. 산킨코타이를 위해 쓰시마에서 출발해 에도에 이르는 여정은 오사카(大坂)까지 해로로 이동한 뒤 교토 등을 거쳐 육로로 이동하므로, 스야마는 가시마에게 교토에 용무가 있는지를 묻고 있는 것이다. 한편 스야마는 에도행 도중에 병을 얻어 교토에 체류하면서 요양하였으며, 에도에 가지는 않았다.

31 '삼가 서한을 보냅니다'라는 의미.

32 여기부터는 가시마가 스야마에게 보낸 서한이다.

一. 貴様御事朝鮮御渡海は相延, 江戸御供被＝仰付－候. 御病體にて海陸之長途御往還被ㇾ成候儀無＝心元－思召候得共, 素り御身を御委被ㇾ成候故, 御辭退も不ㇾ被ㇾ成候由, 左様に可ㇾ有＝御座－儀と奉ㇾ察候. 眞之御忠節と感じ申候.

一. 御書付十三通被ㇾ下無＝異儀－落手, 具に致＝拜見－候. 爲心殿御物語も承り申候. 此一件に付愚意之趣少も無＝隔意－申遣候得之由委曲被＝仰下－, 舊交之御親みとは乍ㇾ申忝き次第難ㇾ盡＝紙上－候. 御求不ㇾ被ㇾ成候ても先書申遣候様, 貴様此一件被ㇾ蒙ㇾ仰候由承候より以來, 朝夕此成否如何哉と恐居候. 貴様朝鮮御往還に得＝御面會－候儀不＝罷成－候に付, 幾度六右衛門殿御歸國掛に得＝御面會－, 愚意之趣可＝申承－と存じ, 六右衛門殿いまだ朝鮮に御座候時, 以＝書狀－陶山氏朝鮮渡りに付申談度事御座候間, 御歸りに御立寄被ㇾ下候へと申遣候得共, 御立寄無ㇾ之候故, 無＝是非－存居候. 私此意にて御座候得ば, 聊以て隔意可ㇾ致様無之, 即愚意を無ㇾ憚申遣候. 乍ㇾ去御助に罷成候儀有＝御座－間敷奉ㇾ存候.

一. 귀하(스야마)께서는 조선으로의 도해는 연기되고 에도에 동행할 것을 지시받았습니다. 병든 몸으로 해륙의 긴 여정을 왕복하게 된 것이 염려스럽지만, 처음부터 이 일을 맡고 계셨기에 사퇴하지 않은 거라고 짐작됩니다. 진심어린 충절로 여겨집니다.

一. 보내주신 서한 13통은 이상 없이 잘 받아서 자세히 읽어보았습니다. 이신님의 이야기도 들었습니다. 이 사건에 대한 저의 미천한 생각을 조금도 거리낌 없이 보내 달라고 말씀하시니, 오랜 친분이 있다고는 하나 송구스러운 바를 지면에 다하기 어렵습니다. 원하지 않으신다고 해도 앞선 서찰에서 말씀하셨듯이 귀하께서 이번 사건에 관하여 지시를 받았다는 사실을 들은 이래, 늘 일의 성패가 어찌 될지 근심하고 있습니다. 귀하께서 조선에 오가시면서 만날 수도 없게 되어, 기도 로쿠에몬(幾度六右衛門)님이 귀국하시는 길에 만나 제 생각을 말씀드려야겠다고 생각했습니다. 로쿠에몬님이 아직 조선에 계실 때 서찰을 통해 '스야마씨의 조선행에 관하여 말하고 싶은 게 있으니 귀국길에 들러 달라'고 말씀드렸지만 찾아오지 않으셔서 어쩔 수 없다고 생각했습니다.[33] 제 뜻이 이러하니 조금의 거리낌 없이 그대로 의견을 허심탄회하게 말씀드립니다. 그러나 도움이 될 만한 건 없으리라 생각됩니다.

一. 此一件去々年之季冬橋邊伊右被ｖ來候而被ｖ語始而承り, 伊右之語未だ止ざる時, 是は珍敷儀起り大切之御事候. 竹島は日本之地か, 朝鮮之地かと申事を能く御極被ｖ遊候而, 朝鮮へ可ｖ被ニ仰渡ｰ御事に御座候と申候. 如ｖ斯申候は, 以前より何事も始を御愼みなく, 輕易に被ニ仰掛ｰ御難儀被ｖ遊候事多く候故申たる事に候. 又去年之初夏爲心どの雨森氏之說を被ｖ語候時, 夫は末にて御座候. 初江戶より朝鮮へ被ニ申渡ｰ候得と被ニ仰出ｰ候時, 竹島之事歷を公儀へ知れ居候趣を御問合被ｖ遊, 御國へ知居候趣も被ニ仰上ｰ

一. 이 사건은 재작년 겨울 하시베 이에몬(橋邊伊右衛門)이 말해 줘서 처음으로 들었는데, 이에몬의 말이 채 끝나지 않았을 때 "이것은 보기 드문 일로, 중대사입니다. 죽도는 일본의 땅인가, 조선의 땅인가 하는 것을 잘 결론지어서 조선에 전해야 할 것입니다."라고 말했습니다. 그렇게 말한 이유는 이전부터 어떠한 일이든 시작하는 데 조심성이 없고 가벼이 거론하여 어려움에 처한 경우가 많았기 때문입니다. 또한 작년 초여름에 이신님이 아메노모리(雨森)씨[34]의 주장을 거론했을 때에도 그것은 지엽적인 일이었습니다. 처음 막부에서 이 일에 관하

---

33 기도 로쿠에몬(幾度六右衛門) : 쓰시마번의 무사. 1703년 해난 사고로 익사한 문위행 일행의 시신을 송환하고 사건을 해명하기 위해 사신으로 조선에 도해했을 때에는 다이라노 미치노리(平方命)라는 이름을 썼다. 1693년 11월 1일부터 1695년 6월 23일까지는 왜관 관수(館守)를 역임하였다. 스야마가 다다의 2차 교섭을 지원하기 위해 조선에 도해했을 때 왜관에 있었기 때문에, 가시마는 기도가 관수 임기를 마치고 귀국할 때 자신의 유배지에 들러주기를 청해 교섭의 경과에 관해 묻고자 했던 것이다.

34 아메노모리(雨森)씨 : 아메노모리 호슈(雨森芳洲, 1668~1755). 에도시대 중기의 유학자로 이름은 노부키요(誠淸)이며 통칭 도고로(東五郞)이다. 그는 본래 의사 가문 출신이나, 유학자가 되고자 에도에서 기노시타 준안(木下順庵)의 문하에 들어갔다.

여 조선에 전하라고 지시했을 때, 죽도의 내력을 막부가 잘 알고 있는지 여쭈어 보고 쓰시마가 알고 있는 사실도 말씀드려서

具に御極被ㇾ成, 後々之變迄御下知を御受被ㇾ成候而被＝仰渡－候はゞ, 朝鮮より難澁被ㇾ仕間敷候. 若し及＝難澁－候はゞ, 其趣を公儀へ被＝仰上－, 又御下知次第被＝仰渡－候はゞ, 殿様御恐被ㇾ遊候程之御難有間敷候.

一. 十三通之御書付を見申候而も, 昔年竹島日本に屬し候故實, 又今度之初發より今迄江戸公儀へ被＝仰上置－候様子, 又此節貴様江戸にて御執政方へ可ㇾ被＝仰上－と思召候趣も, 未だ相知れ不ㇾ申候. 其外之書狀曲折承度事多く御座候.

一. 御問答三通之御書附を致＝拜見－, 精敷は通じ不ㇾ申候得共, 此方より被＝仰掛－候趣にも, 彼方よりの返答にも, 私ならば如ㇾ此は申掛間敷, 如ㇾ是は答間敷と奉ㇾ存候所, 各少しヅヽ御座候得共, 別而不ㇾ宜とは存不ㇾ申候. 其中此方より被＝仰掛－之御書付に, 江戸を以て彼方を御威し被ㇾ成候様なる辭意强く見へ候所有ㇾ之, 彼方之所思如何と奉ㇾ存候.

---

스승 준안의 천거로 1692년부터 쓰시마번에서 유학자로 근무하기 시작했다. 나가사키에서 중국어를 배우고 조선의 왜관에서 조선어를 공부하여 외국어에도 탁월한 능력을 지니게 되었다. 막부의 중진이었던 아라이 하쿠세키(新井白石)와는 같은 문하였으나, 각각 막부와 쓰시마번에 속한 입장이어서 1711년 조선통신사의 접대나 조선 무역의 유지(은 수출)를 둘러싸고 논쟁을 벌이기도 했다.

쓰시마번에 출사한 이래 조선 관계의 제반사에 관여하였으며, 이후 조선 역관사의 밀무역 사건이 벌어지자 엄벌에 처할 것을 주장했지만 받아들여지지 않자 번의 정무에서 한걸음 떨어진 입장을 취하기도 했다. 하지만 조선 관계나 번의 정무에 관한 자문은 계속 이어갔으며, 1729년에는 사신으로서 조선에 도해하기도 했다. 만년에 이르기까지 많은 저작을 남겼으며, 조선어통사(朝鮮語通詞)의 양성이나 유학 교육에도 힘썼다.

한편 사료상의 작년 여름, 즉 1694년 여름에 호슈는 에도에 있었지만, 해당 시기에 에도 번저의 기록은 보존상태가 좋지 않아 행적이 불분명하다.(泉澄一, 『雨森芳洲の基礎的研究』) 따라서 가시마가 들었다고 하는 호슈의 이야기가 어떠한 내용인지는 파악하기 힘들다.

잘 결론지은 뒤, 향후의 정세 변화까지 지시를 받아서 조선에 전달했다면 조선이 난색을 표하지 않았을 것입니다. 만약 난색을 표했다면 그 사정을 막부에 보고하고, 다시 지시받은 사항을 전달했다면 주군[35]께서 곤란해지실 정도의 어려움은 없었을 것입니다.

一. 13통의 서찰을 보아도 지난날 죽도가 일본에 속했다는 고실(故實)이나 이번 일의 발단부터 에도 막부에 아뢰어 온 정황, 그리고 현재 귀하께서 에도에서 로주(老中)들에게 말씀하시고자 하는 취지 또한 아직 알지 못하겠습니다. 다른 서찰을 통해 사정을 듣고 싶은 바가 많습니다.

一. 주고받은 세 통의 서찰을 보았는데, 자세히는 알지 못하지만 우리 쪽에서 주장한 취지도, 조선에게서 받은 답변도, 저라면 이렇게는 처리하지 않을 것이며 이렇게는 답하지 않았을 거라고 생각되는 바가 각각 조금씩 있기는 하지만, 딱히 옳지 않다고 생각하지는 않습니다. 그중 우리 쪽에서 보낸 서한에는 막부를 통해 조선을 위협하려는 어감이 강한 곳도 있는데, 조선은 적절하지 않다고 여길 것 같습니다.

一. 爭論は何事に寄らず, 爭ふ所之事狀に是非・眞僞有㆑之, 爭ふ人品に智愚・曲直有て, 是を判斷する人有㆑之, 其是非・眞僞・智愚・曲直を正し, 勝負を定め, 愚者是を以て負, 智者非を以て勝申事も有㆑之事に候. 此御書翰・御問答之御書付を見候に, 證據見へ不㆑申候. 然るを漂民を被㆓送還㆒候時之書翰文を只今何角と被㆑仰候樣聞へ申候. 若し爭勝に成り, 日本に屬候樣極り候へば, 三度之書翰に謬有を以て言勝被㆑成, 御取被㆑成たると申物にて可㆑有㆑之, 彼方より八十年前蔚陵島日本に附候證文を御出し候得と被㆑申候はゞ, 證文に成り候もの可㆑有㆑之哉.

35 여기서의 '주군[殿樣]'은 소 요시미치(宗義方)를 칭한 것이다. 울릉도쟁계가 발발한 시점에 쓰시마번의 번주는 4대 소 요시쓰구(宗義倫, 1671~1694)로, 그는 요시자네의 차남으로 태어났으나 형이 일찍 죽어 후계자가 되었다. 1684년에 종4위하 우쿄타유(右京大夫)에 임관하였으며, 1692년에 요시자네가 은거한 뒤 번주에 취임했으나 2년 만에 사거하였다. 1694년 11월, 요시자네의 또 다른 아들인 요시미치(義方)가 11세의 어린 나이에 5대 번주가 되었고, 요시자네는 계속 섭정을 맡았다.

一. 쟁론(爭論)이란 어떠한 일이든 쟁론한 상황에 시비와 진위가 있고 쟁론한 자의 인품에 지우(智愚)와 곡직(曲直)이 있으며, 이를 판단하는 사람이 있어 그 시비 · 진위 · 지우 · 곡직을 밝혀 승패를 정하며 어리석은 자를 패자로 삼고 현명한 자를 승자로 삼는 바가 있는 것입니다. 이번 서계, 그리고 조선 측과 문답한 내용을 적은 서찰을 보니 공교롭게도 울릉도(蔚陵島)는 조선의 속도(屬島)로, 80년 전부터 일본에 속해 왔다고 하는 말은 그 증거가 보이지 않습니다. 그럼에도 표류민을 송환할 때의 서계에 적힌 글을 지금에 와서 무어라고 지적하는 듯이 보입니다. 만약 쟁론에서 이겨 [죽도가] 일본에 속하는 섬이라고 결정되면 세 차례의 서계에 오류가 있음을 내뱉으면서 [죽도를] 얻게 되었다고 떠들어대는 자들이 있을 것인데, 조선에서 80년 전 울릉도가 일본에 속하게 된 증거 문서를 제출하라고 하면 증거 문서가 될 만한 게 있겠습니까.

三度之書翰は漂民送り之書翰にてこそ候へ, 證文には成間敷候. 誠に彼方之答之書付に藤かづらのやうにと被㆑書候事, 實にもと奉㆑存候. 今爭論を中華より判斷被㆑成候はば, 何として日本に御附可㆑有㆑之哉. 尤も此方より何程論辯を被㆑設候とも, 朝鮮より日本に附け候はんとは随ひ被㆑申間敷と奉㆑存候.

一. 此竹島之一件只今蘇秦・張儀が辯才を以て爭ひ候共,日本之地に成り候事成申間敷と奉㆑存候. 若し勢威辯才を以て無理に御取被㆑成候はゞ, 後來之大憂と可㆓相成㆒候. 何れの道にも江戸より朝鮮へ御返し被㆑遊候様被㆑成,御國今迄の御謬を修補被㆑成,平治に成り候はゞ, 御國之儀は申すに不㆑及, 日本國中へ之御忠節と奉㆑存候事.

세 통의 서계는 표류민을 송환하는 서계였을 뿐 증거 문서가 될 수는 없습니다. 실로 조선 측이 보내올 답서에 갈등을 유발할 만한 내용이 적히게 될 것은 자명합니다. 지금 쟁론을 중국(中華)에서 심사하게 된다면 어찌 일본에 [죽도를] 속하게 하겠습니까. 더욱이 우리가 어느 정도 변론을 준비하더라도 조선에서 죽도를 일본에 부속시킨다는 말에는 따르지 않을 거라고 생각합니다.

一. 이번 죽도 사건은 지금 소진(蘇秦)과 장의(張儀)[36]가 언변으로 쟁론한다고 해도 일본 땅이 되기는 어렵다고 봅니다. 만약 위세와 언변으로 무리하게 죽도를 취한다면 후일의 큰 우환이 될 것입니다. 어떠한 방법으로든 에도에서 조선에 [죽도를] 반환하게끔 하고 쓰시마가 지금까지의 오류를 수정하여 평화로워진다면 쓰시마에 대해서는 물론이거니와 일본 전체에 대한 충절이라고 생각합니다.

一. 此一件に付貴様朝鮮へ御渡被ㇾ成候由承り候而より, 朝夕成否如何と恐れ候は, 竹島を日本之地に付け候御書翰御取り可ㇾ被ㇾ成との御事に御座候.一島二名にして,蔚陵島は朝鮮之島, 日本之竹島には向後朝鮮人渡る間敷との御返翰御取可ㇾ被ㇾ成と之儀に御座候はゞ, 必災之基にて候はんと思ひ恐れ申候得共, 只今貴様被ㇾ成方相調り候はゞ, 何之災無ㇾ之平安に可ㇾ治と喜び申候. 私此一件之趣は少しも承ざる事故如ㇾ是は恐候得共, 愚意只今貴様御賢慮に符合仕,如ㇾ是こそ可ㇾ有ㇾ之事と奉ㇾ存候.御返翰之御注文被ㇾ成候事悪く存候はゞ, 申進候へと被㆓仰下㆒候得共, 私最初より此愚意にて候へば, 御注文之趣悪敷と可ㇾ存様無㆓御座㆒, 只御注文之様調へかしと奉ㇾ願候事.

一. 이번 사건으로 인해 귀하가 조선에 건너가신다는 사실을 들은 이래 줄곧 성패가 어떻게 될지 염려되었던 사항은, 죽도를 일본 땅에 부속시키는 서계를 받는 일이었습니다. 하나의 섬

36 소진(蘇秦)과 장의(張儀) : 두 사람 모두 중국 전국시대의 재상이자 외교관으로, 귀곡자(鬼谷子)에게 가르침을 받았다. 소진은 강국인 진(秦)을 제압하기 위해 나머지 6국이 연합해야 한다는 합종(合縱)을 주장해 실현하였으며, 이로 인해 6국의 재상의 인장을 받아 무안군(武安君)이라 칭하며 이름을 떨쳤다. 장의는 소진의 주선으로 진에서 벼슬살이를 하게 되어 재상이 된 뒤, 6국을 설득해 진나라를 중심으로 하는 동맹을 맺게 하여 소진의 합종책을 파쇄했다.

에 두 개의 이름을 붙여 울릉도는 조선의 섬이라 하고, 일본의 죽도에는 향후 조선인이 도해하지 말도록 하는 회답 서계를 수령하게 된다면 반드시 재앙의 근원이 될 것이라고 걱정했지만, 지금 귀하께서 헤오신 대로 준비한다면 어떠한 재앙도 없이 평안히 정리될 터라 기쁩니다. 저는 이번 사건의 내막을 조금도 듣지 못한 탓에 이대로는 염려되지만, 제 어리석은 생각이 지금 귀하의 현명한 고견과 부합하니 이와 같이 성사되어야 한다고 생각합니다. 회답 서계의 주문서를 보내는 것이 부당하다고 판단되면 말해 달라고 하셨지만, 저는 애초부터 그러한 생각이어서 주문서를 보내는 것이 나쁘다고 보지는 않으며, 다만 주문서의 내용을 다듬어주기만을 바라고 있습니다.

一. 西山寺_・加納氏_・瀧氏_・平田氏批判を御聞及, 四人之思慮を御書付させ御覽被レ成候樣采女殿へ被二仰入一候儀, 一段宜しき被レ成やうと奉レ存候. 瀧氏之說我等愚意とは天地懸隔成事に御座候.去冬被レ下候御書中に,貴樣瀧氏と御內論被レ成候趣被二仰下一候節之御返答に, 瀧氏之說是と不レ思候旨申遣候間, 定而御覺可レ被レ成候. 瀧氏之說甚不レ宜存候旨其時之書中に見居候故, 委細申に不レ及候. 右三人我說之不レ被レ用事を恨み, 貴樣を嫉み被レ申候心より起りたると存候間, 少しも御聞入被レ成間敷候. 世に才有る人はあれ共, 德有る人は稀なるものに御座候.

一. 貴樣御書中日本・朝鮮之公儀を諭し奉り, 兩國首尾能被レ成候事は易く, 御隱居樣及御年寄衆中を奉レ諭,宜しく御裁判被レ成候事は堅きと被二仰下一候處を讀み,御尤至極と感通仕, 不レ覺暫く悲泣仕候. 不限之御事にて御座候得共無二是非一時勢, 乍レ恐萬事危く奉レ存候事.

一. 세이잔지 주지 · 가노씨 · 다키씨 · 히라타씨의 비판을 듣고 네 사람의 생각을 적게 하여 前 번주님께 보여드리도록 우네메님께 말씀드린 것은 참으로 잘하신 일입니다. 다키씨의 의견은 우리 생각과는 큰 차이가 있습니다. 작년 겨울 보내주신 서한에 귀하께서 다키씨와 논쟁하신 내용을 말씀하셨고, 그 답서에 다키씨의 의견이 옳지 않다는 제 생각을 밝혔으니 틀림없이 기억하실 것입니다. 다키씨의 의견이 심히 부당하다는 생각은 그때의 서찰에서 보여드렸으므로, 자세히 언급하지는 않겠습니다. 다른 세 사람은 자기 의견이 채택되지 못한 것에 불만을 가져 귀하를 시샘하는 마음에서 비롯된 듯하니, 조금도 귀 기울일 필요가 없습니다. 세상에 재능을 가진 사람은 있지만 덕을 지닌 사람은 드물기 마련입니다.

一. 귀하의 서찰에서 '일본의 막부와 조선의 조정을 설득하여 양국이 좋은 결말을 맺게끔 하는 것은 쉬우나, 前 번주님과 가로들을 설득하여 적합하게 마무리 짓도록 하는 것은 만만치 않다'고 하신 부분을 읽고 더할 나위 없이 타당하다고 느꼈으며, 불현듯 잠시나마 슬피 울었습니다. 일이 끊임없을 테지만, 부득이한 이 상황은 유감스럽게도 만사가 위태하다고 생각합니다.

一. 御隱居樣只今は思召御堅固に御見へ被レ遊候而も, 江戸表において孫左衛門殿, 直右衛門殿何とか被レ仰候はゞ, 御心御變可レ被レ成も知れ間敷候. 其外何ぞ變御座候而, 御賢慮之趣御遂難レ被レ成思召候はゞ, 貴樣御忠義誠實天鑑所レ照に而御座候間, 御虛病被レ成候而も御退去被レ成可レ宜哉と奉レ存候.近思錄曰,「孔明必求レ有レ成而取二劉璋一,聖人寧無レ成耳」と見へ候. 此理も此節少しは被レ懸二御心一苦かる間敷と奉レ存候.

一. 貴樣御心氣虛弱に御座候而大難事を御引受被レ成御心力を被レ盡候故,御持病之再發無二心元一奉レ存候. 孔明も養生を失ひ被レ成, 御病死故忠功不レ成と承り候間, 御養生專一に被レ成, 區々之邪說抔御耳にも御入被レ成間敷候事.

一. 前 번주님께서 이번에는 생각이 완고하신 듯 보이더라도, 에도 쪽에서 마고자에몬(孫左衛門)[37]님, 나오에몬(直右衛門)[38]님이 무언가 아뢴다면 마음이 변하실지도 모릅니다. 그 밖에도 무언가 상황이 바뀌어 귀하의 의견이 성사되기 어렵다고 여겨지면 귀하의 충의와 성실함이야 하늘에 드러나는 것이니 꾀병을 부려서라도 물러나시는 게 좋지 않을까 생각합니다.[39] 『근사록(近思錄)』[40]에 이르기를, "공명(孔明)은 반드시 일을 이루기를 원하여 유장(劉璋)을 취하였는데, 성인(聖人)이었다면 오히려 이루지 못했을 따름이다."라고 했습니다. 이 이치도 지금 조금은 염두에 두셔서 근심하지 않으시길 바랍니다.

---

37 마고자에몬(孫左衛門) : 쓰시마번 가로 히구치 마고자에몬(樋口孫左衛門, 1640~1702)으로, 본명은 나리마사(成昌). 성인이 되기 전부터 고고쇼(兒小姓)로서 소씨 가문을 모셨으며, 번주의 측근인 고요닌(御用人)을 거쳐 1680년에 가로가 되었다.(鈴木棠三 편, 「覺書」) 1687년 가시마가 번주 요시자네에게 직소하다 유배에 처해지는 계기가 되었던 「가시마 효스케 언상서(賀島兵介言上書)」의 제1조를 보면, "지금 쓰시마의 정사는 모두 마고자에몬에 맡기시어 시비 · 선악 모두 마고자에몬의 결정에 따르고 다른 가로들은 마고자에몬의 뜻을 살피는 형세이므로, (중략) 지금의 국정이 바람직하지 못하니, 마고자에몬의 탓입니다. 또한 주군께서도 마고자에몬을 제대로 파악하지 못하신 바가 있으니, 쓰시마의 정사가 나빠진 것도 필시 자세히는 알지 못하실 것입니다"라고, 마고자에몬을 총애하여 번의 정무를 일임하다시피 한 요시자네의 실정을 지적하고, 마고자에몬의 행실에 비판을 가하고 있다. 이를 통해 마고자에몬이 번주 요시자네의 측근 중의 측근이었던 것을 알 수 있다.

38 나오에몬(直右衛門) : 쓰시마번 가로 히라타 나오에몬(平田直右衛門, 1652~1722)으로, 본명은 사네카타(眞賢). 1681년 가로가 되어 1720년에 은거하였다.(鈴木棠三 편, 「覺書」) 겐로쿠다케시마잇켄 때 요시자네의 에도행에 동행하였으며, 요시자네의 지시하에 교섭의 경과를 로주 아베 마사타케에게 보고하고 자문에 응한 뒤, 막부가 기존 방침을 180도 선회해 향후 일본인의 죽도 도해를 금지한다는 취지와 이 사실을 조선에 전하라는 지시를 전달받았다. 울릉도쟁계 이후에도 주로 에도에 머무르면서 에도 저택의 관리나 막부를 상대로 한 교섭 등을 담당하였다.

39 이후 스야마는 에도행 도중 병을 칭해 교토에 체류하고 끝까지 요시자네를 수행하지 않았다. 그런데 에도에 도착한 요시자네가 히라타를 통해 로주(아베)에게 다케시마 잇켄에 대해 보고한 내용은 이전 다다에게 지시해 조선 측의 회답 서계 내용을 추궁한 '4개조의 항의문'의 내용과 크게 바뀐 바가 없었다. 즉 막부에 사건의 내막과 교섭 경과를 있는 그대로 보고할 것을 건의했던 스야마의 의견이 백퍼센트 관철되지는 않았던 것이다.(池内敏, 「竹島一件の再検討」) 실제로 스야마가 병환이 심해져 에도에 동행하지 못했기 때문에 이러한 결과가 벌어진 것인지, 아니면 이미 정세상 자신의 의견이 온전하게 관철되기 힘들다고 판단하여 꾀병을 칭한 것인지는 확실하지 않지만, 결과적으로는 가시마의 충고와 같은 상황을 맞게 되었다.

40 『근사록(近思錄)』 : 송(宋)의 주희(朱熹) · 여조겸(呂祖謙)이 1176년에 공동 편찬한 저서로 총 14권. 주돈이(周敦頤) · 정호(程顥) · 정이(程頤) · 장재(張載) 등의 문장으로부터 일상에 긴요한 구문 622조를 발췌하여 초심자가 알기 쉽도록 14부문으로 분류한 책. 주자학에서는 『소학(小學)』과 함께 입문서로서 존중한다.(『廣辭苑』)

一. 귀하께서는 건강이 좋지 않은데 몹시 어려운 일을 맡게 되어 심력을 다하다가 지병이 재발하지는 않을지 염려됩니다. 공명도 건강을 잃어 병사하는 바람에 충공을 다하지 못했다 하니, 건강에 전념하시고 구구절절한 잡설 따위는 귀에 담지 마시기 바랍니다.

一. 爲心殿御物語, 此度之一件に付御左右兩人へ御賴み被ㇾ成候段, 私如何思ひ候哉御聞被ㇾ成度之由被＝仰聞－候. 御問迄も無ㇾ之, 何事も御忠義之意より出たる御事に御座候へば, 何御耻可ㇾ被ㇾ成哉御尤至極なる御事と奉ㇾ存候.且又兩人之性質之儀も御聞被ㇾ成度之よし爲心殿被＝仰聞－候. 長者之言行はいまだしかと不＝聞及－候故難＝心得－候. 其次は勇有て利慾少く, 不實にして輕俊に可ㇾ有ㇾ之かと致＝推察－候. 尤未だ年若無學智義乏敷, 道理に心得違も可ㇾ被ㇾ多哉と存候. 乍ㇾ去決而は不ㇾ被ㇾ申候事.

私儀此間小源治病氣を大に恐れ心氣を勞し,養生に夜も熟寢不ㇾ致候故,爲心殿之御覽被ㇾ成候樣に甚目を煩ひ居候故,心之如く所思を詳に不ㇾ得＝申述－, 文義下り兼候所多く御座候得共, 其分にて進ぜ申候間, 御推量を以て御心得被ㇾ成可ㇾ被ㇾ下候. 御越被ㇾ下候御書付拾參通不ㇾ殘返納仕候間, 御受取可ㇾ被ㇾ下候. 必御勇健に而目出度御歸家奉ㇾ待候. 恐惶謹言.

七月十三日　　　　賀島兵助

陶山庄右衛門樣

一. 이신님의 전언을 통해 [前 번주님께서] 이번 사건의 결정에 관하여 두 사람에게 의지하고 계신 점을 제가 어떻게 생각하는지 물으셨다고 들었습니다. 물어볼 것도 없이 어떤 일이든 충의의 뜻에서 비롯되었다면 어떠한 부끄러운 일이라도 지당하다고 생각합니다. 또한 두 사람[41]의 성

41 '두 사람'이란 스야마의 서한에 나온 히라타 모자에몬과 다키 로쿠로에몬을 가리키는 것으로 보인다. 두 사람 중에서 누가 연

격에 관해서도 물으셨다고 이신님께 들었습니다. 연장자 쪽의 언행은 아직 확실히 듣지 못했기에 단정 짓기 어렵습니다. 다른 사람은 결단성이 있고 사리사욕을 부리지 않으나, 성실하지 못하며 경솔함이 있다고 짐작됩니다. 더욱이 아직은 나이가 어려 배운 바가 적고 지혜와 의리가 두텁지 않아 도리에 어긋난 행동도 많으리라 생각됩니다. 그렇지만 확언을 드리지는 못하겠습니다.

저는 근래 고겐지의 병을 크게 염려하여 신경을 쓰고 간호에 밤을 새우며 잠도 이루지 못해 이신님께서 보신 대로 심히 정신이 없어서 마음처럼 생각하는 바를 상세히 적을 수가 없었습니다. 문장이 겸손하지 못한 점 또한 많지만, 있는 그대로를 보내드리니 미루어 짐작하여 양해해 주시기 바랍니다. 보내주신 서찰 13통은 남김없이 돌려드리니 받아주시기 바랍니다. 반드시 건강하시고 경사스러운 귀가를 기다리겠습니다. 이만 줄이겠습니다.

7월 13일 가시마 효스케

스야마 쇼에몬님께

---

장자인지는 알 수 없지만, 이전부터 스야마와 의견을 교환하는 과정에서 가시마가 다키의 언행을 간접적으로 겪어볼 기회가 있었기 때문에 가시마가 이야기하고 있는 인물평은 아마도 다키에 관한 것이라 추정된다.

# 참고문헌


### 사전

『日本國語大辭典』

『日本人名大辭典』

『日本歷史地名大系』

『廣辭苑』

JapanKnowledge Lib : https://japanknowledge.com/library/

### 사료

宗家記錄, 『竹嶋紀事』 국사편찬위원회 소장, 등록번호 MF0005424

宗家記錄, 『竹島紀事本末』, 국사편찬위원회 소장, 기록류 №6583

宗家記錄, 『元祿六癸酉年竹嶋一件拔書』, 長崎縣對馬歷史民俗資料館 소장, 記錄類Ⅱ, 조선관계, R2

### 단행본과 논문

田代和生, 『新·倭館ー鎖國時代の日本人町ー』, ゆまに書房, 2011

泉澄一, 『対馬藩藩儒雨森芳洲の基礎的研究』, 関西大学出版部, 1997

池內敏, 「竹島一件の再檢討−元禄6~9年の日朝交渉」, 『大君外交と「武威」−近世日本の国際秩序と朝鮮観』, 名古屋大学出版会, 2006

俵裕一, 「"猪鹿逐詰之次第"にみる陶山訥庵の猪狩り」, 『對馬歷史民俗資料官報』30, 2007

송휘영, 「쓰시마 번사 스야마 쇼에몽(陶山庄右衛門)과 조일관계」, 『일어일문학』49, 2011

윤유숙 , 『근세조일관계와 울릉도』, 혜안, 2016

# 사료 원문

竹島文談

竹島一件に付、加島陶山兩氏往復書狀寫

爲心殿事、貞享二乙丑正月二十四日配所へ被レ遣候事、七拾石之知行豊田藤兵衛と云人にて、大浦權太夫時代御賄役之由に候處、如何之譯に候哉、於二江戸表一出走有レ之、二十三年振に御屋敷へ被二立歸一候處、江戸より直に御國へ被二差送一、船揚伊奈郷越高村へ流罪被二仰付一候人にて、加島陶山別懇之人之由也、但出走之内剃髮して爲心と改名にて、御屋舖へ立歸り、田舍へ流人之節も爲心と有レ之也、娘兩人有レ之由にて、壹人は小磯何某、壹人は藤松方へ嫁し有レ之候由也、且つ落合與兵衛實母より聞傳へ、尤も右之人者與兵衛母緣類之人と相聞

# 竹島文談

爲心殿御下りに付呈二一簡一候、此程其許より之御左右御座候處、尊公御無異被レ成二御座一、小源治殿御様子も少々御快御座候由承及致二欣悦一候、某儀昨七日江戸御供被二仰付一御請申上、罷登候筈に御座候、釆女殿朝鮮の御渡海、江戸御參勤以後之御一左右御待被レ成候筈に御座候、某にも其節致二歸郷一、朝鮮へ罷渡候にて可レ有二御座一候、然共病體不レ得二全癒一、海陸之長途を經致二往來一儀に御座候故、病氣致二再

發二儀も可レ有二御座一と存候得共、兎角は君命に任せ申身に御座候間、一言之辭退も不二申上一候

一　某を御供被二仰付一候主意は、此一件を公儀へ御伺被レ成候て後、御改之御使者被二差渡一候儀、十全之策と被二思召一候により、某を被二召連一公儀へ御伺之節被二差出一候、御年寄衆へ被二差添一候爲と承り候、然共江戸にて之御樣子は如何變じ可レ申も難レ量候、四月九日某を初而被二召出一候節、與左衞門殿御誘引被レ成、御首尾之御相談にて其後貳參度罷出候上、與左衞門殿御誘引御相談大概相濟み、此一件之存寄無レ憚申上候得と御意を蒙り候故、四月十五日此一件之全體公儀へ被二仰上一候上にて、朝鮮之方を御極め被レ遊候段第一之策に御座候、全體を御窺被レ遊段御遠慮に被二思召一、前以御伺不レ被レ遊候て不レ叶時分兩度迄缺居候を、御氣遣被レ遊儀に御座候得共、其段御誤に不レ被レ成樣被二仰分一候、存寄段々御座候間致二書載一差上可レ申候、御覽被レ遊埒明候と被二思召一候はゞ、先公儀を御極め被レ遊候得かしと申上、第二策は某を朝鮮へ被二差渡一、與左衞門殿を御引せ不レ被レ成、與左衞門殿を以て此一件御極め被レ遊候へかし、朝鮮國より日本との絶交を可レ被レ致とさへ不レ被レ存候はゞ、此方より申懸候仕懸を以て、公儀へ被二仰上一候程之御返簡には必定改り可レ申と被レ存候、萬一彼方無二分別一候て改不レ被レ申候はゞ與左衞門殿は肅拜所の邊にて御切腹被レ成候にて可レ有二御座一、某儀も與左衞門殿之御相談之爲に被二差渡一候上は、與左衞門殿之御相伴可レ仕、左樣に被レ成候上にて只今之御返翰を公儀へ被二差上一、御不首尾に罷成候儀有レ之間敷と奉レ存候由、其子細一々申上、翌十六日にも右之第一策之儀を何卒御決斷被レ遊候

へかしと随分申上候得共、御信用不ㇾ被ㇾ遊候、ヶ様之段々筆頭に難㆓申上㆒、曲折數々に御座候、大概を申上候ては御心得被ㇾ成間敷と奉ㇾ存候得共、責て右之程成共可㆓申上㆒と存じ如ㇾ斯御座候、先日朝鮮より罷歸り候以後にも第一策之儀申上、被㆓仰上㆒之趣書載仕差上候得と被㆓仰付㆒、河内益右衛門殿を晋手之用に御附被ㇾ成、數日私宅へ被ㇾ來、右之下書昨日致㆓出來㆒候、釆女殿渡海被㆓差延㆒候事、某儀東行に極候事、皆段々曲折御座候

一　今度某朝鮮へ罷渡、彼方と往復之書付眞文和文共に十三通致㆓進覧㆒掛㆓御目㆒候、此十三通は某方に別に控無ㇾ之候間、二三日御覧被ㇾ成候はゞ、慥成る飛脚便にて此方へ御送登せ可ㇾ被ㇾ下候、此程釆女殿へ申入候は、西山寺加納幸之助殿、瀧六郎右衛門殿、平田茂左衛門殿文才も有ㇾ之、朝鮮之事をも被ㇾ存たる儀に御座候間、右四人之存寄書付させ御覧被ㇾ成、御用に立ち可ㇾ申儀に御座候はゞ、被㆓仰聞㆒被ㇾ下候へかしと御頼被ㇾ成候得、此一件心易く相濟候存寄有ㇾ之候由六郎右衛門殿茂左衛門殿と被ㇾ申候由、方々にて承事に御座候、六郎右衛門殿は竹島今度日本之島に極申候樣成行被ㇾ遊方可ㇾ有ㇾ之事に候、公事者日本十分之御勝公事と申儀を度々某にも被ㇾ申、近來も彌左樣被ㇾ申候と之儀方々にて承り申事に御座候得共、某見識にては尊公御使者に御渡被ㇾ成候、而も竹島を日本之島に極たる返翰御座被ㇾ成候儀は、決て不㆓相成㆒儀にて、假令成申勢にても、此方より左樣之不理成儀被㆓仰掛㆒間敷儀にて御座候、彼國之理も立、日本之理も立候御返簡を御心を被ㇾ盡御取歸被ㇾ成候ても、不ㇾ宜返翰など

申候沙汰御座候ては、某には少も構不レ申候得共、尊公之御苦勞之功少き樣成行申候段如何と奉レ存候、殊に國中之智を御慧させ被レ成候段、御用之御爲にて御座候間、右四人之儀御賴被レ成候へ、竹島を丸取に仕る見識被二申出一候はゞ、其議論之相手には某可二罷成一候と申、釆女殿御得心被レ成右之通被二仰上一、五六日以來四人之內幸之助殿は不二罷出一外之三人被二罷出一、某今度朝鮮にて調候書付之趣甚不レ宜由を被レ申、ケ樣に仕成し候上は、存寄御座候て申上候ても無益之ことゝ被レ申候由、御近習衆御語にて承り候、某申候は、其不レ宜次第一々書付させ御覽被レ成候て、某へ返答書を被二仰付一被レ下候得、何時にても其開きは某可二申上一と申置候、然共いまだ書付も不レ仕、只三人每日被二罷出一、某書付置候次第之不レ宜所を被レ申迄と相見申候、然共其趣上には御信用被レ成たる樣子共相見へ不レ申候、某仕置候事之內にて不同意に被レ存候第一之ことは、御返翰之注文を彼方に爲レ知たる事にて候と承り候、六郎右衞門殿見識は竹島丸取に仕る見識にて御座候故、彼注文甚心に叶不レ申筈にて御座候、彼注文に付某所存段々有レ之事に御座候、注文を彼方に遣し候儀、後日公儀に被レ遊二御聞一御咎を被レ蒙候時、天下之御執政諸執政を相手に仕候而も可二申開一と存居申候故、六郎右衞殿右之通被レ申候ても、左樣之理も可レ有レ之哉とも存不レ申、某心には天下執政之批判より尊公之御一言を重んじ恐れ申事に御座候間、右之注文仕たる儀不レ宜と思召候所は、其元より飛脚御立被レ成候便に御示敎可レ被レ下候、六郎右衞門殿心に叶不レ申と被レ申候所は、皆某心に大節と存候所にて御座候、竹島と蔚陵島二島に仕るこそ能く候に、一島に仕たる注文惡敷と被㆑申、只今之返翰を不㆓取歸㆒館守に預け置申段惡敷と被㆑申、彼島を古の朝鮮に屬したると此方より許し候所も惡敷と被㆑申候由承り候、是皆此一件之大節にて御座候處、ヶ樣に被㆑申候段、誠に某見識とは黑白之違にて御座候、尊公之御心にも右之段々某申所惡しくと被㆓思召㆒候はば必可㆑被㆓仰下㆒候、今度之東行は公儀に御伺之節、某を豊後守樣御用人へ御逢はせ被㆑成候儀も可㆑有㆓御座㆒候間、只今までの存寄甚惡敷事にて御座候はゞ、豊後守樣之御用人へ對し申述候事にも、定て惡敷事可㆑有㆓御座㆒候間愼み控可㆑申候、右之趣尊公之御批判を受申度奉㆑存心入にて、如㆑斯數通之書物を懸㆓御目㆒候、尊公之御一言を神明之如く奉㆑存罷在候間、必御隔心なく大概之御批判承度奉㆑存候、右數通之書物之內、枝葉之處は不㆑宜儀如何程も可㆑有㆓御座㆒候得共、其段不㆑被㆓仰聞㆒候ても不㆑苦、只右申上候大綱之處之是非は、御心入之大意を承度奉㆑存候、竹島之儀日本之地を去る事百六拾四里、朝鮮之地よりは樹木磯際迄相見へ、誠に朝鮮に屬候段、地圖書籍之考言語辨論之勞無く相知申たる事に御座候、三度之漂民を被㆓送還㆒候時之付屆無㆑之候と申所を言立、初度之返翰に貴界竹島と書き付被㆑申たる所を言立にして、彼島を永く日本之屬島と極め候樣仕度と被㆑申候段、假令其事成り候ても、日本之公儀に他邦之島を無理に取りて被㆓差上㆒たるにて候故不義とは申候、而も忠功とは被㆑申間敷候、朝鮮よりは御先祖樣以來恩過を御受被㆑成たる非に御座候處、無理に彼方之島を御取被㆑成、日本に御附被㆑成候段誠に不仁不義なる事にて可㆑有㆓御座㆒と存候、日本之公儀は彼島之來歷少しも御知り不レ被レ成候故、去々年御國へ之被ニ仰付一に、重て朝鮮人彼島に不ニ罷越一樣に被ニ申付一候得之旨、急度申渡候へとの御事に御座候、其節御國より彼島之儀を公儀へ可レ被ニ仰上一事と、心有る人は皆々申候得共、執事之心に同意無レ之、公命之趣を以て直に朝鮮へ被ニ仰掛一候、朝鮮より之御返簡到來之節公儀へ被ニ仰出一、御同意を御受被レ成思召入を被ニ仰上一候て、其上にて如何樣共可レ被レ成儀と心有人皆々申候得共、執事之心に同意無レ之、また直に彼御返翰を被ニ差返一、朝鮮之勢變じ候て、只今之返翰は大に日本を咎めたる紙面にて御座候、只日本を咎めたる所を除けさせ、日本より重て朝鮮人彼島に越さゞる樣被ニ仰付一候得との返答、無禮成儀さへ無ニ御座一候はゞ、彼方之島と申來歷を如何程書候ても不レ苦儀と存候、公儀へ其趣を御屆被レ成候はゞ、必彼島御返し被レ成にて可レ有ニ御座一奉レ察候、六郎右衞門殿申分には、彼島朝鮮之地に極り、日本より御返被レ成候樣に成行候ては、口惜き事に候と某と對談之節も度々被レ申候、誠に難ニ心得一儀と存候

一　此一件此度掛ニ御目一候十三通之書付にても、某心底之趣如何と被ニ思召一候所も可レ有ニ御座一候得共、委細は不氣力共上公事不レ得ニ閑隙一候て申上候事不ニ相成一候、然共段々之書付と此書狀とにて、某此一件に處し候大概之趣は御推察可レ被レ成と奉レ存候、ケ樣之時分尊公御不幸にて田舍に被レ成ニ御座一候段、實は國家之大不幸と奉レ存候、某體之者此一件之御相談に加はり、何角と申上候段誠に無ニ心元一事に御座候得共、六郎右衞門殿之見識などを御信用被レ成候に比し候ては、某を少し成共御信用被レ成

候が增にて可㆑有㆑之と存候、此段不遂成申事と可㆑被㆓思召㆒候得共、思情を直に申上候上は、別て控へ可㆑申事とも不㆑存如㆑此申上候、此一件は畢竟日本朝鮮之公儀を諭し奉り、兩國首尾能相濟候樣仕候事は安く、御隱居樣及御年寄衆中迄を諭し奉り、此一件を宜敷樣御裁判被㆑成候に仕る事は難しと奉㆑存候、只今迄も此一件之落着如何御取行可㆑被㆑成哉と千萬無㆓心元㆒存候所多く御座候、何事も運命有㆑之事と相見候故、某は此事に處し隨分心力を盡し御奉公申上、成否は天命に任せ罷在候

一　今度朝鮮筆六柄進呈仕候、聊表㆓寸志㆒候、申上度事無㆑限御座候得共筆紙に難㆑盡、爲心殿御物語にて、此許之樣子御聞可㆑被㆑成候、東行無異に致㆓歸國㆒得㆓再會㆒度奉㆑存候、出船以後歸家之節迄は、以㆓書中㆒申上得間鋪存候間、此書狀を御暇乞と奉㆑存候、隨分御保養可㆑被㆑成候、數通之書物御返被㆑下候便に、上方へ之御用御座候はゞ可㆑被㆓仰下㆒候、委細は爲心殿へ申入置候、恐惶謹言

七月八日　　陶山庄右衛門

賀島兵助樣　拜呈

---

今八日之貴簡黃毛筆六管十日晝落手令㆓拜受㆒候、貴樣益御淸勝御勤仕被㆑成候由承致㆓欣悅㆒候、御繁多之中筆迄被㆑下忝く奉㆑存候

一　貴様御事朝鮮御渡海は相延、江戸御供被二仰付一候、御病體にて海陸之長途御往還被レ成候儀無二心元一思召候得共、素り御身を御委被レ成候故、御辭退も不レ被レ成候由、左様に可レ有二御座一儀と奉レ察候、眞之御忠節と感じ申候

一　御書付十三通被レ下無二異儀一落手、具に致二拜見一候、爲心殿御物語も承り申候、此一件に付愚意之趣少々無二隔意一申遣候得之由委曲被二仰下一、舊交之御親みとは乍レ申忝き次第難レ盡二紙上一候、御求不レ被レ成候ても先書申遣候樣、貴様此一件被レ蒙レ仰候由承候より以來、朝夕此成否如何哉と恐居候、貴様朝鮮御往還に得二御面會一候儀不二能成一候に付、幾度六右衞門殿御歸國掛に得二御面會一、愚意之趣可二申承一と存じ、六右衞門殿いまだ朝鮮に御座候時、以二書狀一陶山氏朝鮮渡りに付申談度事御座候間、御歸りに御立寄被レ下候へと申遣候得共、御立寄無レ之候故、無二是非一存居候、私此意にて御座候得ば、聊以て隔意可レ致樣無レ之、即愚意を無レ憚申遣候、乍レ去御助に罷成候儀有二御座一間敷奉レ存候

一　此一件去々年之季冬橋邊伊右被レ來候而被レ語始而承り、伊右之語未だ止ざる時、是は珍敷儀起り大切之御事候、竹島は日本之地か、朝鮮之地かと申事を能く御極被レ遊候而、朝鮮へ可レ被二仰渡一御事に御座候と申候、如レ斯申候は、以前より何事も始を御愼みなく、輕易に被二仰掛一御難儀被レ遊候事多く候故申たる事に候、又去年之初夏爲心どの雨森氏之説を被レ語候時、夫は末にて御座候、初江戸より朝鮮へ被二申渡一候得と被二仰出一候時、竹島之事歷を公儀へ知れ居候趣を御問合被レ遊、御國へ知居候趣も被二仰上一

具に御極被成、後々之變迄御下知を御受被成候而被仰渡候はゞ、朝鮮より難澁被仕間敷候、若し及難澁候はゞ、其趣を公儀へ被仰上、又御下知次第被仰渡候はゞ、殿様御恐被遊候程之御難有間敷候

一 十三通之御書付を見申候而も、昔年竹島日本に屬し候故實、又今度之初發より今迄江戸公儀へ被仰上置候様子、又此節貴様江戸にて御執政方へ可被仰上と思召候趣も、未だ相知れ不申候、其外之書狀曲折承度事多く御座候

一 御問答三通之御書附を致拜見、精敷は通じ不申候得共、此方より被仰掛候趣にも、彼方よりの返答にも、私ならば如此は申掛間敷、如是は答間敷と奉存候所、各少しヅヽ、御座候得共、別而不宜とは存不申候、其中此方より被仰掛之御書付に、江戸を以て彼方を御威し被成候様なる辭意强く見へ候所有之、彼方之所思如何と奉存候

一 爭論は何事に寄らず、爭ふ所之事狀に是非眞僞有之、爭ふ人品に智愚曲直有て、是を判斷する人有之、其是非、眞僞、智愚、曲直を正し、勝負を定め、愚者是を以て負、智者非を以て勝申事も有之事に候、此御書翰御問答之御書付を見候に、乍恐蔚陵島は朝鮮之屬島にして、八十年前より日本に屬し來り候と有之候事、其證據見へ不申候、然るを漂民を被送還候時之書翰文を只今何角と被仰候様聞へ申候、若し爭勝に成り、日本に屬候様極り候へば、三度之書翰に謬有を以て言勝被成、御取被成たると申物にて可有之、彼方より八十年前蔚陵島日本に附候證文を御出し候得と被申候はゞ、

證文に成り候もの可レ有レ之哉、三度之書翰は漂民送り之書翰にてこそ候へ、證文には成間敷候、誠に彼方之答之書付に藤かづらのやうにと被レ書候事、實にもと奉レ存候、今爭論を中華より判斷被レ成候はば、何として日本に御附可レ有レ之哉、尤も此方より何程論辯を被レ設候とも、朝鮮より日本に附け候はんとは隨ひ被レ申間敷と奉レ存候

一　此竹島之一件只今蘇秦張儀が辯才を以て爭ひ候共、日本之地に成り候事成申間敷と奉レ存候、若し勢威辯才を以て無理に御取被レ成候はヾ、後來之大憂と可二相成一候、何れの道にも江戸より朝鮮へ御返し被レ遊候樣被レ成、御國今迄の御謬を修補被レ成、平治に成り候はヾ、御國之儀は申すに不レ及、日本國中へ之御忠節と奉レ存候事

一　此一件に付貴樣朝鮮へ御渡被レ成候由承り候而より、朝夕成否如何と恐れ候は、竹島を日本之地に付け候御書翰御取り可レ被レ成との御事に御座候、一島二名にして、蔚陵島は朝鮮之島、日本之竹島には向後朝鮮人渡る間敷との御返翰御取可レ被レ成と之儀に御座候はヾ、必災之基にて候はんと恩ひ恐れ申候得共、只今貴樣被レ成方相調り候はヾ、何之災無レ之平安に可レ治と喜び申候、私此一件之趣は少しも承ざる事故如レ是は恐候得共、愚意只今貴樣御賢慮に符合仕、如レ是こそ可レ有レ之事と奉レ存候、御返翰之御注文被レ成候事悪く存候はヾ、申進候へと被二仰下一候得共、私最初より此愚意にて候へば、御注文之趣悪敷と可レ存樣無二御座一、只御注文之樣調へかしと奉レ願候事

一　西山寺加納氏、瀧氏、平田氏批判を御聞及、四人之思慮を御書付させ御覽被㆑成候樣采女殿へ被㆓仰入㆒候儀、一段宜しき被㆑成やうと奉㆑存候、瀧氏之說我等愚意とは天地懸隔成事に御座候、去冬被㆑下候御書中に、貴樣瀧氏と御內論被㆑成候趣被㆓仰下㆒候節之御返答に、瀧氏之說是と不㆑思候旨申遣候間、定而御覽可㆑被㆑成候、瀧氏之說甚不㆑宜存候旨其時之書中に見居候故、委細申に不㆑及候、右三人我說之不㆑被㆑用事を恨み、貴樣を嫉み被㆑申候心より起りたると存候間、少しも御聞入被㆑成間敷候、世に才有る人はあれ共、德ある人は稀なるものに御座候

一　貴樣御書中日本朝鮮之公儀を諭し奉り、兩國首尾能被㆑成候事は易く、御隱居樣及御年寄衆中を奉㆑諭、宜しく御裁判被㆑成候事は堅きと被㆓仰下㆒候處を讀み、御尤至極と感通仕、不㆑覺暫く悲泣仕候、不限之御事にて御座候得共無㆓是非㆒時勢、乍㆑恐萬事危く奉㆑存候事

一　御隱居樣只今は思召御堅固に御見へ被㆑遊候而も、江戶表におゐて孫左衛門殿、直右衛門殿何とか被㆑仰候はゞ、御心御變可㆑被㆑成も知れ間敷候、其外何ぞ變御座候而、御賢慮之趣御遂難㆑被㆑成思召候はゞ、貴樣御忠義誠實天鑑所㆑照に而御座候間、御虛病被㆑成候而も御退去被㆑成可㆑宜哉と奉㆑存候、近思錄曰、「孔明必求㆑有㆑成、而取㆓劉璋㆒、聖人寧無㆑成耳」と見へ候、此理も此節少しは被㆑懸㆓御心㆒苦かる間敷と奉㆑存候

一　貴樣御心氣虛弱に御座候而大難事を御引受被㆑成御心力を被㆑盡候故御持病之再發無㆓心元㆒奉㆑存

候、孔明も養生を失ひ被レ成、御病死故忠功不レ成と承り候間、御養生專一に被レ成、區々之邪說抔御耳にも御入被レ成間敷候事

一　爲心殿御物語、此度之一件に付御左右兩人へ御賴み被レ成候段、私如何思ひ候哉御聞被レ成度之由被ニ仰聞一候、御問迄も無レ之、何事も御忠義之意より出たる御事に御座候へば、何御耻可レ被レ成哉御尤至極なる御事と奉レ存候、且又兩人之性質之儀も御聞被レ成度之よし爲心殿被ニ仰聞一候、長者之言行はいまだしかと不ニ聞及一候故難ニ心得一候、其次は勇有て利慾少く、不實にして輕佼に可レ有レ之かと致ニ推察一候、尤未だ年若無學智義乏歟、道理に心得違も可レ被レ多哉と存候、乍レ去決而は不レ被レ申候事

私儀此間小源治病氣を大に恐れ心氣を勞し、養生に夜も熟寢不レ致候故、爲心殿之御覽被レ成候樣に甚目を煩ひ居候故、心之如く所思を詳に不レ得ニ申述一、文義下り兼候所多く御座候得共、其分にて進ぜ申候間、御推量を以て御心得被レ成可レ被レ下候、御越被レ下候御書付拾參通不レ殘返納仕候間、御受取可レ被レ下候、必御勇健に而目出度御歸家奉レ待候、恐惶謹言

七月十三日　　　　賀島兵助

陶山庄右衞門樣

# 竹島文談　終

# 찾아보기

ㄱ

ㄴ



ㄷ

## ㅇ

### ㅈ



### ㅊ



### ㅌ



### ㅎ

동북아역사 자료총서 45

# 근세 한일관계 사료집 Ⅱ
## 사쿠마 진파치 보고서 · 죽도문담
## 佐久間甚八 報告書 · 竹島文談

초판 1쇄 인쇄 2018년 12월 14일
초판 1쇄 발행 2018년 12월 21일

엮은이 윤유숙
펴낸이 김도형
펴낸곳 동북아역사재단

등록 제312-2004-050호(2004년 10월 18일)
주소 서울시 서대문구 통일로 81 NH농협생명빌딩
전화 02-2012-6065
팩스 02-2012-6189
e-mail book@nahf.or.kr



ISBN 978-89-6187-434-2 94910
978-89-6187-433-5 (세트)


* 이 도서의 국립중앙도서관 출판예정도서목록(CIP)은 서지정보유통지원시스템 홈페이지(http://seoji.nl.go.kr)와
국가자료종합목록시스템(http://www.nl.go.kr/kolisnet)에서 이용하실 수 있습니다. (CIP제어번호 : CIP2018041235)
* 책값은 뒤표지에 있습니다. 잘못된 책은 바꾸어 드립니다.